ライブラリ 新公務員試験問題研究＝RRB1

これで安心！ 公務員試験対策

問題研究 憲法

渡邉 剛央●著

合格へのRoyal Road

主要過去問総て収載！

新世社

はしがき

本書の目的は，国家公務員採用総合職試験（以下国家総合職試験）の憲法の問題を解くために必要な知識を習得できるようにすることである。

国家総合職試験に限らず，公務員試験の憲法の多肢選択式の問題のほとんどは，判例の内容を問うものである。しかも，国家総合職試験の問題は，他の公務員試験の問題と比べ，より詳細に判例を理解していないと解けないものである。このため本書では，解説において判例を詳細に紹介している。かなり長文の解説になっているところもあるが，丁寧に読み込んで判例の内容を理解するようにしてほしい。そうすれば，本書のみで国家総合職の憲法の問題を解くために必要な知識を習得できる。

ただし，本書では，文章を読みやすくしたり内容を理解しやすくしたりするため，判例の文言に対して一部修正を加えている。すべての判例について判例番号を付しているので，判例の原文を確認したい場合は，それをもとにあたってほしい。判例の原文を読むことで，判例の内容をより深く理解することができるであろう。

また，国家総合職試験では，2次試験において記述式の試験も課されるので，そのための対策として記述式試験の問題の解答例も掲載した。解答例については，内容よりも書き方の参考にしてほしい。

本書は国家総合職試験の対策を目的としているので，掲載されている問題も，国家総合職試験（およびその前身の国家公務員Ｉ種試験）の問題がほとんどである。しかし，判例の理解が必要であることは，他の公務員試験でも同様である。このため本書により他の公務員試験の対策をすることも十分可能である。

私の研究者としての専門分野は憲法ではないので，本書の執筆依頼を受けることに当初躊躇した。ただ，公務員試験の受験指導の経験を活かして本書を執筆してほしいと依頼され，私は20年以上公務員試験の受験指導をしているのでそれなら執筆できるかもしれないと考えお引き受けすることとした。このため本書の内容は国家総合職試験の問題を解くために必要な知識を提供するものとなっており，徹頭徹尾判例および通説に基づくものとなっている。

総合職として採用された国家公務員には政策の企画立案が求められるが，その際に考慮すべき重要な要素の一つが実現可能性である。実現可能性のない政策は無意味である。その実現可能性において判例および通説との整合性は重要である。判例および通説との整合性のない政策の実現可能性は著しく低い。したがって，政策の企画立案において判例および通説との整合性は常に検討しなければならない。もちろん，判例は絶対普遍のものではなく，社会の変化によりその妥当性が失われることがある。また，判例および通説が存在しない社会問題も多数存在する。しかし，判例の妥当性が失われたり，判例が存在しない社会問題に直面したりした場合であっても，判例および通説の論理をもとに考察することによって，より実現可能性の高い政策を企画立案することができるだろう。総合職としての国家公務員採用を目指す者は，試験対策としてだけでなく職務を遂行するためにも判例および通説を理解することが不可欠といえる。

本書により多くの受験生が総合職の国家公務員に採用され，また，本書が採用後に職務を遂行するために必要な知識を修得するための第一歩となれば幸いである。

本書の出版にあたり新世社の方々には，過去問の収集やレイアウトの作成など様々な面で大変お世話になった。厚くお礼を申し上げる。また，本書の執筆中に実父の死や私自身の入院など執筆に支障をきたす事態がたびたび生じたが，妻真由美の献身的な支えによりそれらを乗り越え，本書を完成させることができた。妻には深く感謝したい。

2019年10月　美しい瀬戸内海が見える丘にて

渡邉　剛央

本書の使い方

各章の冒頭には**出題傾向**が掲載されている。そこでは，その章で扱われる内容の試験における重要性，試験において問われるポイントなどが説明されているので，それを読み，まずどのようなことを意識して学習すればよいのかを把握してほしい。

その後，項目ごとにその項目の**アウトライン**とその項目に関する**過去問**が掲載されている。アウトラインでは，その項目で修得すべき基本的な知識についての説明がなされている。そこで，その項目に関する基本的な知識の習得を行ってほしい。

そして，実際に過去問を解くことで知識の定着を図ってほしい。アウトラインでは基本的な知識についての説明に限定されているので，アウトラインで説明された知識だけでは解けない問題もある。したがって，はじめて問題を解いたときに正解できなくても何の問題もない。大事なことは知識の補充であり，解説をよく読むことで知識をしっかり補充してほしい。アウトラインと解説との両者を学習することによって，国家総合職試験の憲法の問題を解くために必要な知識の習得を完成させることができる。

各章の末尾には，その章のまとめとなる**章末問題**が掲載されている。章全体の学習が終わったところで，章末問題を解くことで，本当に必要な知識を習得できているかを確認してほしい。

また，章によっては**記述問題**も掲載されている。国家総合職試験では，2次試験において記述式の試験が課されるのでその対策も必要である。まずは，記述式の各問題について自分の解答を作成してみてほしい。記述式試験の対策において最も重要なことは解答を作成することである。解答を作成する練習をしないで，本試験において解答を作成することはまずできない。解答を作成したならば，解答例などを参考にして，改善すべき点を修正してほしい。解答例は，標準的な目的・手段審査の手法で作成されている。目的・手段審査とは，人権制限立法の合憲性について，まず目的の合理性について検討し，つぎに手段の合理性について検討するという手法である。そして，目的・手段の双方について合理性が認められた場合には，当該人権制限立法は合憲となるが，目的・手段のいずれかについて合理性が認められない場合には，当該人権制限立法は違憲となる。この手法はしっかり習得してほしい。

★ 憲法への取り組み方

憲法は大きく**人権分野**と**統治分野**とに分かれる。

人権分野では，判例の内容を問う問題がほとんどである。したがって，判例の内容を理解することが学習の中心となる。具体的には，各判例の問題点，問題点に対する結論，結論にいたる理由の3点を理解することが必要となる。判例ごとにこの3点を理解するようにしてほしい。

統治分野では，条文の内容を問う問題がほとんどである。ただし，試験では憲法だけでなく国会法や内閣法の条文の内容を問う問題も出題される。したがって，憲法だけでなく国会法および内閣法の条文の内容についても理解することが必要となる。本書では［参考］欄に関連条文を掲載している（一部未掲載のものもあるが，e-gov 法令検索等で確認可能である）。ぜひ実際の法令の条文を確認しながら条文の内容を学習するようにしてほしい。

また，統治分野でも，司法権に関しては，判例の内容を問う問題が出題されるので，人権分野と同様判例の内容を理解するようにしてほしい。

■凡　例

最判（決）　最高裁判所小法廷判決（決定）
最大判（決）　最高裁判所大法廷判決（決定）
民集　最高裁判所民事判例集
刑集　最高裁判所刑事判例集
集民　最高裁判所裁判集民事
集刑　最高裁判所裁判集刑事

目　次

第1編　人　権

＊本書における国家公務員試験試験問題の掲載にあたっては人事院に使用届を提出しています。

第1編

人　権

第1章 人権総論

出題傾向

- 人権総論は，**ほぼ毎年出題される出題頻度の高い分野**である。
- 人権総論の分野においてよく出題されている項目は，**幸福追求権と法の下の平等**である。どちらも判例の内容を問う問題がよく出題されている。
- その次によく出題されている項目が，**外国人の人権**である。外国人の人権として問われるだけでなく，他の分野の問題の選択肢の一つとして，**外国人の人権に関する判例の内容**を問う問題がよく出題されている。
- **公務員の人権**についても，労働基本権など他の分野の問題の選択肢の一つとしてときどき出題されている。
- これら以外の項目については，近年出題されていない。

■1.1 人権総論

● 1.1.1 公共の福祉

アウトライン

憲法の目的は，国家権力の濫用を防止することによって，国民の基本的人権を守ることにある。国民は，すべての基本的人権の享有を妨げられないのであり（11条前段），国家が国民の享有する基本的人権を侵すことはできない（11条後段，98条1項）。

しかし，国民の享有する基本的人権が不可侵であるということは，国民が無制限に基本的人権を行使できることを意味しない。人は社会において生活する以上，社会に属する他者の存在を無視することはできない。社会においては，自分の人権が尊重される一方で，他者の人権も尊重されなければならない。このため，人権は他者の人権との関係で制限される場合がある。このことを憲法では，人権は「公共の福祉」によって制限されると定めている。

問題は，この「公共の福祉」が個々の人権に対してどのように作用するかである。この「公共の福祉」と個々の人権との関係については，これまでに次のような説が主張されている。

第1が，一元的外在制約説である。これは，憲法12，13条の「公共の福祉」は人権の外にあって人権一般を制約する一般原理であり，憲法22，29条の「公共の福祉」は特に意味はないとする。第2が，内在・外在二元的制約説である。これは，憲法22，29条の「公共の福祉」は経済的自由権を制約する根拠となるが，憲法12，13条の「公共の福祉」は人権を制約する根拠とならず，法的な意味はないとする。第3が，一元的内在制約説である。これは，憲法12，13条の「公共の福祉」は，すべての人権に対する自由権を各人に公平に保障するための必要最小限度の制約である「自由国家的公共の福祉」を意味し，憲法22，29条の「公共の福祉」は，経済的自由権に対する社会権を実質的に保障するための必要な限度の制約である「社会国家的公共の福祉」を意味するとする説である。

[参考]
第11条　国民は，すべての基本的人権の享有を妨げられない。この憲法が国民に保障する基本的人権は，侵すことのできない永久の権利として，現在及び将来の国民に与へられる。
第12条　この憲法が国民に保障する自由及び権利は，国民の不断の努力によつて，これを保持しなければならない。又，国民は，これを濫用してはならないのであつて，常に公共の福祉のためにこれを利用する責任を負ふ。
第13条　すべて国民は，個人として尊重される。生命，自由及び幸福追求に対する国民の権利については，公共の福祉に反しない限り，立法その他の国政の上で，最大の尊重を必要とする。
第22条　何人も，公共の福祉に反しない限り，居住，移転及び職業選択の自由を有する。
2　何人も，外国に移住し，又は国籍を離脱する自由を侵されない。
第29条　財産権は，これを侵してはならない。
2　財産権の内容は，公共の福祉に適合するやうに，法律でこれを定める。
3　私有財産は，正当な補償の下に，これを公共のために用ひることができる。
第98条1項　この憲法は，国の最高法規であつて，その条規に反する法律，命令，詔勅及び国務に関するその他の行為の全部又は一部は，その効力を有しない。

問題1　公共の福祉　Check!☞□□□

憲法第12条，第13条等の規定する「公共の福祉」に関する考え方として，次の3説がある。

（Ⅰ説）基本的人権はすべて「公共の福祉」によって制約される。憲法第12条及び第13条の規定する「公共の福祉」は，人権の外に在って，これを制約することのできる一般的な原理である。

（Ⅱ説）「公共の福祉」による制約が認められる人権は，その旨が明文で定められている経済的自由権及び国家の積極的施策によって実現される社会権に限られ，それ以外の自由権は，権利が社会的なものであることに内在する制約に服するにとどまる。憲法第12条及び第13条は訓示的な規定であるにとどまり，同条の規定する「公共の福祉」は，人権制約の根拠とはなり得ない。

（Ⅲ説）「公共の福祉」とは，人権相互の矛盾，衝突を調整するための実質的公平の原理であり，この意味での「公共の福祉」は，実際に憲法の条文に規定されているか否かにかかわらず，すべての人権に論理必然的に内在している。この意味での「公共の福祉」は，自由権を各人に公平に保障するための制約を根拠付ける場合には必要最小限度の規制のみを認め，社会権を実質的に保障するために自由権の制約を根拠付ける場合には必要な限度の規制を認めるものとして働く。

上記の各説に対しては，次のア～エのような批判があるが，上記の各説とこれに対応する批判の組合せとして，最も妥当なのはどれか。

（国家Ⅰ種2001（平成13）年度）

ア．この説によれば，例えば，「知る権利」がいかなる制約に服するか判別することが困難となるおそれがある。

イ．この説によれば，法律による人権制限が安易に肯定されるおそれがある。

ウ．この説によれば，例えば，「肖像権」を憲法上の権利として位置付けることが困難になるおそれがある。

エ．この説によれば，依然として，個々の人権を制約する立法の合憲性を判定する具体的基準が必ずしも明確にならないおそれがある。

	（Ⅰ説）	（Ⅱ説）	（Ⅲ説）
1.	ア，イ	エ	ウ
2.	ウ	ア	イ，エ
3.	イ	ア，ウ	エ
4.	ア，エ	イ	ウ
5.	エ	ア，ウ	イ

問題1の解説

「公共の福祉」という言葉は，憲法12，13条の人権に関する一般規定と憲法22，29条の経済的自由権に関する規定に出現する。そこで，それぞれの規定における「公共の福祉」の意味をどのように解するかについて学説が分かれている。

Ⅰ説は，一元的外在制約説と呼ばれる説であり，憲法12，13条の「公共の福祉」は人権の外にあって人権一般を制約する一般原理であり，憲法22，29条の「公共の福祉」は特に意味はないとする。Ⅱ説は，内在・外在二元的制約説と呼ばれる説であり，憲法22，29条の「公共の福祉」は経済的自由権を制約する根拠となるが，憲法12，13条の「公共の福祉」は人権を制約する根拠とならず，法的な意味はないとする。Ⅲ説は，一元的内在制約説と呼ばれる説であり，憲法12，13条の「公共の福祉」は，すべての人権に対する自由権を各人に公平に保障するための必要最小限度の制約である「自由国家的公共の福祉」を意味し，憲法22，29条の「公共の福祉」は，経済的自由権に対する社会権を実質的に保障するための必要な限度の制約である「社会国家的公共の福祉」を意味するとする説である。

Ⅰ説に対しては，「公共の福祉」の意味があいまいなため，法律による人権制限が容易に肯定されるおそれがあると批判される（批判イ）。

Ⅱ説に対しては，知る権利のような自由権と社会権との両者の性格を持つ複合的権利について，内在的制約と外在的制約とのいずれが適用されるかを判断できないと批判される（批判ア）。また，憲法13条を法的な意味のない訓示的規定と解するため，憲法13条を肖像権のような新しい人権の根拠規定として用いることができなくなると批判される（批判ウ）。Ⅲ説に対しては，必要最小限度の制約あるいは必要な限度の制約という抽象的な原則では，人権制約立法の具体的な審査基準が明確とはならないと批判される（批判エ）。このため，一元的内在制約説を前提として，違憲審査基準を具体化する理論として，二重の基準論が主張されるようになった。

＊正解　3

●解法のポイント●

【各説における，憲法12，13条の「公共の福祉」および憲法22，29条の「公共の福祉」の法的性質】

	憲法12，13条の「公共の福祉」	憲法22，29条の「公共の福祉」
一元的外在制約説	法的意味あり	法的意味なし
内在・外在二元的制約説	法的意味なし	法的意味あり
一元的内在制約説	法的意味あり（自由国家的公共の福祉）	法的意味あり（社会国家的公共の福祉）

● 1.1.2　外国人の人権

アウトライン

憲法第3章の表題が，「国民の権利及び義務」となっていることから，「国民」ではない外国人が人権を享有するかが問題となる。

この点については，人権の前国家的・前憲法的性質や人権尊重義務を課す国際法の尊重擁護義務から，外国人も一定の人権を享有するが，権利の性質上，日本国民のみを保障対象とする人権については，外国人は享有しないとするのが通説・判例（最大判昭和53.10.4民集32巻7号1223頁，マクリーン訴訟）である。

外国人に保障されない人権としては，参政権，社会権，入国の自由がある。参政権は，国民主権原理から自然人が自己の属する国の政治に参加する権利であるから，外国人に日本国の政治に参加する権利はない。社会権は，自然人が所属する国によって保障されるべき権利であるから，日本国は外国人に対して社会権を保障する義務を負っていない。入国の自由は，国際法上外国人の入国を認めるかどうかは国家の裁量であるから，日本国は外国人の入国を認める義務を負っていない。

これら以外の人権は，原則として外国人にも保障されるが，政治活動の自由および経済的自由権については，外国人であることによる制約を受ける。政治活動の自由については，参政権と関係するため，参政権が外国人に保障されないことから，一定の制約を受ける。判例は，「わが国の政治的意思決定又はその実施に影響を及ぼす活動等外国人の地位にかんがみこれを認めることが相当でないと解されるものを除き，その保障が及ぶ」としている（最大判昭和53.10.4民集32巻7号1223頁，マクリーン訴訟）。経済的自由権についても，日本国民の安全を守るため，日本国民と異なる制約を課す必要がある場合があるため，外国人については一定の制約を受ける。

問題 2　外国人の人権　Check!☞□□□

外国人の人権に関するア～オの記述のうち，妥当なもののみを全て挙げているのはどれか。　（国家総合職 2015（平成 27）年度）

ア．外国人が基本的人権の保障の対象となるかどうかについて，判例は，憲法第三章の規定が「何人」と「国民」という表現で区別していることを踏まえ，前者の表現を採用する規定については，権利の性質上日本国民のみを対象としていると解されるものを除き，我が国に在留する外国人に対しても等しく及ぶと解すべきであり，後者の表現を採用する規定については，その保障は及ばないとしている。

イ．憲法第 13 条によって保障される個人の私生活上の自由には，みだりに指紋の押捺を強制されない自由も含まれるが，この自由は，権利の性質上，我が国の国民のみに保障されるものであり，我が国に在留する外国人には保障されないとするのが判例である。

ウ．外国人の社会権について，判例は，人権の前国家的性格や憲法の国際協調主義に基づき一定程度保障されていると解されるが，限られた財源の下で福祉的給付を行うに当たっては，自国民を在留外国人より優先的に扱うことが原則であるとしている。

エ．出国の自由は憲法第 22 条第 2 項を根拠として外国人に対しても認められているものの，国際慣習法上，外国人を自国内に受け入れるかどうか，受け入れる場合にいかなる条件を付するかは，当該国家が自由に決定することができ，入国の自由は保障されないとするのが判例である。

オ．外国人の経済的自由権については，権利の性質上，国民と異なる特別な制約を加える必要がある場合も想定されることから，外国人であることのみを理由として種々の制限を行うことも，合理的理由があれば立法府の裁量として許容される。

1. ア，イ
2. ア，ウ
3. イ，オ
4. ウ，エ
5. エ，オ

問題 2 の解説

ア．**妥当でない。** 外国人の人権享有主体性について，判例は，憲法の規定の文言による区別は行っておらず，憲法第三章の諸規定による基本的人権の保障は，権利の性質上日本国民のみをその対象としていると解されるものを除き，わが国に在留する外国人に対しても等しく及ぶ，とした（**最大判昭和 53.10.4** 民集 32 巻 7 号 1223 頁，**マクリーン訴訟**）。

イ．**妥当でない。** 判例は，指紋は，性質上万人不同性，終生不変性をもつので，採取された指紋の利用方法次第では個人の私生活あるいはプライバシーが侵害される危険性があるので，指紋の押なつ制度は，国民の私生活上の自由と密接な関連をもつとしたうえで，憲法 **13 条**は，国民の私生活上の自由が国家権力の行使に対して保護されるべきことを規定していると解されるので，個人の私生活上の自由の一つとして，何人もみだりに指紋の押なつを強制されない自由を有するものというべきであり，国家機関が正当な理由もなく指紋の押なつを強制することは，同条の趣旨に反して許されず，また，この自由の保障は我が国に在留する外国人にも等しく及ぶ，とした（**最判平成 7.12.15** 刑集 49 巻 10 号 842 頁，**指紋押捺拒否訴訟**）。

ウ．**妥当でない。** 判例は，社会保障上の施策において在留外国人をどのように処遇するかについては，国は，特別の条約の存しない限り，当該外国人の属する国との外交関係，変動する国際情勢，国内の政治・経済・社会的諸事情等に照らしながら，その政治的判断によりこれを決定することができるのであり，その限られた財源の下で福祉的給付を行うに当たり，自国民を在留外国人より優先的に扱うことも，許される（**最判平成元.3.2 集民 156 号 271 頁，塩見訴訟**）と述べ，社会権が外国人に保障されるかどうかについては明言していない。

エ．**妥当である。** まず，出国の自由について，判例は，憲法 22 条 2 項に基づき，その権利の性質上外国人に限って保障しないという理由はない，とした（**最大判昭和 32.12.25 刑集 11 巻 14 号 3377 頁，出入国管理令違反事件**）。次に，入国の自由について，判例は，憲法 **22 条 1 項**は，日本国内における居住・移転の自由を保障する旨を規定するにとどまり，外国人がわが国に入国することについてはなんら規定していないものであり，このことは，国際慣習法上，国家は外国人を受け入れる義務を負うものではなく，特別の条約がない限り，外国人を自国内に受け入れるかどうか，また，これを受け入れる場合にいかなる条件を付するかを，当該国家が自由に決定することができるものとされていることと，その考えを同じくするものと解されるので，憲法上，外国人は，わが国に入国する自由を保障されているものでない，とした（**最大判昭和 53.10.4 民集 32 巻 7 号 1223 頁，マクリーン訴訟**）。

オ．**妥当である。** 経済活動は社会的相互関連性が大きいため，経済的自由権に対しては国民生活の安全を守るための規制が強く要請される。こうした経済的自由権の性質から，外国人の経済的自由権は，日本国民とは異なる特別な制約を受けることがある。そして，その制約に合理性があれば，立法府の裁量として許容されることになる。

＊正解　5

●解法のポイント●

【外国人に保障されない人権および保障されるが制約を受ける人権】

	人　権	理　由
外国人に保障されない人権	参政権	国民主権原理に反する
	社会権	自己の属する国家により保障されるべき人権
	入国の自由	入国を認めるかどうかは国家の裁量
外国人に保障されるが制約を受ける人権	政治活動の自由	参政権と関係する
	経済的自由権	日本国民の安全を守るため，日本国民と異なる制約を課す必要がある場合がある

● 1.1.3　法人の人権

アウトライン

人権はもともと自然人が有する権利と考えられていたため，法人が人権を享有するかが問題となる。この点については，性質上可能な限り法人にも保障されるとするのが，通説・判例（最大判昭和 45.6.24 民集 24 巻 6 号 625 頁，八幡製鉄政治献金事件）である。その根拠としては，法人の活動が自然人を通じて行われるので，その効果は究極的に自然人に帰属すること，また，現代社会においては法人が一個の社会的実体として重要な活動を行っていること，が指摘されている（芦部信喜〔高橋和之補訂〕『憲法（第 7 版）』（岩波書店）90 頁）。

具体的には，生命・身体に関する自由，選挙権・被選挙権，生存権のような，自然人とのみ結合する人権は，法人には保障されない。

また，法人に保障される人権であっても，法人の構成員の人権との関係で制約を受ける場合がある。

判例は，税理士会が政党など規正法上の政治団体に金員の寄付をすることは，選挙における投票の自由と表裏をなすものとして，会員各人が自主的に決定すべき事柄であることから，税理士会の目的の範囲外の行為であり，当該寄付をするために会員から特別会費を徴収する旨の決議は無効である，とした（最判平成 8.3.19 民集 50 巻 3 号 615 頁，税理士会政治献金事件）。

また，判例は，労働組合が，選挙において統一候補を決定し，統一候補以外の組合員であえて立候補しようとするものに対し，立候補を思いとどまるよう勧告または説得することはできるが，それを超え，立候補を取りやめることを要求し，これに従わないことを理由に当該組合員を統制違反者として処分することは，憲法が立候補の自由を保障していることから，組合の統制権の限界を超え違法である，とした（最大判昭和 43.12.4 刑集 22 巻 13 号 1425 頁，三井美唄炭鉱労組事件）。

問題 3 法人の人権

Check!☞ □□□

法人の人権に関する次の記述のうち，判例に照らし，妥当なものはどれか。

1. 法人は，自然人たる国民と同様，国や政党の特定の政策を支持，推進し，又は反対するなどの政治的行為をなす自由を有し，公益法人であり強制加入団体である税理士会が，政党など政治資金規正法上の政治団体に金員を寄付するために会員から特別会費を徴収することを多数決原理によって団体の意思として決定し，構成員にその協力を義務付けた上，当該寄付を行うことも，当該寄付が税理士に係る法令の制定改廃に関する政治的要求を実現するためのものである場合は，税理士会の目的の範囲内の行為として認められる。（国家一般職 2013（平成 25）年度）
2. 会社が，納税の義務を有し自然人たる国民と等しく国税等の負担に任ずるものである以上，納税者たる立場において，国や地方公共団体の施策に対し，意見の表明その他の行動に出たとしても，これを禁圧すべき理由はないが，会社による政治資金の寄付は，その巨大な経済的・社会的影響力に鑑みると，政治の動向に不当に影響を与えるおそれがあることから，自然人たる国民による寄付と別異に扱うべき憲法上の要請があるといえる。

（国家一般職 2013（平成 25）年度）

3.　労働者の経済的地位の向上をより十分に達成することを目的として，労働組合が目的達成に必要な政治活動や社会活動を行うことは妨げられず，組織として支持政党又はいわゆる統一候補を決定し，その選挙運動を推進すること自体は自由である。しかしながら，公職選挙における組合員の立候補の自由は最大限尊重されなければならないから，労働組合が統一候補以外の組合員で立候補しようとする者に対し組合が立候補を思いとどまるよう勧告又は説得することは許されない。　（国家Ⅰ種 2003（平成 15）年度）

4.　労働組合が，公職選挙に際し，推薦候補を決定しその選挙運動を行うこと自体は自由になし得るが，労働組合が当該選挙運動のための臨時組合費の徴収を組合規約に従って決定したとしても，組合員にその納入義務が生ずるものではない。　（国家Ⅰ種 1998（平成 10）年度）

5.　法人その他の団体は自然人の集合体であり，人権の保障は，基本的には各個人に及ぶものであるから，報道機関自体に表現の自由が認められるものではなく，それは報道機関に所属する各個人の自由の問題と解すべきである。　（国家Ⅰ種 1998（平成 10）年度）

問題 3 の解説

1.　**妥当でない。**　判例は，税理士会が政党など規正法上の政治団体に金員の寄付をすることは，税理士に係る法令の制定改廃に関する政治的要求を実現するためのものであっても，税理士会の目的の範囲外の行為であり，当該寄付をするために会員から特別会費を徴収する旨の決議は無効である，とした（**最判平成 8.3.19** 民集 50 巻 3 号 615 頁，**税理士会政治献金事件**）。判例は，税理士会は強制加入の団体であり，その会員である税理士には実質的に脱退の自由が保障されていないため，その会員には，様々の思想・信条および主義・主張を有する者が存在することが当然に予定されているので，税理士会が多数決原理により決定した活動にも，そのために会員に要請される協力義務にも，おのずから限界があり，特に，政党など規正法上の政治団体に対して金員の寄付をするかどうかは，選挙における投票の自由と表裏をなすものとして，会員各人が市民としての個人的な政治的思想，見解，判断等に基づいて自主的に決定すべき事柄であるというべきであるから，このような事柄を多数決原理によって団体の意思として決定し，構成員にその協力を義務付けることはできないとした。

2. **妥当でない。** 判例は，会社が，納税の義務を有し自然人たる国民とひとしく国税等の負担に任ずるものである以上，納税者たる立場において，国や地方公共団体の施策に対し，意見の表明その他の行動に出たとしても，これを禁圧すべき理由はない，とした（**最大判昭和45.6.24** 民集 24 巻 6 号 625 頁，**八幡製鉄政治献金事件**）。さらに，判例は，政治資金の寄附が会社によってなされた場合，政治の動向に影響を与えることがあったとしても，これを自然人たる国民による寄附と別異に扱うべき憲法上の要請があるものではない，とした（同判決）。また，判例は，大企業による巨額の寄附が金権政治や政治腐敗といった弊害を生じさせるとしても，そうした弊害に対処する方途は，立法政策にまつべきことであって，憲法上は，公共の福祉に反しない限り，会社といえども政治資金の寄附の自由を有するといわざるを得ず，これをもって国民の参政権を侵害するとはいえない，とした（同判決）。

3. **妥当でない。** 判例は，現実の政治・経済・社会機構のもとにおいて，労働者がその経済的地位の向上を図るにあたっては，単に対使用者との交渉においてのみこれを求めても，十分にはその目的を達成することができず，労働組合がその目的をより十分に達成するための手段として，その目的達成に必要な政治活動や社会活動を行なうことを妨げられるものではない，とした（**最大判昭和 43.12.4** 刑集 22 巻 13 号 1425 頁，**三井美唄炭鉱労組事件**）。このため，判例は，労働組合が，その組合員の生活環境の改善その他生活向上を図るうえに役立たしめるため，その利益代表を議会に送り込むための選挙活動をすること，そして，その一方策として，いわゆる統一候補を決定し，組合を挙げてその選挙運動を推進することは，組合の活動として許されないわけではなく，また，統一候補以外の組合員であえて立候補しようとするものに対し，組合の所期の目的を達成するため，立候補を思いとどまるよう勧告または説得することも，それが単に勧告または説得にとどまるかぎり，組合の組合員に対する妥当な範囲の統制権の行使にほかならず，別段，法の禁ずるところとはいえない，とした（同判決）。ただし，判例は，**憲法 15 条 1 項**は，直接には規定していないが，立候補の自由も保障しているので，統一候補以外の組合員で立候補しようとする者に対し，勧告または説得の域を超え，立候補を取りやめることを要求し，これに従わないことを理由に当該組合員を統制違反者として処分するがごときは，組合の統制権の限界を超えるものとして，違法といわなければならない，とした（同判決）。

4.　**妥当である。**　判例は，選挙においてどの政党またはどの候補者を支持するかは，投票の自由と表裏をなすものとして，組合員各人が市民としての個人的な政治的思想，見解，判断ないしは感情等に基づいて自主的に決定すべき事柄であるので，労働組合が組織として支持政党またはいわゆる統一候補を決定し，その選挙運動を推進すること自体は自由であるが，組合員に対してこれへの協力を強制することは許されない，とした（**最判昭和 50.11.28 民集 29 巻 10 号 1698 頁，国労広島地本事件**）。

5.　**妥当でない。**　判例は，報道機関の報道は，民主主義社会において，国民が国政に関与するにつき，重要な判断の資料を提供し，国民の「知る権利」に奉仕するものであるから，思想の表明の自由とならんで，事実の報道の自由は，表現の自由を規定した憲法 21 条の保障のもとにある，としており，報道機関自体に報道の自由を認めた（**最大決昭和 44.11.26 刑集 23 巻 11 号 1490 頁，博多駅事件**）。

＊正解　4

[参考]
第 15 条　公務員を選定し，及びこれを罷免することは，国民固有の権利である。
2　すべて公務員は，全体の奉仕者であつて，一部の奉仕者ではない。
3　公務員の選挙については，成年者による普通選挙を保障する。

●解法のポイント●

◆ 政治献金につき，会社は任意加入団体のため有効だが，税理士会は強制加入団体のため無効となる。

◆ 労働組合は，統一候補以外の組合員に対して立候補を断念するよう勧告または説得することはできるが，立候補を断念することを要求し，従わない場合に処分することはできない。

◆ 生命・身体に関する自由，選挙権・被選挙権，生存権のような，自然人とのみ結合する人権以外の人権は，法人にも保障される。

● 1.1.4　特別な法律関係における人権

アウトライン

公務員や刑事施設の被収容者は，一般の国民とは異なる特別な人権の制約を受ける。問題は，そうした特別な人権の制約を受ける根拠である。かつての正当化根拠として，特別権力関係論がある。これは，特別権力関係においては，第１に，法の支配が排除され，権力の主体は，特別権力関係に属する者に対して命令権や懲戒権などの包括的な支配権を有するので，法律の根拠なしに特別権力関係に属する者を包括的に支配できる，第２に，基本的人権の尊重原理が排除され，権力の主体は，法律の根拠なしに特別権力関係に属する者の人権を制限できる，第３に，司法審査が排除され，権力の主体による特別権力関係に属する者に対する行為は，司法審査に服さない，という考えである。

しかし，法の支配や基本的人権の尊重を原則とし，国会を唯一の立法機関とする日本国憲法において，特別権力関係論を採用することはできない。

このため現在では，憲法自体が，特別な法律関係の存在とその自律性を憲法秩序の構成要素として認めているので，その特別な法律関係の自律性を維持するための合理的で必要最小限度の規制は，憲法によって認められているとする憲法秩序構成要素説が通説である。

しかし，判例は，この見解よりも幅広く特別な法律関係における人権の制約を認めている。

まず，公務員の争議行為の一律禁止について，判例は，憲法28条の労働基本権の保障は公務員に対しても及ぶものの，勤労者を含めた国民全体の共同利益の見地からする制約を免れないとしたうえで，公務員の争議行為による公務の停廃は，国民全体の共同利益に重大な影響を及ぼす，公務員の勤務条件は，国会の制定した法律，予算によって定められる，公務員の場合には，争議行為に対して市場の抑制力が働かない，公務員は，労働基本権に対する制限の代償措置により，生存権の保障を受けている，ことから，国民全体の共同利益の見地からするやむをえない制約であるとして，合憲とした（**最大判昭和48.4.25刑集27巻4号547頁，全農林警職法事件**）。

次に，公務員の政治的行為の制約について，判例は，行政の中立的運営が確保され，これに対する国民の信頼が維持されることは，憲法の要請にかなうものであり，公務員の政治的中立性が維持されることは，国民全体の重要な利益にほかならないというべきであるから，公務員の政治的中立性を損うおそれのある公務員の政治的行為を禁止することは，それが合理的で必要やむをえない限度にとどまるものである限り，憲法の許容するところであるとした（**最大判昭和49.11.6刑集28巻9号393頁，猿払事件**）。ただし，その後の判例では，国家公務員法102条1項により禁止される「政治的行為」を，公務員の職務の遂行の政治的中立性を損なうおそれが，観念的なものにとどまらず，現実的に起こり得るものとして実質的に認められるものと限定的に解釈することで（**最判平成24.12.7刑集66巻12号1337頁，政党機関紙配布事件**），公務員の政治的行為の制約に歯止めをかけている。

刑事施設の被収容者については，逃亡または罪証隠滅の防止ならびに刑事収容施設内部における規律および秩序を維持するために，被収容者の行為の自由に一定の制限が加えられることはやむをえないとしたうえで，新聞記事の閲読の禁止や喫煙の禁止を合憲としている（新聞記事の閲読の禁止について最大判昭和 58.6.22 民集 37 巻 5 号 793 頁，よど号ハイジャック記事抹消事件，喫煙の禁止について最大判昭和 45.9.16 民集 24 巻 10 号 1425 頁，刑事収容施設喫煙禁止事件）。

問題 4 特別な法律関係における人権

Check!☞□□□

特別な法律関係における人権に関する次の記述のうち，判例に照らして妥当なものはどれか。

1. 憲法第 28 条の労働基本権の保障は公務員に対しても及ぶものと解すべきであるから，公務員の争議行為を一律かつ全面的に制限することは許されず，公務員の争議行為の遂行をあおる行為を処罰する法律の規定は，違法性の強い行為のみに適用されると限定的に解釈する限りで，憲法に違反しない。（国家総合職 2014（平成 26）年度）
2. 表現の自由を規制する立法においては，規制の目的を達成し得るより制限的でない他の選び得る手段があるときは，広い規制手段は違憲となるというべきである。したがって，国家公務員法及び人事院規則が，公務員の「政治的行為」を禁止し，その違反行為に対し罰則をもって臨んでいることについては，当該違反行為に対する制裁としては懲戒処分をもってすれば足りるというべきであり，罰則までも規定することは合理的な必要最小限度を超え，違憲となる。（国家Ⅰ種 2005（平成 17）年度）
3. 憲法第 21 条第 1 項の表現の自由の保障は裁判官にも及ぶが，憲法上の特別な地位にある裁判官の表現の自由に対する制約は，合理的で必要やむを得ない限度にとどまるものである限り憲法の許容するところであり，裁判官に対して積極的な政治運動を禁止することは，禁止の目的が正当であって，目的と禁止との間に合理的関連性があり，禁止によって得られる利益と失われる利益との均衡を失するものでないなら，憲法第 21 条第 1 項に違反しないとするのが判例である。（国家Ⅱ種 2008（平成 20）年度）
4. 公務員の人権制限に関しては，公務員にも一般の勤労者と同様に労働基本権が保障され，国民生活全体の利益の保障という見地から当然の内在的制約に服するにとどまるとして，いわゆる特別権力関係を否定するのが判例の立場である。一方，在監者の人権制限に関しては，監獄収容関係は特別権力関係であることを肯定し，信書の発信不許可，抹消，書籍等の一部閲読禁止処分等に関しても，拘禁目的のために必要な限度と範囲という基準は採用せず，具体的な法律の根拠なしに命令強制を行い得るとするのが判例の立場である。 (国家Ⅰ種 2001（平成 13）年度)

5. 刑事施設内において未決勾留により拘禁された者の喫煙を禁止することは逃走又は罪証隠滅の防止という未決勾留の目的に照らし，必要かつ合理的な制限とはいえず，憲法第 13 条に違反する。

(国家一般職 2015（平成 27）年度)

問題 4 の解説

1. **妥当でない。** 昭和 44 年に出された**都教組事件判決**（**最大判昭和 44.4.2 刑集 23 巻 5 号 305 頁**）では，地方公務員法における地方公務員による争議行為の禁止および争議行為のあおり行為等に対する刑罰規定について，これらの規定が，文字どおりに，すべての地方公務員の一切の争議行為を禁止し，これらの争議行為のあおり行為等をすべて処罰する趣旨と解すべきものとすれば，それは，公務員の労働基本権を保障した憲法の趣旨に反し，必要やむをえない限度をこえて争議行為を禁止し，かつ，必要最小限度にとどめなければならないとの要請を無視し，その限度をこえて刑罰の対象としているものとして，これらの規定は，いずれも，違憲の疑を免れないが，法律の規定は，可能なかぎり，憲法の精神にそくし，これと調和しうるよう，合理的に解釈されるべきであり，当該規定は公共性の強い公務の停廃をもたらす争議行為を禁止し，また，違法性の強い争議行為対する違法性の強いあおり行為等に限って処罰する趣旨であるとする，いわゆる二重のしぼり論を展開した。しかし，その後の昭和 48 年に出された**全農林警職法事件判決**（**最大判昭和 48.4.25 刑集 27 巻 4 号 547 頁**）では，国家公務員法が，違法性の強い争議行為を違法性の強いまたは社会的許容性のない行為によりあおる等した場合に限ってこれに刑事制裁を科すべき趣旨であると解するときは，いうところの違法性の強弱の区別が元来はなはだ曖昧であるから刑事制裁を科しうる場合と科しえない場合との限界がすこぶる明確性を欠くこととなり，このように不明確な限定解釈は，かえって犯罪構成要件の保障的機能を失わせることとなり，その明確性を要請する憲法 31 条に違反する疑いすら存するとして，二重のしぼり論は否定された。

2. **妥当でない。** 判例は，国家公務員法および人事院規則による公務員の政治的行為の禁止に違反して国民全体の共同利益を損なう行為に出る公務員に対する制裁として刑罰をもって臨むことを必要とするか否かは，国民全体の共同利益を擁護する見地からの立法政策の問題であって，当該禁止が表現の自由に対する合理的で必要やむをえない制限であると解され，かつ，刑罰を違憲とする特別の事情がない限り，立法機関の裁量により決定されたところのものは，尊重されなければならないとしたうえで，国家公務員法が罰則を設けたことについて，その保護法益の重要性にかんがみるときは，罰則制定の要否および法定刑についての立法機関の決定がその裁量の範囲を著しく逸脱しているものとは認められないので，当該罰則が憲法 31 条に違反するものということはできない，とした（**最大判昭和 49.11.6** 刑集 28 巻 9 号 393 頁，**猿払事件**）。

3. **妥当である。** 判例は，**憲法 21 条 1 項**の表現の自由は基本的人権のうちでもとりわけ重要なものであり，その保障は裁判官にも及び，裁判官も一市民として当該自由を有することは当然であるが，当該自由も，中立・公正な立場に立って職務を行わなければならず，そのためにその独立が保障されるという憲法上の特別な地位である裁判官の職にある者の言動については，おのずから一定の制約を免れないとする。そして，裁判官に対し「積極的に政治運動をすること」を禁止することは，必然的に裁判官の表現の自由を一定範囲で制約することにはなるが，当該制約が合理的で必要やむを得ない限度にとどまるものである限り，憲法の許容するところであるといわなければならず，禁止の目的が正当であって，その目的と禁止との間に合理的関連性があり，禁止により得られる利益と失われる利益との均衡を失するものでないなら，憲法 **21 条 1 項**に違反しない，とした。そのうえで，判例は，裁判官の独立及び中立・公正を確保し，裁判に対する国民の信頼を維持するとともに，三権分立主義の下における司法と立法，行政とのあるべき関係を規律するという立法目的は正当であり，また，裁判官が積極的に政治運動をすることは裁判官の独立及び中立・公正を害し，裁判に対する国民の信頼を損なうおそれが大きいから，積極的に政治運動をすることを禁止することと禁止目的との間に合理的な関連性があることは明らかであり，さらに，裁判官が積極的に政治運動をすることを，これに内包される意見表明そのものの制約をねらいとしてではなく，その行動のもたらす弊害の防止をねらいとして禁止するときは，同時にそれにより意見表明の自由が制約されることにはなるが，それは単に行動の禁止に伴う限度での間接的，付随的な制約にすぎず，かつ，積極的に政治運動をすること以外の行為により意見を表明する自由までをも制約するものではない一方，禁止により得られる利益は，裁判官の独立および中立・公正を確保し，裁判に対する国民の信頼を維持するなどというものであるから，得られる利益は失われる利益に比して更に重要なものというべきであり，その禁止は利益の均衡を失するものではないから，裁判官が「積極的政治運動をすること」を禁止することは，憲法 21 条 1 項に違反するものではない，とした（**最大決平成 10.12.1** 民集 52 巻 9 号 1761 頁，**寺西判事補事件**）。

4.　**妥当でない。**　公務員の人権制限について，判例は，勤労者として，自己の労務を提供することにより生活の資を得ているものである点において一般の勤労者と異なるところはないから，憲法 28 条の労働基本権の保障は公務員に対しても及ぶとしたうえで，勤労者を含めた国民全体の共同利益の見地からする制約を免れない，としており（**最大判昭和 48.4.25** 刑集 27 巻 4 号 547 頁，**全農林警職法事件**），いわゆる特別権力関係論を採用していない。また，刑事収容施設の被収容者の人権制限についても，判例は，たとえば，被収容者に対する新聞記事抹消処分が問題となった事件において，新聞紙，図書等の閲読の自由は，憲法上保障されるが，逃亡および罪証隠滅の防止という勾留の目的のためのほか，監獄内の規律及び秩序の維持のために必要とされる場合にも，一定の制限を加えられることはやむをえないが，その制限は，当該目的を達成するために真に必要と認められる限度にとどめられるべきものである，としており（**最大判昭和 58.6.22 民集 37 巻 5 号 793 頁，よど号ハイジャック記事抹消事件**），特別権力関係論を採用していない。また，受刑者とその親族でない者との間の信書の発受についても，判例は，受刑者の性向，行状，監獄内の管理，保安の状況，当該信書の内容その他の具体的事情の下で，これを許すことにより，監獄内の規律及び秩序の維持，受刑者の身柄の確保，受刑者の改善，更生の点において放置することのできない程度の障害が生ずる相当のがい然性があると認められる場合に限って，これを制限することが許されるものというべきであり，その場合においても，その制限の程度は，上記の障害の発生防止のために必要かつ合理的な範囲にとどまるべきものと解するのが相当である，とした（**最判平成 18.3.23 集民 219 号 947 頁，受刑者信書発信不許可事件**）。

5. **妥当でない。** 判例は，未決勾留は，刑事訴訟法に基づき，逃走または罪証隠滅の防止を目的として，被疑者または被告人の居住を監獄内に限定するものであるところ，刑事収容施設内においては，多数の被拘禁者を収容し，これを集団として管理するにあたり，その秩序を維持し，正常な状態を保持するよう配慮する必要がある。このためには，被拘禁者の身体の自由を拘束するだけでなく，その目的に照らし，必要な限度において，被拘禁者のその他の自由に対し，合理的制限を加えることもやむをえないとしたうえで，喫煙を許すことにより，罪証隠滅のおそれがあり，また，火災発生の場合には被拘禁者の逃走が予想され，かくては，直接拘禁の本質的目的を達することができないのみならず，被拘禁者の集団内における火災が人道上重大な結果を発生せしめる一方で，煙草は生活必需品とまでは断じがたく，ある程度普及率の高い嗜好品にすぎず，喫煙の禁止は，煙草の愛好者に対しては相当の精神的苦痛を感ぜしめるとしても，それが人体に直接障害を与えるものではないので，喫煙の自由は，憲法**13条**の保障する基本的人権の一に含まれるとしても，あらゆる時，所において保障されなければならないものではないことから，拘禁の目的と制限される基本的人権の内容，制限の必要性などの関係を総合考察すると，喫煙禁止という程度の自由の制限は，必要かつ合理的なものであり，憲法13条に違反するものといえない，とした（**最大判昭和45.9.16民集24巻10号1425頁，刑事収容施設喫煙禁止事件**）。

＊正解　3

●解法のポイント●

◆　判例は，特別権力関係論，二重のしぼり論を採用していない。

◆　判例は，公務員による争議行為の一律禁止を合憲としている。

◆　判例は，裁判官の積極的な政治活動の禁止を合憲としている。

◆　判例は，刑事収容施設の被収容者の閲読の自由の制限，信書発信の制限，喫煙の禁止を合憲としている。

［参考］
第13条　すべて国民は，個人として尊重される。生命，自由及び幸福追求に対する国民の権利については，公共の福祉に反しない限り，立法その他の国政の上で，最大の尊重を必要とする。
第21条1項　集会，結社及び言論，出版その他一切の表現の自由は，これを保障する。
第28条　勤労者の団結する権利及び団体交渉その他の団体行動をする権利は，これを保障する。
第31条　何人も，法律の定める手続によらなければ，その生命若しくは自由を奪はれ，又はその他の刑罰を科せられない。

● 1.1.5 人権規定の私人間効力

アウトライン

憲法は，国家権力の濫用を防ぎ，それによって国民の自由を守ることを目的としている。したがって，憲法は国家が国民に対して権力を行使する場面で適用される。つまり，憲法は国家と国民との間で適用される。

しかし，人権侵害は国家だけでなく国民によってもなされることがある。そこで，ある国民が他の国民の人権を侵害した場合に，憲法の人権規定が適用されるかが問題となる。特に，資本主義経済の発達により，大企業のような国家に匹敵する大きな権力を持つ私人が登場するようになったことから，こうした大企業のような社会的権力から，国民の人権を守る必要性が認識されるようになった。人権は，国家が存在する以前から人間が人間であることによって有する人間固有の権利である以上，国家との関係においてだけでなく，あらゆる関係においてその価値が実現されるべきだからである。

学説としては，憲法はあくまで国家と国民との間に適用されるものであるので，私人間には適用されないとする非適用説，憲法の人権規定は，私法の一般条項の解釈を通じて間接的に私人間に適用されるとする間接適用説，憲法の人権規定が私人間においても直接適用されるとする直接適用説がある。

通説は，間接適用説である。判例も，憲法の自由権的基本権の保障規定は，国または公共団体の統治行動に対して個人の基本的な自由と平等を保障する目的に出たもので，もっぱら国または公共団体と個人との関係を規律するものであり，私人相互の関係を直接規律することを予定するものではなく，私人間の関係においては，各人の有する自由と平等の権利自体が具体的場合に相互に矛盾，対立する可能性があり，このような場合におけるその対立の調整は，近代自由社会においては，原則として私的自治に委ねられ，ただ，一方の他方に対する侵害の態様，程度が社会的に許容しうる一定の限界を超える場合にのみ，法がこれに介入しその間の調整をはかるという建前がとられているとして，間接適用説を採用している（最大判昭和48.12.12民集27巻11号1536頁，三菱樹脂事件）。

ただし，憲法の人権規定のなかには，労働基本権のように，もともと私人間において直接適用されることが予定されているものがあることには注意が必要である。

問題5　人権規定の私人間効力　Check!☞□□□

憲法の人権規定の私人間への適用に関するア～オの記述のうち，妥当なもののみをすべて挙げているのはどれか。なお，以下では，直接適用説とは，憲法の人権規定が私法関係においても直接適用されるとする見解のこととし，間接適用説とは，民法第90条の公序良俗規定のような私法の一般条項を媒介にして，憲法の人権規定を間接的に適用させようとする見解のこととする。

（国家Ⅰ種2009（平成21）年度）

ア．直接適用説に対しては，同説の立場に立つと，私人間で契約を締結した場合にも，それが人権規定に抵触すれば直接憲法により違憲とされることがあるなど，本来自由を保障するはずの人権規定により，市民社会の原則である私的自治の原則が害されるおそれがあるとの批判が可能である。

イ．男子の定年年齢を60歳，女子の定年年齢を55歳と定める会社の就業規則を，性別のみによる不合理な差別を定めたものであり無効であるとする見解は，直接適用説から導くことができるものであり，間接適用説からは導くことができない。

ウ．間接適用説の立場に立つと，奴隷的拘束及び苦役からの自由（憲法第18条）や勤労者の団結権（憲法第28条）の保障規定も，専ら国と個人との関係を規律するものとなり，私人相互の関係を直接規律することを予定する規定ではないことになる。

エ．間接適用説の立場に立って，民法第90条等の私法の一般条項を，憲法の趣旨をとり込んで解釈・適用する場合は，人権価値を積極的に導入することも，逆に消極的に導入することもあり得ることになる。

オ．判例は，社会的に許容し得る限度を超える人権の侵害があった場合は民法第 90 条等の適切な運用によって解決できるとして間接適用説の立場に立った上で企業者が特定の思想を有することを理由に労働者の雇入れを拒否することは違法であるとしている。

1. ア，イ
2. ア，エ
3. イ，オ
4. ウ，エ
5. ウ，オ

問題 5 の解説

ア．**妥当である。** 直接適用説に対しては，私的自治の原則を害すると批判される。憲法の人権規定が直接適用されると，人権規定の適用を通じて，国家が私人間の法律関係に干渉するおそれがあるからである。

イ．**妥当でない。** 判例は，男子の定年年齢を 60 歳，女子の定年年齢を 55 歳とする就業規則の規定は，もっぱら女子であることのみを理由として差別したことに帰着するものであり，性別のみによる不合理な差別を定めたものとして民法 90 条の規定により無効であるとしており（**最判昭和 56.3.24 民集 35 巻 2 号 300 頁，女子若年定年制事件**），憲法 14 条 1 項の平等権を民法 90 条の解釈を通じて私人間に適用するという間接適用説に基づいて当該就業規則を無効とした。

ウ．**妥当でない。** 憲法の人権規定のなかには，私人間に直接適用されることが予定されているものがある。具体的には，問題文に挙げられた人権以外に，選挙の投票についての無答責（**憲法 15 条 4 項**），家庭生活における両性の平等（**憲法 24 条**），児童の酷使の禁止（**憲法 27 条 3 項**）がある。これらの規定は，当然に私人間に直接適用されるので，人権規定の私人間効力の問題とは無関係である。

エ．**妥当である。**　間接適用説に基づくと，憲法の人権規定の趣旨を私人間にどの程度反映させるかは，私法の一般条項の解釈次第となる。このため，私人間に憲法の人権規定の趣旨を積極的に反映させることもできれば，消極的にしか反映させないこともできることになる。

オ．**妥当でない。**　判例は，使用者対労働者のような私的支配関係においては，個人の基本的な自由や平等に対する具体的な侵害またはそのおそれがあり，その態様，程度が社会的に許容しうる限度を超えるときは，これに対する立法措置によってその是正を図ることが可能であるし，また，場合によっては，私的自治に対する一般的制限規定である民法1条，90条や不法行為に関する諸規定等の適切な運用によって，一面で私的自治の原則を尊重しながら，他面で社会的許容性の限度を超える侵害に対し基本的な自由や平等の利益を保護し，その間の適切な調整を図る方途も存するとして（**最大判昭和48.12.12**民集27巻11号1536頁，**三菱樹脂事件**），間接適用説を採用した。そのうえで，判例は，憲法は，思想，信条の自由や法の下の平等を保障すると同時に，他方，**22条**，**29条**等において，財産権の行使，営業その他広く経済活動の自由をも基本的人権として保障しているので，企業者は，かような経済活動の一環としてする契約締結の自由を有し，自己の営業のために労働者を雇傭するにあたり，いかなる者を雇い入れるか，いかなる条件でこれを雇うかについて，法律その他による特別の制限がない限り，原則として自由にこれを決定することができるのであって，企業者が特定の思想，信条を有する者をそのゆえをもって雇い入れることを拒んでも，それを当然に違法とすることはできない，とした（同判決）。

＊正解　2

●解法のポイント●

【間接適用説および直接適用説の整理】

	人権規定の私人間効力	批　判
間接適用説	私法の一般条項の解釈を通じて間接的に適用	●私人間に人権規定を積極的に反映させれば直接適用説と，消極的にしか反映させなければ非適用説と変わらない。
直接適用説	直接適用	●私的自治の原則を害する。 ●人権の対国家性を弱める。 ●かえって人権を制約する可能性がある。

◆　判例は，企業者は，契約締結の自由を有するので，特定の思想を有することを理由とする雇用拒否を有効としている。

◆　判例は，女子若年定年制を，性別のみによる不合理な差別として，民法90条に違反し無効としている。

［参考］

第14条1項　すべて国民は，法の下に平等であつて，人種，信条，性別，社会的身分又は門地により，政治的，経済的又は社会的関係において，差別されない。

第15条4項　すべて選挙における投票の秘密は，これを侵してはならない。選挙人は，その選択に関し公的にも私的にも責任を問はれない。

第22条　何人も，公共の福祉に反しない限り，居住，移転及び職業選択の自由を有する。

2　何人も，外国に移住し，又は国籍を離脱する自由を侵されない。

第24条　婚姻は，両性の合意のみに基いて成立し，夫婦が同等の権利を有することを基本として，相互の協力により，維持されなければならない。

2　配偶者の選択，財産権，相続，住居の選定，離婚並びに婚姻及び家族に関するその他の事項に関しては，法律は，個人の尊厳と両性の本質的平等に立脚して，制定されなければならない。

第27条3項　児童は，これを酷使してはならない。

第29条1項　財産権は，これを侵してはならない。

〈民法1条〉

（基本原則）

第1条　私権は，公共の福祉に適合しなければならない。

2　権利の行使及び義務の履行は，信義に従い誠実に行わなければならない。

3　権利の濫用は，これを許さない。

〈民法90条〉

（公序良俗）

第90条　公の秩序又は善良の風俗に反する事項を目的とする法律行為は，無効とする。

■ 1.2　幸福追求権

アウトライン

人権は，人間が人間であることにより当然に有する人間固有の権利である。国家や憲法によって与えられるものではない。このため，憲法に明記されていない人権であっても，人間は人間であることによって，その人権を当然に持つことになる。実際，すべての人権について憲法で明記されているわけではなく，憲法に明記されていない人権が存在する。憲法に明記されている人権は，憲法が制定された当時において人権として認識されていたものである。しかし，憲法制定後の社会の変化により，新たに人権として認識されるようになった権利が登場するようになる。こうした憲法に明記されていない，憲法制定後に新たに人権として認識されるようになった権利を，新しい人権という。具体的には，プライバシー権や自己決定権などがある。こうした新しい人権も人権であるから，人間は新しい人権も当然に持つことになる。

このことを示しているのが憲法 13 条である。憲法 13 条は幸福追求権を保障している。この幸福追求権とは，人格的生存に不可欠なすべての権利を意味する。このため憲法に明記されていない新しい人権も，この憲法 13 条によって当然に保障される。

問題 6 幸福追求権 Check!☞□□□

憲法第 13 条に関するア～オの記述のうち，判例に照らし，妥当なもののみを全て挙げているのはどれか。 （国家総合職 2014（平成 26）年度）

ア．速度違反車両の自動撮影を行う自動速度監視装置による運転者の容ぼうの写真撮影は，現に犯罪が行われている場合になされ，犯罪の性質，態様からいって緊急に証拠保全をする必要性があり，その方法も一般的に許容される限度を超えない相当なものであるから，憲法第 13 条に反しない。

イ．住民基本台帳ネットワークシステムによって管理・利用等される本人確認情報は，個人の氏名，生年月日，性別及び住所といった，一般には，他人に知られたくない情報を含むものであり，また，同システムのシステム技術上の不備が生じるおそれも否定できないことから，行政機関が同システムにより住民の本人確認情報を管理・利用等する行為は，当該住民がこれに同意していない場合には，憲法第 13 条の保障する個人に関する情報をみだりに第三者に開示又は公表されない自由を侵害し，許されない。

ウ．前科等に関わる事実については，これを公表されない利益が法的保護に値する場合があると同時に，その公表が許されるべき場合もあるのであって，ある者の前科等に関わる事実を実名を使用して著作物で公表したことが不法行為を構成するか否かは，その者のその後の生活状況のみならず，事件それ自体の歴史的又は社会的な意義，その当事者の重要性，その者の社会的活動及びその影響力について，その著作物の目的，性格等に照らした実名使用の意義及び必要性をも併せて判断すべきもので，その結果，前科等に関わる事実を公表されない法的利益が優越するとされる場合には，その者は，その公表によって被った精神的苦痛の賠償を求めることができる。

エ．患者が，輸血を受けることは自己の宗教上の信念に反するとして，輸血を伴う医療行為を拒否するとの明確な意思を有している場合，このような意思決定をする権利は，人格権の一内容として尊重されなければならない。

オ．製造目的のいかんを問わず，酒類製造を一律に免許の対象とした上，免許を受けないで酒類を製造した者を処罰することは，たとえ国の重要な財政収入である酒税の徴収を確保するためであっても，立法府の裁量権を逸脱して自己消費目的の酒類製造の自由を侵害するものであり，許されない。

1. オ
2. ア，イ
3. エ，オ
4. ア，ウ，エ
5. イ，ウ，オ

問題6の解説

ア．**妥当である。**　判例は，速度違反車両の自動撮影を行う自動速度監視装置による運転者の容ぼうの写真撮影は，現に犯罪が行われている場合になされ，犯罪の性質，態様からいって緊急に証拠保全をする必要性があり，その方法も一般的に許容される限度を超えない相当なものであるから，憲法13条に違反せず，また，当該写真撮影の際，運転者の近くにいるため除外できない状況にある同乗者の容ぼうを撮影することになっても，憲法13条，21条に違反しない，とした（**最判昭和61.2.14刑集40巻1号48頁，自動速度監視装置事件**）。

イ．**妥当でない。**　判例は，住基ネットによって管理，利用等される本人確認情報は，氏名，生年月日，性別及び住所からなる4情報に，住民票コードおよび変更情報を加えたものにすぎず，このうち4情報は，人が社会生活を営む上で一定の範囲の他者には当然開示されることが予定されている個人識別情報であり，変更情報も，転入，転出等の異動事由，異動年月日および異動前の本人確認情報にとどまるもので，これらはいずれも，個人の内面に関わるような秘匿性の高い情報とはいえず，また，住民票コードは，住基ネットによる本人確認情報の管理，利用等を目的として，都道府県知事が無作為に指定した数列の中から市町村長が一を選んで各人に割り当てたものであるから，それらの目的に利用される限りにおいては，その秘匿性の程度は本人確認情報と異なるものではない，とした（**最判平成 20.3.6 民集 62 巻 3 号 665 頁，住基ネット事件**）。そのうえで，判例は，住基ネットのシステム上の欠陥等により外部から不当にアクセスされるなどして本人確認情報が容易に漏えいする具体的な危険はないこと，受領者による本人確認情報の目的外利用又は本人確認情報に関する秘密の漏えい等は，懲戒処分または刑罰をもって禁止されていること，住基法は，都道府県に本人確認情報の保護に関する審議会を，指定情報処理機関に本人確認情報保護委員会を設置することとして，本人確認情報の適切な取扱いを担保するための制度的措置を講じていることなどに照らせば，住基ネットにシステム技術上または法制度上の不備があり，そのために本人確認情報が法令等の根拠に基づかずにまたは正当な行政目的の範囲を逸脱して第三者に開示または公表される具体的な危険が生じているということもできないので，行政機関が住基ネットにより住民の本人確認情報を管理，利用等する行為は，住民がこれに同意していないとしても，憲法 13 条により保障された，何人も，個人に関する情報をみだりに第三者に開示または公表されない自由を侵害するものではない，とした（同判決）。

ウ．**妥当である。**　判例は，ある者が刑事事件につき被疑者とされ，さらには被告人として公訴を提起されて判決を受け，とりわけ有罪判決を受け，服役したという事実は，その者の名誉あるいは信用に直接にかかわる事項であるから，その者は，みだりに前科等にかかわる事実を公表されないことにつき，法的保護に値する利益を有するとする一方で，ある者の前科等にかかわる事実は，他面，それが刑事事件ないし刑事裁判という社会一般の関心あるいは批判の対象となるべき事項にかかわるものであるから，事件それ自体を公表することに歴史的または社会的な意義が認められるような場合には，事件の当事者についても，その実名を明らかにすることが許されないとはいえなし，また，その者の社会的活動の性質あるいはこれを通じて社会に及ぼす影響力の程度などのいかんによっては，その社会的活動に対する批判あるいは評価の一資料として，前科等にかかわる事実が公表されることを受忍しなければならない場合もあるし，さらに，選挙によって選出される公職にある者あるいはその候補者など，社会一般の正当な関心の対象となる公的立場にある人物である場合には，その者が公職にあることの適否などの判断の一資料として前科等にかかわる事実が公表されたときは，これを違法というべきものではない，とした（**最判平成6.2.8民集48巻2号149頁，ノンフィクション『逆転』事件**）。このため，判例は，前科等にかかわる事実については，これを公表されない利益が法的保護に値する場合があると同時に，その公表が許されるべき場合もあるのであって，ある者の前科等にかかわる事実を実名を使用して著作物で公表したことが不法行為を構成するか否かは，その者のその後の生活状況のみならず，事件それ自体の歴史的または社会的な意義，その当事者の重要性，その者の社会的活動及びその影響力について，その著作物の目的，性格等に照らした実名使用の意義及び必要性をも併せて判断すべきもので，その結果，前科等にかかわる事実を公表されない法的利益が優越するとされる場合には，その公表によって被った精神的苦痛の賠償を求めることができる，とした（同判決）。

エ．**妥当である。**　判例は，患者が，輸血を受けることは自己の宗教上の信念に反するとして，輸血を伴う医療行為を拒否するとの明確な意思を有している場合，このような意思決定をする権利は，人格権の一内容として尊重されなければならない，とした（**最判平成12.2.29民集54巻2号582頁，輸血拒否事件**）。

オ．**妥当でない。**　判例は，酒税法の各規定は，自己消費を目的とする酒類製造であっても，これを放任するときは酒税収入の減少など酒税の徴収確保に支障を生じる事態が予想されるところから，国の重要な財政収入である酒税の徴収を確保するため，製造目的のいかんを問わず，酒類製造を一律に免許の対象とした上，免許を受けないで酒類を製造した者を処罰することとしたものであり，これにより自己消費目的の酒類製造の自由が制約されるとしても，そのような規制が立法府の裁量権を逸脱し，著しく不合理であることが明白であるとはいえず，憲法31条，13条に違反するものでない，とした（**最判平成元.12.14 刑集43巻13号841頁，どぶろく事件**）。

＊正解　4

●解法のポイント●

◆　判例は，自動速度監視装置による写真撮影を，たとえ同乗者の容ぼうを撮影することになっても合憲としている。

◆　判例は，公務員による争議行為の一律禁止を合憲としている。

◆　判例は，住基ネットは，個人に関する情報をみだりに第三者に開示または公表されない自由を侵害しないとしている。

◆　判例は，前科等を公表する利益よりも公表しない利益が優越する場合，前科等の公表が不法行為を構成するとしている。

◆　判例は，輸血を受けるかどうかの意思決定は，人格権の一内容として尊重されなければならないとしている。

◆　判例は，酒類製造の免許制を著しく不合理であることが明白であるとはいえないとして，合憲としている。

［参考］
第13条　すべて国民は，個人として尊重される。生命，自由及び幸福追求に対する国民の権利については，公共の福祉に反しない限り，立法その他の国政の上で，最大の尊重を必要とする。
第21条1項　集会，結社及び言論，出版その他一切の表現の自由は，これを保障する。

■ 1.3　法の下の平等

アウトライン

憲法14条1項の前段は，すべての国民が法の下に平等であることを定めている。そして，1項の後段は，人種，信条，性別，社会的身分または門地による差別を禁止することを定めている。これらの規定を受けて，2項は貴族制度の禁止を，3項は特権付与の禁止と栄典の相続の禁止を定めている。

憲法14条1項前段は，すべての国民が「法の下に平等である」と定めている。この「法の下に平等」の意味が問題となる。

まず，「法の下に」平等とは，法をすべての国民に平等に適用しなければならないという法適用の平等と，法の内容が平等なものでなければならないという法内容の平等とを意味する。そもそも法の内容が不平等なものである場合，その不平等な内容の法をいくら平等に適用しても，結果は絶対不平等になるからである。

次に，「平等」とは，各人の事実上の差異の存在を前提として，同一の事情においては同一に扱わなければならないという相対的平等を意味する。よって，事情の差異と取扱いの差異との間に合理性があれば，その取扱いの差異は法の下の平等に反するとはいえないことになる。この事情の差異と取扱いの差異との間の合理性の有無は，まず目的の合理性の有無を審査し，そのうえで手段の合理性の有無を審査するという目的・手段審査により判断される。

[参考]

第14条　すべて国民は，法の下に平等であつて，人種，信条，性別，社会的身分又は門地により，政治的，経済的又は社会的関係において，差別されない。

2　華族その他の貴族の制度は，これを認めない。

3　栄誉，勲章その他の栄典の授与は，いかなる特権も伴はない。栄典の授与は，現にこれを有し，又は将来これを受ける者の一代に限り，その効力を有する。

問題7　法の下の平等

Check!☞□□□

憲法第14条第1項に関するア～オの記述のうち，判例に照らし，妥当なもののみを全て挙げているのはどれか。ただし，ア～オの記述に掲げられた法律の規定には，現行において廃止・改正されているものも含まれている。

（国家総合職 2014（平成26）年度）

ア．年金と児童扶養手当の併給禁止規定は，社会保障給付の全般的公平を図ることを目的にするものであり，その立法目的の合理性は認められるが，当該規定の適用によって，障害福祉年金（当時）の受給者とそうでない者との間に児童扶養手当の受給に関して差別を生じさせることは，立法目的達成のため必要な限度をはるかに超え，憲法第14条第1項に違反する。

イ．法定刑を死刑又は無期懲役刑のみに限る尊属殺重罰規定は，尊属を卑属又はその配偶者が殺害することをもって一般に高度の社会的道義的非難に値するものとし，このような所為を通常の殺人の場合より厳重に処罰することによって特に強くこれを禁圧することを目的にするものであり，その立法目的の合理性を直ちに否定することはできないが，刑の加重の程度が立法目的達成のため必要な限度をはるかに超え，普通殺に関する法定刑に比し著しく不合理な差別的取扱いをするものと認められ，憲法第14条第1項に違反する。

ウ．国籍法の規定が，日本国民である父と日本国民でない母との間に出生した後に父から認知された子について，父母の婚姻により嫡出子たる身分を取得した場合に限り届出による日本国籍の取得を認めていることによって，認知されたにとどまる子と嫡出子たる身分を取得した子との間に日本国籍の取得に関する区別を生じさせていることは，父母両系血統主義の尊重を通じ家族秩序を維持することを目的とするものであるが，その立法目的自体に合理的な根拠が認められず，かつ，我が国を取り巻く国内的，国際的な社会的環境等の変化に照らせば，当該区別と立法目的との間の合理的関連性を欠くものとなっており，憲法第14条第1項に違反する。

エ．憲法が各地方公共団体の条例制定権を認める以上，地域によって差別が生じることは当然予期されることであるから，かかる差別は憲法自ら容認するところであると解すべきであって，地方公共団体が売春の取締りについて各別に条例を制定する結果，その取扱いに差別が生じることがあっても，憲法第14条第1項に違反しない。

オ．民法第900条第4号ただし書の規定のうち嫡出でない子の相続分を嫡出子の相続分の2分の1とする部分は，民法が法律婚主義を採用していることから，法定相続分について婚姻関係にある配偶者とその子を優遇して定めるものであるが，他方，嫡出でない子にも一定の法定相続分を認めてその保護を図ったものであり，家族形態の多様化やこれに伴う国民意識の変化ないし国際的環境の変化に照らしても，現在もその区別の合理性は失われておらず，憲法第14条第1項に違反しない。

1.　ア，エ
2.　ア，オ
3.　イ，ウ
4.　イ，エ
5.　ウ，オ

問題7の解説

ア．**妥当でない。**　判例は，年金と児童扶養手当の併給禁止規定について，当該規定の適用により，年金を受けることができる地位にある者とそのような地位にない者との間に児童扶養手当の受給に関して差別を生ずることになるとしても，児童扶養手当は，受給者に対する所得保障である点において，年金と基本的に同一の性格を有するものであり，同一人に同一の性格を有する2以上の公的年金が支給されることとなるべき，いわゆる複数事故において，事故が2以上重なったからといって稼得能力の喪失または低下の程度が必ずしも事故の数に比例して増加するとはいえないことは明らかであるから，このような場合について，社会保障給付の全般的公平を図るため公的年金相互間における併給調整を行うことは，なんら合理的理由のない不当なものであるとはいえない，とした（**最大判昭和57.7.7民集36巻7号1235頁，堀木訴訟**）。

イ．**妥当である。**　判例は，刑法200条の尊属殺人罪の立法目的は，尊属を卑属またはその配偶者が殺害することをもって一般に高度の社会的道義的非難に値するものとし，かかる所為を通常の殺人の場合より厳重に処罰し，もって特に強くこれを禁圧しようとするにあるが，尊属に対する尊重報恩は，社会生活上の基本的道義というべく，このような自然的情愛ないし普遍的倫理の維持は，刑法上の保護に値するので，自己または配偶者の直系尊属を殺害する行為は，人倫の大本に反し，かかる行為をあえてした者の背倫理性は特に重い非難に値するということができるので，被害者が尊属であることを類型化し，法律上，刑の加重要件とする規定を設けても，かかる差別的取扱いをもってただちに合理的な根拠を欠くものと断ずることはできず，したがって，憲法14条1項に違反するということもできない，とした（**最大判昭和48.4.4刑集27巻3号265頁，尊属殺人罪重罰規定事件**）。しかし，判例は，刑法200条の法定刑は死刑および無期懲役刑のみであり，普通殺人罪に関する同法199条の法定刑が，死刑，無期懲役刑のほか3年以上の有期懲役刑となっているのと比較して，刑種選択の範囲が極めて重い刑に限られていることは明らかであり，刑法の減軽規定によっても，尊属殺につき有罪とされた卑属に対して刑を言い渡すべきときには，処断刑の下限は懲役3年6月を下ることがなく，その結果として，いかに酌量すべき情状があろうとも法律上刑の執行を猶予することはできないが，こうした尊属殺の法定刑はあまりにも厳しいものであり，尊属に対する敬愛や報恩という自然的情愛ないし普遍的倫理の維持尊重の観点のみをもってしては，これにつき十分納得すべき説明がつきかねるところであり，合理的根拠に基づく差別的取扱いとして正当化することはとうていできないので，刑法200条は，憲法14条1項に違反して無効である，とした（同判決）。

ウ．**妥当でない。**　国籍法の規定が，日本国民である父と日本国民でない母との間に出生した後に父から認知された子について，父母の婚姻により嫡出子たる身分を取得した場合に限り届出による日本国籍の取得を認めていることによって，認知されたにとどまる子と嫡出子たる身分を取得した子との間に日本国籍の取得に関する区別を生じさせていることについて，判例は，日本国民を血統上の親として出生した子であっても，日本国籍を生来的に取得しなかった場合には，その後の生活を通じて国籍国である外国との密接な結び付きを生じさせている可能性があるから，当該規定は，国籍法の基本的な原則である血統主義を基調としつつ，日本国民との法律上の親子関係の存在に加え我が国との密接な結び付きの指標となる一定の要件を設けて，これらを満たす場合に限り出生後における日本国籍の取得を認めることとしたものと解され，このような目的を達成するために準正その他の要件を設けているが，この立法目的自体には，合理的な根拠がある，とした（**最大判平成 20.6.4 民集 62 巻 6 号 1367 頁，国籍法事件**）。また，判例は，当該規定が設けられた当時の社会通念や社会的状況の下においては，日本国民である父と日本国民でない母との間の子について，父母が法律上の婚姻をしたことをもって日本国民である父との家族生活を通じた我が国との密接な結び付きの存在を示すものとみることには相応の理由があったものとみられるので，当該規定が認知に加えて準正を日本国籍取得の要件としたことには，立法目的との間に一定の合理的関連性があった，とした（同判決）。しかし，判例は，その後，我が国における社会的，経済的環境等の変化に伴って，夫婦共同生活のあり方を含む家族生活や親子関係に関する意識も一様ではなくなってきており，今日では，出生数に占める非嫡出子の割合が増加するなど，家族生活や親子関係の実態も変化し多様化してきており，加えて，近年，我が国の国際化の進展に伴い国際的交流が増大することにより，日本国民である父と日本国民でない母との間に出生する子が増加しているところ，両親の一方のみが日本国民である場合には，同居の有無など家族生活の実態においても，法律上の婚姻やそれを背景とした親子関係のあり方についての認識においても，両親が日本国民である場合と比べてより複雑多様な面があり，その子と我が国との結び付きの強弱を両親が法律上の婚姻をしているか否かをもって直ちに測ることはできないので，日本国民である父が日本国民でない母と法律上の婚姻をしたことをもって，初めて子に日本国籍を与えるに足りるだけの我が国との密接な結び付きが認められるものとすることは，今日では必ずしも家族生活等の実態に適合するものということはできない，とした（同判決）。また，判例は，諸外国においては，非嫡出子に対する法的な差別的取扱いを解消する方向にあることがうかがわれ，我が国が批准した市民的および政治的権利に関する国際規約および児童の権利に関する条約にも，児童が出生によっていかなる差別も受けないとする趣旨の規定が存するし，さらに，国籍法3条1項の規定が設けられた後，自国民である父の非嫡出子について準正を国籍取得の要件としていた多くの国において，今日までに，認知等により自国民との父子関係の成立が認められた場合にはそれだけで自国籍の取得を認める旨の法改正が行われており，以上のような我が国を取り巻く国内的，国際的な社会的環境等の変化に照らしてみると，準正を出生後における届出による日本国籍取得の要件としておくことについて，立法目的との間に合理的関連性を見いだすことがもはや難しくなっている，とした（同判決）。したがって，判例は，本件区別は合理的な理由のない差別となっていたといわざるを得ず，当該規定が本件区別を生じさせていることは，憲法14条1項に違反する，とした（同判決）。

エ．**妥当である。**　判例は，憲法が各地方公共団体の条例制定権を認める以上，地域によって差別を生ずることは当然に予期されることであるから，かかる差別は憲法みずから容認するところであると解すべきであるので，地方公共団体が売春の取締について各別に条例を制定する結果，その取扱に差別を生ずることがあっても，違憲ということはできない，とした（**最大判昭和33.10.15刑集12巻14号3305頁，東京都売春取締条例事件**）。

オ．**妥当でない。**　判例は，昭和22年民法改正時から現在に至るまでの間の社会の動向，我が国における家族形態の多様化やこれに伴う国民の意識の変化，諸外国の立法のすう勢および我が国が批准した条約の内容とこれに基づき設置された委員会からの指摘，嫡出子と嫡出でない子の区別に関わる法制等の変化等を総合的に考察すれば，家族という共同体の中における個人の尊重がより明確に認識されてきたことは明らかであり，法律婚という制度自体は我が国に定着しているとしても，そうした認識の変化に伴い，父母が婚姻関係になかったという，子にとっては自ら選択ないし修正する余地のない事柄を理由としてその子に不利益を及ぼすことは許されず，子を個人として尊重し，その権利を保障すべきであるという考えが確立されてきているものということができるので，立法府の裁量権を考慮しても，嫡出子と嫡出でない子の法定相続分を区別する合理的な根拠は失われており，したがって，嫡出でない子の相続分を嫡出子の相続分の２分の１とする民法の規定は，憲法 14 条 1 項に違反する，とした（**最大判平成 25.9.4 民集 67 巻 6 号 1320 頁，非嫡出子法定相続分差別事件**）。

＊正解　4

●解法のポイント●

【法の下の平等に関する判例の整理】

	目　的	手　段
年金と児童扶養手当の併給禁止規定 （最大判昭和 57.7.7 民集 36 巻 7 号 1235 頁，堀木訴訟）	社会保障給付の全般的公平 ⟶合理性あり	年金と児童扶養手当との併給禁止 ⟶合理性あり
尊属殺重罰規定 （最大判昭和 48.4.4 刑集 27 巻 3 号 265 頁）	尊属に対する尊重報恩はという自然的情愛ないし普遍的倫理の維持 ⟶合理性あり	死刑または無期懲役という法定刑 ⟶合理性なし
日本国民である父と日本国民でない母との間の嫡出でない子に対する日本国籍付与につき，生後認知の場合には準正を要件とする国籍法の規定 （最大判平成 20.6.4 民集 62 巻 6 号 1367 頁）	我が国と密接な結び付きがある子への日本国籍付与 ⟶合理性あり	生後認知の場合には準正を要件 ⟶合理性なし
嫡出でない子の相続分を嫡出子の相続分の 2 分の 1 とする民法 900 条 4 号但書 （最大判平成 25.9.4 民集 67 巻 6 号 1320 頁）	法律婚の尊重 ⟶合理性なし	

第1章　章末問題

問題1　外国人・法人の人権　Check!☞□□□

外国人又は法人の人権に関するア～オの記述のうち，判例に照らし，妥当なもののみをすべて挙げているのはどれか。（国家Ⅰ種2008（平成20）年度）

ア．憲法第三章の諸規定による基本的人権の保障は，権利の性質上日本国民のみをその対象としていると解されるものを除き，我が国に在留する外国人に対しても等しく及び，政治活動の自由についても，我が国の政治的意思決定又はその実施に影響を及ぼす活動等外国人の地位にかんがみこれを認めることが相当でないと解されるものを除き，その保障が及ぶ。しかし，外国人が在留期間の延長を希望して更新を申請した場合，法務大臣が当該外国人の在留期間中の憲法の基本的人権の保障を受ける行為を在留期間の更新の際に消極的な事情として斟酌しないことまでの保障が外国人に与えられているわけではない。

イ．憲法第25条の趣旨にこたえて具体的にどのような立法措置を講ずるかの選択決定は立法府の広い裁量にゆだねられており，在留期間の更新又は変更を受けないで在留期間を経過して我が国に不法に残留する外国人（以下「不法残留者」という。）が緊急に治療を要する場合についても，生活保護法による保護の対象に不法残留者を含めるかどうかは立法府の裁量の範囲に属するから，同法が不法残留者を保護の対象としていないことは憲法第25条に違反しない。

ウ．憲法第93条第2項の「住民」には，我が国に在留する外国人のうち永住者等であってその居住する区域の地方公共団体と特段に緊密な関係を持つに至ったと認められるものも含まれると解するのが相当であり，同項は，これらの外国人に対して，地方公共団体の長，その議会の議員等の選挙の権利を保障したものということができるから，これらの外国人に対し法律により，地方公共団体の長，議会の議員等に対する選挙権を付与する措置を講ずべき憲法上の要請があると解される。

エ．憲法第三章に定める国民の権利及び義務の各条項は，性質上可能な限り，内国の法人にも適用されるものと解すべきであるから，会社は，自然人たる国民と同様，国や政党の特定の政策を支持，推進し，又は反対するなどの政治的行為をなす自由を有し，政治資金の寄附もその自由の一環であるが，会社によって政治資金の寄附がされた場合，政治の動向に与える影響が大きいことから，自然人である国民による寄附とはおのずと別異に扱うべき憲法上の要請があると解される。

オ．地方公務員のうち，住民の権利義務を直接形成し，その範囲を確定するなどの公権力の行使に当たる行為を行い，若しくは普通地方公共団体の重要な施策に関する決定を行い，又はこれらに参画することを職務とするものについては，原則として日本の国籍を有する者が就任することが想定されており，外国人が就任することは，本来我が国の法体系の想定するところではない。

1. ア，イ，ウ
2. ア，イ，オ
3. ア，エ，オ
4. イ，ウ，エ
5. ウ，エ，オ

（参考） 日本国憲法

第 25 条　すべて国民は，健康で文化的な最低限度の生活を営む権利を有する。

②　国は，すべての生活部面について，社会福祉，社会保障及び公衆衛生の向上及び増進に努めなければならない。

第 93 条②　地方公共団体の長，その議会の議員及び法律の定めるその他の吏員は，その地方公共団体の住民が，直接これを選挙する。

問題 2　公務員の労働基本権　Check!☞□□□

次の A～D の文章は，公務員の労働基本権に関する最高裁判所の判決を要約したものを古いものから順に並べたものである。これらの文章の空欄ア～オに該当する語句の組合せとして，妥当なのはどれか。　（国家総合職 2017（平成 29）年度）

A.「公共の福祉」や「(　ア　)」といった原則から，憲法第 28 条が保障する勤労者の権利についても，国家公務員が一般の勤労者とは異なった特別の取扱いを受けることがあるのは当然である。

B.「(　ア　)」を根拠として公務員の労働基本権を全て否定するようなことは許されない。もっとも，労働基本権は勤労者の（　イ　）保障の理念に基づいて憲法

第28条の保障するところであるが，これらの権利は国民生活全体の利益の保障という見地からの制約を内在的制約として内包している。

C. 公務員の労働基本権については，その（　ウ　）に対応する何らかの制約を内在的制約として内包していると解釈しなければならない。しかし，公務員の労働基本権に具体的にどのような制約が許されるかについては，公務員にも労働基本権を保障している憲法の根本趣旨に照らし，慎重に決定する必要があり，地方公務員による争議行為に対するあおり行為のうち，刑事制裁が科されるのは，（　エ　）争議行為に対するものに限られる。

D. 公務員の地位の特殊性と（　ウ　）に鑑みるときは，これを根拠として公務員の労働基本権に対し必要やむを得ない限度の制限を加えることは，十分合理的な理由がある。また，公務員の勤務条件は，原則として国会の制定した法律，予算により定められることとなっており，これらの勤務条件の決定に関し，政府が国会から適法な委任を受けていない事項について，公務員が政府に対し争議行為を行うことは（　オ　）に反すること，公務員の争議行為には，私企業と異なり市場の抑制力がないこと，労働基本権の制限に対して，人事院などの制度上整備された適切な代償措置が講じられていることなどから，争議行為に対するあおり行為のうち，刑事制裁を科されるものを（　エ　）争議行為に対するものに限定せず，また，争議行為を一律に禁止することも，勤労者をも含めた国民全体の共同利益の見地からするやむを得ない制約というべきであり，憲法第28条に違反するものではない。

	ア	イ	ウ	エ	オ
1.	全体の奉仕者	生存権	職務の公共性	違法性の強い	議会制民主主義
2.	全体の奉仕者	生存権	公権力との関係性	違法性の強い	三権分立
3.	全体の奉仕者	幸福追求権	職務の公共性	非現業職員による	三権分立
4.	特別権力関係	生存権	職務の公共性	非現業職員による	議会制民主主義
5.	特別権力関係	幸福追求権	公権力との関係性	非現業職員による	三権分立

問題3 憲法13条

Check!☞□□□

憲法第13条に関するア～オの記述のうち，判例に照らし，妥当なもののみを全て挙げているのはどれか。

（国家総合職2018（平成30）年度）

ア．検索事業者が利用者の求めに応じて行う，検索結果としてのURLの提供は，現代社会において，インターネット上の情報流通の基盤として大きな役割を果たしているものの，検索事業者自身の表現行為という側面を有しているとまではいえず，その一方で，児童買春をしたという事実に基づき逮捕されたという事実は，他人にみだりに知られたくないプライバシーに属する事実であるから，当該逮捕をされた者は，検索事業者に対し，当該逮捕された事実が含まれたURL等情報を検索結果から削除することを求めることができる。

イ．何人も，その承諾なしに，みだりにその容ぼう・姿態を撮影されない自由を有し，警察官が，正当な理由もないのに，個人の容ぼう等を撮影することは，憲法第13条の趣旨に反し許されないが，警察官による個人の容ぼう等の写真撮影は，現に犯罪が行われ若しくは行われたのち間がないと認められる場合であって，証拠保全の必要性及び緊急性があり，その撮影が一般的に許容される限度を超えない相当な方法をもって行われるときは，撮影される本人の同意がなく，また裁判官の令状がなくても，同条に違反しない。

ウ．知事選挙の候補者について書かれた記事を掲載した雑誌に対して求めた，名誉権の侵害に基づく頒布等の事前差止めの可否は，侵害行為によって受ける被害者側の不利益と侵害行為を差し止めることによって受ける侵害者側の不利益とを個別的具体的に比較衡量して決すべきである。当該記事の表現内容は公職選挙の候補者に対する評価，批判等に係る公共の利害に関する事項であるものの，雑誌の発行により事後的には回復し難い重大な損失を受けるおそれがあり，侵害行為による不利益が大きいことから，当該差止めは認められる。

エ．「逆転」と題する著作物において，実名で前科を公表されたことに対する慰謝料請求につき，前科のある者は，前科がその者の名誉あるいは信用に直接に関わる事項であるため，みだりにこれを公表されないことにつき法的保護に値する利益を有するものの，当該著作物はアメリカ合衆国の沖縄統治の実態を明らかにすることを目的としたものであり，当該前科に関わる事件それ自体の歴史的意義が高いことから，このような著作物の公表による損害の賠償を命ずることは，著作者の表現の自由を不当に制限するものといわざるを得ず，当該慰謝料請求を認めることはできない。

オ．行政機関が住基ネットにより住民の本人確認情報を管理，利用等する行為については，本人が欲しない他者には当該情報をみだりに開示されたくないと考えることは自然なことであり，そのことへの期待は保護されるべきであるから当該情報は秘匿性の高い情報といえるものの，当該利用等は法令等の根拠に基づき住民サービスの向上及び行政事務の効率化という正当な目的の範囲内で行われているものであるため，個人に関する情報をみだりに第三者に開示又は公表されない自由を侵害するものではない。

1.　イ
2.　オ
3.　イ，オ
4.　ウ，エ
5.　ア，イ，オ

問題4 法の下の平等

Check!☞□□□

法の下の平等に関するア～エの記述のうち，判例に照らし，妥当なもののみを全て挙げているのはどれか。　（国家総合職 2018（平成30）年度）

ア．嫡出でない子の相続分を嫡出子の2分の1とする民法の規定は，法律婚の尊重を立法目的としているが，嫡出でない子の身分は自らの意思や努力によって変えることのできない社会的身分であることから，嫡出性による相続分の区別は憲法第14条第1項後段列挙事由による差別に当たり，当該立法目的達成のために必要不可欠な手段とは認められないため，違憲である。

イ．6か月間の女性の再婚禁止期間を定める民法の規定は，女性の再婚後に生まれた子において父性の推定が重複することを回避し，父子関係をめぐる紛争の発生を未然に防ぐことを立法目的としているが，当該立法目的は，医療や科学技術の発達により父子関係を科学的に判定できる現代においては合理性を欠くものであるから，再婚禁止期間を設けること自体が合理的な立法裁量の範囲を超えるものであり，違憲である。

ウ．租税法の分野における所得の性質の違い等を理由とする取扱いの区別は，その立法目的が正当なものであり，かつ，当該立法において具体的に採用された区別の態様が当該目的との関連で著しく不合理であることが明らかでない限り，憲法第14条第1項に違反するものということはできず，所得税法が必要経費の控除について事業所得者等と給与所得者との間に設けた区別は，合理的なものであり，違憲ではない。

エ．尊属に対する尊重報恩は，社会生活上の基本的道義に当たるものではあるが，当事者の自発的な遵守によるべきものであって，法律により強制すべき性質のものではないため，尊属殺を定めた刑法の規定における，尊属に対する殺人を通常の殺人よりも厳重に処罰することで特に強く尊属殺人を禁圧するという立法目的は，合理的根拠を欠くことから，当該規定は違憲である。

1. ア
2. ウ
3. ア，ウ
4. イ，ウ
5. イ，エ

記述問題1 Check!☞□□□

次の事例について，以下の設問(1)，(2)に答えなさい。なお，法律と条例の関係，罰則を設けた場合の犯罪構成要件の明確性については論じなくてよい。

（国家総合職 2018（平成30）年度）

［事例］

A市は，大都市の近郊にありながら自然環境と歴史的景観に恵まれた観光地であり，特に白砂青松の海岸は，夏に多くの海水浴客でにぎわっていた。ところが，近年，A市役所には，粗暴な言動や花火，バーベキュー，車両の乗り入れなど，海水浴場利用者のマナーの低下を指摘する市民の声が多く寄せられ，さらには，未成年者や大学生が海水浴場で過度の飲酒をし救急車で搬送される事件，麻薬を所持していたとして逮捕される事件，海水浴帰りに飲酒運転で人身事故を起こす事件などが続発した。これらによって，「子供を遊ばせるのが怖い」と家族客が離れ，海水浴場の利用者数が半減した。

A市は，マナー向上を訴える看板の掲示などを行ったが効果が出なかったため，自然の保護と家族客が安心して楽しむことのできる環境の復活を目的に，「白砂青松の海岸を守り育てる条例」の制定を計画し，審議会に具体的内容の検討を委ねた。

罰則を設けるか，どのような罰則にするかについては後日の検討課題とすることとし，第一回の審議会では，どのような規制が必要にして合理的であるかを議論した。そこでは，海岸のうち海水浴場としての利用に供されている区域を指定した上で，条例によって迷惑行為等を規制することが検討された。個別には，浜辺への車両の乗り入れ，たき火や火気を用いる調理器具の使用，粗野又は粗暴な言動をし，若しくは威勢を示すこと，大音量で音楽をかける行為，指定場所以外での喫煙等を禁止することでほぼ一致がみられた一方，特に意見が分かれたのが，①海水浴場において入れ墨（タトゥーやタトゥーシールを含む。）を公然と公衆の目に触れさせることの禁止，②海水浴場における飲酒及び酒類販売の全面禁止についてである。

①は，入れ墨は「他の者に不安を覚えさせ，他の者を畏怖・困惑させ，他の者に嫌悪を覚えさせることにより，他の者の海水浴場の利用を妨げることになる」，「服で隠し，他の者の目に触れないようにすればよいのだから，該当者の利用を全面的に禁止するわけではない」等の理由で提案されたが，審議会では，「T シャツなどで隠すことのできない部位に入れた小さなタトゥーも禁止されるのか」，「市内の大学には顔に入れ墨をする宗教的伝統のある少数民族である，B 民族の留学生も学んでいるが，そのような入れ墨も禁止の対象になるのか」といった反対意見が唱えられた。

②は，「これまでもマナー向上を呼び掛けてきたが，飲酒が原因の粗暴な言動や飲酒運転事故，未成年者の飲酒を撲滅するには，飲酒及び酒類販売の全面禁止もやむを得ない」，「例年，泥酔者が海で溺れかかっており，ライフセーバーを悩ませているほか，去年はあわや人命に関わる事故も起こった」等の理由で提案されたが，審議会では，「家から持ってきた缶ビールも飲んではならないのか」，「酒類の販売が海の家の売上げの三分の一を占めることから，ただでさえ利用客離れが続いている海の家の経営を大きく圧迫する」といった反対意見が唱えられた。

⑴ 入れ墨を公然と公衆の目に触れさせることを禁止することの憲法上の問題点を指摘した上で，あなたの見解を述べなさい。

⑵ 海水浴場における飲酒及び酒類販売を全面的に禁止することの憲法上の問題点を指摘した上で，あなたの見解を述べなさい。

記述問題 2

Check!☞□□□

次の事例について，以下の設問に答えなさい。 （国家総合職 2017（平成 29）年度）

［事例］

企業の影響力は経済に限らず，社会生活全般に及んでいる。そのため企業は説明責任を果たし，倫理性や公正さに配慮した行動を行い，法を遵守し，人権を尊重することが求められている。そこで，企業の社会的責任の履行を促進するための専門委員会が政府部内に設置された，と仮定する。同委員会が検討案を一般に公募したところ，多くの案が集まったが，その中には次に骨子を示す二つの案も含まれていた。

【A 案】

民主主義国家においては，個人による政党への献金こそが基本とならねばならない。企業は個人に比べ資金力があり社会的影響力も大きいので，企業による政治献金は民主的意思形成の過程を歪めるおそれがある。そのため，企業による政治資金規正法上の政治団体に対する献金は一律禁止する。

【B 案】

最近の調査によると，全就業者に占める女性の割合は 40％を超えているにもかかわらず，管理職についてみると 10％程度にとどまっている。この男女間の格差を是正するため，上場・非上場にかかわらず 1,000 人以上の労働者を雇用する企業を対象として，管理職に占める女性の割合を 5 年以内に 30％以上とすることを求める。この目標値が達成できない場合，当該企業に対して目標を達成するよう政府は勧告し，その後 3 年を経過してもなお達成できない場合，企業名を公表する。

しかしながら，これら A 案及び B 案には，政策的な当否以前に，いずれも憲法上の疑義があるとの意見が出された。A 案及び B 案についての想定される憲法上の論点を指摘した上で，あなたの見解を述べなさい。

第2章 自 由 権

出題傾向

- 自由権は，**ほぼ毎年出題される出題頻度の高い分野**である。
- 自由権の分野で最もよく出題されている項目は，**表現の自由**である。特に，**検閲および事前抑制の禁止に関する判例の内容**を問う問題はよく出題されている。また，**知る権利と報道・取材の自由に関する判例**の内容を問う問題もよく出題されている。
- 次によく出題されている項目は，**信教の自由**である。特に，**政教分離原則**に関する判例の内容を問う問題がよく出題されている。
- **経済的自由権**に関する問題も，よく出題されている。特に，**薬局距離制限事件判決**と**小売市場距離制限事件判決**の内容を問う問題がよく出題されている。

■2.1　精神的自由権

●2.1.1　思想・良心の自由

アウトライン

思想・良心とは，すべての内心における活動を意味するのではなく，人格形成にかかわるような内心における活動を意味する，とする説が有力である。このため，単なる事実の知・不知のような人格形成とはかかわらない内心における活動は，思想・良心には含まれない。人格形成とはかかわらないような内心における活動まで思想・良心に含めてしまうと，思想・良心の自由を保障することの価値が低下してしまい，その結果として思想・良心の自由を制限することが認められやすくなるおそれがあるからである。

思想・良心の自由の保障は絶対的であり，国家が国民に対して特定の思想を持つことを禁止したり，逆に特定の思想を持つことを強制したりすることはできない。つまり，公共の福祉を理由としても，思想・良心の自由を制限することはできない。思想・良心は内心における活動であるため，他者の人権と衝突することがないからである。

また，国家は，ある国民が特定の思想を持つことにより，あるいは持たないことにより，その国民に対して不利益な取り扱いをすることはできない。国民が特定の思想を持つことを理由として不利益な取り扱いを受けてしまうと，国民がその思想を持つことが困難となり，結果として国家が国民に対して特定の思想を持つことを禁止することになるからである。

さらに，国家は国民に対してどのような思想を持っているかを告白することを強制することはできない。これを沈黙の自由という。国家が国民に対して思想の告白を強制すれば，その告白された思想に基づいて国家がその国民に対して不利益な取り扱いをするおそれがあり，その結果として思想・良心の自由が害されるからである。

沈黙の自由は，直接的に国家が国民に対して思想の告白を強制することができないだけでなく，たとえば江戸時代に行われた踏絵のような，間接的に国民の思想・良心を推知できるような行為を強制することもできないことを意味する。

［参考］
第 19 条　思想及び良心の自由は，これを侵してはならない。

問題8　思想・良心の自由　Check!☞□□□

思想及び良心の自由に関するア～エの記述のうち，判例に照らし，妥当なもののみを全て挙げているのはどれか。　(国家総合職 2012 (平成 24) 年度)

ア．憲法第 19 条にいう「良心の自由」とは，単に事物に関する是非弁別の内心的自由のみならず，かかる是非弁別の判断に関する事項を外部に表現する自由やそのような事項を表現しない自由をも包含するため，裁判所が，名誉毀損の加害者に対し，事態の真相を告白するにとどまらず，陳謝の意を表明する内容の謝罪広告を新聞紙に掲載することを命ずることは，同条に違反する。

イ．憲法第 19 条の規定は，国又は公共団体の統治行動に対して個人の基本的な自由を保障する目的に出たもので，専ら国又は公共団体と個人との関係を規律するものであり，私人相互の関係を直接規律することを予定するものではない。

ウ．不当労働行為に対する救済命令として，労働委員会が使用者たる社団に対し，単に社団の行為が労働委員会によって不当労働行為と認定された旨を周知する文言を公示することのみならず，「深く反省するとともに今後，再びかかる行為を繰り返さないことを誓約します。」との文言をも公示することを命ずることは，たとえそれが同種行為を繰り返さない旨の約束文言を強調する意味を有するにすぎないものであっても，陳謝，反省等の倫理的な意思表明を強制するものであり，憲法第 19 条に違反する。

エ．労働者を雇い入れようとする企業が，その採否決定に当たり，労働者の思想，信条を調査し，そのためその者からこれに関連する事項についての申告を求めることは，社会的・経済的に強大な力を持つ企業の労働者に対する優越的地位に鑑みると，労働者の思想，信条の自由に対して影響を与える可能性は少なからずあり，憲法第 19 条に違反する。

1. イ
2. エ
3. ア，ウ
4. ア，エ
5. イ，ウ

問題8の解説

ア．**妥当でない。** 判例は，他人の名誉を毀損した者に対して，謝罪広告を新聞紙等に掲載することを命じることは，それが単に事態の真相を告白し陳謝の意を表明するにとどまる程度のものであれば，その者に対して屈辱的もしくは苦役的労苦を科し，またはその者の有する倫理的な意思，良心の自由を侵害することを要求するものではない，とした（**最大判昭和31.7.4民集10巻7号785頁，謝罪広告事件**）。

イ．**妥当である。** 判例は，憲法**19条**の保障する，思想，信条の自由は，同法第3章のその他の自由権的基本権の保障規定と同じく，国または公共団体の統治行動に対して個人の基本的な自由と平等を保障する目的に出たもので，もっぱら国または公共団体と個人との関係を規律するものであり，私人相互の関係を直接規律することを予定するものではない，とした（**最大判昭和48.12.12民集27巻11号1536頁，三菱樹脂事件**）。

ウ．**妥当でない。** 判例は，ポストノーティス命令が，労働委員会によって使用者の行為が不当労働行為と認定されたことを関係者に周知徹底させ，同種行為の再発を抑制しようとする趣旨のものであることは明らかであり，その掲示文には「深く反省する」，「誓約します」などの文言が用いられているが，同種行為を繰り返さない旨の約束文言を強調する意味を有するにすぎないものであり，使用者に対し反省等の意思表明を要求することは，当該命令の本旨とするところではないから，当該命令は憲法19条に違反しない，とした（**最判平成2.3.6集民159号229頁，ポストノーティス命令事件**）。

エ．**妥当でない。** 判例は，憲法は，思想，信条の自由や法の下の平等を保障すると同時に，他方，**22条**，**29条**等において，財産権の行使，営業その他広く経済活動の自由をも基本的人権として保障しているので，企業者は，かような経済活動の一環としてする契約締結の自由を有し，自己の営業のために労働者を雇傭するにあたり，いかなる者を雇い入れるか，いかなる条件でこれを雇うかについて，法律その他による特別の制限がない限り，原則として自由にこれを決定することができるのであって，企業者が特定の思想，信条を有する者をそのゆえをもって雇い入れることを拒んでも，それを当然に違法とすることはできないのであり，したがって，企業者が，労働者の採否決定にあたり，労働者の思想，信条を調査し，そのためその者からこれに関連する事項についての申告を求めることも，これを法律上禁止された違法行為とすべき理由はない，とした（**最大判昭和48.12.12民集27巻11号1536頁，三菱樹脂事件**）。

＊正解 1

●解法のポイント●

◆ 判例は，謝罪広告命令は，それが単に事態の真相を告白し陳謝の意を表明するにとどまる程度のものであれば，憲法19条に違反しないとしている。

◆ 判例は，ポストノーティス命令の中の「深く反省する」，「誓約します」などの文言は同種行為を繰り返さない旨の約束文言を強調する意味を有するにすぎないので，当該命令は憲法19条に違反しないとしている。

◆ 判例は，憲法19条は私人間に直接適用されないことを前提に，企業者は契約締結の自由を有するので，特定の思想を持つことを理由とする雇用拒否は合法であり，したがって，企業者が採用時に労働者の思想調査を行うことも合法であるとしている。

●2.1.2 信教の自由

アウトライン

憲法は，20条1項前段および2項において個人の信教の自由を保障すると同時に，20条1項後段および3項ならびに89条において政教分離原則を保障している。

個人の信教の自由には，具体的には信仰の自由，宗教的行為の自由，宗教的結社の自由が含まれる。このうち信仰の自由は，内心における活動であるので，絶対的に保障される。しかし，宗教的行為の自由，宗教的結社の自由は，外部的な活動であるので，公共の福祉による制約を受ける。

政教分離原則とは，国家と宗教とを分離する制度をいう。国家と宗教とが結びつくと，その国家と結びついた宗教である国教を信仰することを国家により強制されたり，逆に，国教以外の宗教を信仰することを国家により迫害されたりすることにより，信教の自由が害されるおそれがある。そこで，国家と宗教とを分離することにより，信教の自由を保障しようとしている。

しかし，国家が宗教にまったくかかわることができないとなると，たとえば，私立学校に対する助成において，宗教団体が設立した私立学校に対しては助成することができないといった不合理な結果を生じさせることがある。かといって，国家が宗教に無制限にかかわることができるとなると，政教分離原則の意味を失わせる。そこで，国家が宗教とどこまでかかわることができるかが問題となる。

この問題について，判例は，津地鎮祭訴訟（最大判昭和52.7.13民集31巻4号533頁）において，憲法20条3項において国が行うことを禁止している宗教的活動とは，宗教とのかかわり合いを持つ国家の行為の目的が宗教的意義をもち，その効果が宗教に対する援助，助長，促進又は圧迫，干渉等になるような行為をいう，とした。これを目的・効果基準という。

また，憲法89条では，宗教団体に対する公金支出の禁止が定められている。その趣旨は，国家が宗教的に中立であることを要求するいわゆる政教分離の原則を，公の財産の利用提供等の財政的な側面において徹底させるところにあり，これによって，憲法20条1項後段の規定する宗教団体に対する特権の付与の禁止を財政的側面からも確保し，信教の自由の保障を一層確実なものにしようとしたものである（最大判平成22.1.20民集64巻1号1頁，空知太神社訴訟）。

政教分離原則が問題となった判例は多いが，整理すると以下のようになる。

政教分離原則に違反しないとした判例	
事件名	問題となった行為
津地鎮祭訴訟 （最大判昭和52.7.13民集31巻4号533頁）	市体育館の建築着工の際に挙行された神道形式での起工式
殉職自衛官合祀訴訟 （最大判昭和63.6.1民集42巻5号277頁）	殉職自衛官の護国神社への合祀申請における協力
箕面忠魂碑訴訟 （最判平成5.2.16民集47巻3号1687頁）	学校改築のための忠魂碑の移設先敷地の無償貸与
大嘗祭訴訟 （最判平成14.7.11民集56巻6号1204頁）	県知事の大嘗祭への参列
政教分離原則に違反するとした判例	
事件名	問題となった行為
玉串料訴訟 （最大判平成9.4.2民集51巻4号1673頁）	神社に対する玉串料等の奉納
空知太神社訴訟 （最大判平成22.1.20民集64巻1号1頁）	神社敷地としての市有地の無償貸与

［参考］
第20条　信教の自由は，何人に対してもこれを保障する。いかなる宗教団体も，国から特権を受け，又は政治上の権力を行使してはならない。
2　何人も，宗教上の行為，祝典，儀式又は行事に参加することを強制されない。
3　国及びその機関は，宗教教育その他いかなる宗教的活動もしてはならない。
第89条　公金その他の公の財産は，宗教上の組織若しくは団体の使用，便益若しくは維持のため，又は公の支配に属しない慈善，教育若しくは博愛の事業に対し，これを支出し，又はその利用に供してはならない。

問題 9 信教の自由

Check!☞□□□

信教の自由における政教分離原則に関するア～エの記述のうち，判例に照らし，妥当なもののみを全て挙げているのはどれか。

（国家総合職 2014（平成 26）年度）

ア．建築着工の際に行われる起工式は，土地の神を鎮め祭るという宗教的な起源を持つ儀式であり，一般人の意識において慣習化した社会的儀礼として評価されるものとは認められないため，市が主催し神式に則り挙行された市体育館の起工式は，出席者においてこれが宗教的意義を有するものという意識を持たざるを得ず，市が特定の宗教団体との間に意識的に特別の関わり合いを持ち，当該特定の宗教団体を支援しているとの印象を与え，特定の宗教への関心を呼び起こすものといわざるを得ず，憲法第 20 条第 3 項に違反する。

イ．県知事が，皇位継承の際に通常行われてきた皇室の伝統儀式である大嘗祭に参列した行為は，宗教と関わり合いを持つものであるが，他の参列者と共に参列して拝礼したにとどまること，参列が公職にある者の社会的儀礼として天皇の即位に祝意を表する目的で行われたことなどの事情の下においては，宗教との関わり合いの程度が我が国の社会的，文化的諸条件に照らし，信教の自由の保障の確保という制度の根本目的との関係で相当とされる限度を超えるものとは認められず，憲法第 20 条第 3 項に違反しない。

ウ．神社がその境内において挙行する恒例の重要な祭祀に際して玉串料等を奉納することは，一般人の意識において慣習化した社会的儀礼にすぎないと評価されるものと認めることができ，県が靖国神社等に対して玉串料等を公金から支出したことは，宗教と関わり合いを持つものであるが，戦没者に対する尊崇の念を表すものであり，その効果は，特定の宗教に対する援助助長促進になるものではないから，宗教との関わり合いの程度が我が国の社会的，文化的諸条件に照らして，信教の自由の保障の確保という制度の根本目的との関係で相当とされる限度を超えるものとは認められず，憲法第20条第3項に違反しない。

エ．憲法第89条は，公の財産を宗教上の組織又は団体の使用，便益若しくは維持のため，その利用に供してはならない旨を定めているが，国家と宗教との関わり合いには種々の形態があり，およそ国又は地方公共団体が宗教との一切の関係を持つことが許されないというものではなく，同条も，公の財産の利用提供等における宗教との関わり合いが，我が国の社会的，文化的諸条件に照らし，信教の自由の保障の確保という制度の根本目的との関係で相当とされる限度を超えると認められる場合に，これを許さないとするものである。

1. ア，ウ
2. ア，エ
3. イ，ウ
4. イ，エ
5. ア，イ，エ

問題9の解説

ア．**妥当でない。** 判例は，起工式の目的について，土地の神を鎮め祭るという宗教的な起源をもつ儀式であったが，時代の推移とともに，その宗教的な意義が次第に稀薄化してきていることは，疑いのないところであり，今日においては，もはや宗教的意義がほとんど認められなくなった建築上の儀礼と化しており，一般人の意識においては，起工式にさしたる宗教的意義を認めず，建築着工に際しての慣習化した社会的儀礼として，世俗的な行事と評価しているものと考えられる。また，現実の一般的な慣行としては，建築着工にあたり起工式を行うことは，特に工事の無事安全等を願う工事関係者にとっては，欠くことのできない行事とされているのであり，このことと前記のような一般人の意識に徴すれば，建築主が一般の慣習に従い起工式を行うのは，工事の円滑な進行をはかるため工事関係者の要請に応じ建築着工に際しての慣習化した社会的儀礼を行うという極めて世俗的な目的によるものである，とした（**最大判昭和 52.7.13 民集 31 巻 4 号 533 頁，津地鎮祭訴訟**）。そして，起工式の効果について，判例は，日本国民一般の宗教的関心度は必ずしも高いものとはいいがたく，他方，神社神道自体については，祭祀儀礼に専念し，他の宗教にみられる積極的な布教・伝道のような対外活動がほとんど行われることがないという特色がみられるという事情と，前記のような起工式に対する一般人の意識に徴すれば，起工式が参列者および一般人の宗教的関心を特に高めることとなるものとは考えられず，これにより神道を援助，助長，促進するような効果をもたらすことになるものとも認められない，とした（同判決）。以上のことから，判例は，本件起工式は，宗教とかかわり合いをもつものであることを否定しえないが，その目的は建築着工に際し土地の平安堅固，工事の無事安全を願い，社会の一般的慣習に従った儀礼を行うという専ら世俗的なものと認められ，その効果は神道を援助，助長，促進しまたは他の宗教に圧迫，干渉を加えるものとは認められないのであるから，憲法 20 条 3 項により禁止される宗教的活動にはあたらない，とした（同判決）。

イ．**妥当である。** 判例は，大嘗祭は，天皇が皇祖および天神地祇に対して安寧と五穀豊穣等を感謝するとともに国家や国民のために安寧と五穀豊穣等を祈念する儀式であり，神道施設が設置された大嘗宮において，神道の儀式にのっとり行われたというのであるから，県知事がこれに参列し拝礼した行為は，宗教とかかわり合いを持つものであるとしたうえで，県知事の大嘗祭への参列の目的は，天皇の即位に伴う皇室の伝統儀式に際し，日本国および日本国民統合の象徴である天皇に対する社会的儀礼を尽くすものであり，その効果も，特定の宗教に対する援助，助長，促進または圧迫，干渉等になるようなものではないので，県知事の大嘗祭への参列は，宗教とのかかわり合いの程度が我が国の社会的，文化的諸条件に照らし，信教の自由の保障の確保という制度の根本目的との関係で相当とされる限度を超えるものとは認められず，憲法上の政教分離原則およびそれに基づく政教分離規定に違反するものではない，とした（**最判平成14.7.11民集56巻6号1204頁，大嘗祭訴訟**）。

ウ．**妥当でない。**　まず，県による神社への玉串料等の奉納の目的について，判例は，神社自体がその境内において挙行する恒例の重要な祭祀に際して玉串料等を奉納することは，時代の推移によって既にその宗教的意義が希薄化し，慣習化した社会的儀礼にすぎないものになっているとまでは到底いうことができず，一般人が本件の玉串料等の奉納を社会的儀礼の一つにすぎないと評価しているとは考え難いので，玉串料等の奉納者においても，それが宗教的意義を有するものであるという意識を大なり小なり持たざるを得ない，とした（**最大判平成9.4.2民集51巻4号1673頁，玉串料訴訟**）。次に，県による神社への玉串料等の奉納の効果について，判例は，県が他の宗教団体の挙行する同種の儀式に対して同様の支出をしたという事実がうかがわれないので，県が特定の宗教団体との間にのみ意識的に特別のかかわり合いを持ったことを否定することができないことから，地方公共団体が特定の宗教団体に対してのみ本件のような形で特別のかかわり合いを持つことは，一般人に対して，県が当該特定の宗教団体を特別に支援しており，それらの宗教団体が他の宗教団体とは異なる特別のものであるとの印象を与え，特定の宗教への関心を呼び起こすものといわざるを得ない，とした（同判決）。以上のことから，判例は，県が玉串料等を神社に奉納したことは，その目的が宗教的意義を持つことを免れず，その効果が特定の宗教に対する援助，助長，促進になると認めるべきであり，これによってもたらされる県と神社とのかかわり合いが我が国の社会的・文化的諸条件に照らし相当とされる限度を超えるものであって，憲法20条3項の禁止する宗教的活動にあたるので，県による玉串料等の支出は，同項の禁止する宗教的活動を行うためにしたものとして，違法というべきである，とした（同判決）。

エ．**妥当である。**　判例は，国家と宗教とのかかわり合いには種々の形態があり，およそ国または地方公共団体が宗教との一切の関係を持つことが許されないというものではなく，**憲法89条**も，公の財産の利用提供等における宗教とのかかわり合いが，我が国の社会的，文化的諸条件に照らし，信教の自由の保障の確保という制度の根本目的との関係で相当とされる限度を超えるものと認められる場合に，これを許さないとするものとした（**最大判平成22.1.20民集64巻1号1頁，空知太神社訴訟**）。そのうえで，判例は，神社敷地としての市有地の無償貸与は，市が，何らの対価を得ることなく市有地上に宗教的施設を設置させ，宗教団体である氏子集団がこれを利用して宗教的活動を行うことを容易にさせているものといわざるを得ず，一般人の目から見て，市が特定の宗教に対して特別の便益を提供し，これを援助していると評価されてもやむを得ないものであるから，市と本件神社ないし神道とのかかわり合いが，我が国の社会的，文化的諸条件に照らし，信教の自由の保障の確保という制度の根本目的との関係で相当とされる限度を超えるものとして，憲法89条の禁止する公の財産の利用提供にあたり，ひいては憲法20条1項後段の禁止する宗教団体に対する特権の付与にも該当する，とした（同判決）。

＊正解　4

●解法のポイント●

◆ 政教分離原則に関する判例を整理すると以下のようになる。

	目 的	効 果
地鎮祭	建築着工に際し土地の平安堅固，工事の無事安全を願い，社会の一般的慣習に従った儀礼を行うもの	起工式が参列者および一般人の宗教的関心を特に高めることとなるものとは考えられない
大嘗祭への参列	天皇の即位に伴う皇室の伝統儀式に際し，日本国および日本国民統合の象徴である天皇に対する社会的儀礼を尽くすもの	特定の宗教に対する援助，助長，促進または圧迫，干渉等になるようなものではない
玉串料等の奉納	時代の推移によって既にその宗教的意義が希薄化し，慣習化した社会的儀礼にすぎないものになっているとまでは到底いうことができない	一般人に対して，県が当該特定の宗教団体を特別に支援しており，それらの宗教団体が他の宗教団体とは異なる特別のものであるとの印象を与え，特定の宗教への関心を呼び起こすもの

◆ 判例は，空知太神社訴訟では，目的・効果基準を用いることなく神社敷地としての市有地の無償貸与を憲法89条，20条1項後段に違反するとした。

● 2.1.3　学問の自由

アウトライン

憲法23条において学問の自由が保障されているが，これには研究の自由，研究成果発表の自由，教授の自由が含まれる。

研究の自由は，それが内心における活動にとどまる限りは，思想・良心の自由と同様，絶対的に自由であり，公共の福祉による制限を受けない。しかし，遺伝子組み換え実験のような外部的な活動については，他者に害を与えることがあるので，公共の福祉による制限を受ける。

教授の自由については，学問の中心である大学においては，完全な教授の自由が認められる。問題は，大学以外の教育機関である小，中，高等学校という普通教育において，教授の自由が認められるかである。この点について，判例は，教育は子どもの個性に応じて行われる必要があるので，普通教育においても教師に一定の範囲で教授の自由が認められるが，学生に比べて児童生徒は教授内容を批判する能力が十分ではなく，また教育の機会均等を図るため全国的に一定の教育水準を確保する必要があることから，普通教育において完全な教授の自由を認めることができない，とした（最大判昭和51.5.21刑集30巻5号615頁，旭川学力テスト事件）。

また，憲法23条は，大学の自治も保障している。大学は学問の中心であるため，国家からの干渉を受けやすい。このため，大学に対する国家からの干渉を排除することで，大学における学問の自由を確保しようとしている。判例も，大学における学問の自由を保障するために，伝統的に大学の自治が認められている，とした（最大判昭和38.5.22刑集17巻4号370頁，劇団ポポロ事件）。

［参考］
第23条　学問の自由は，これを保障する。

問題 10　学問の自由　Check!☞□□□

学問の自由に関するア～オの記述のうち，判例に照らし，妥当なもののみをすべて挙げているのはどれか。　（国家Ⅰ種 2006（平成 18）年度）

ア．学問の自由の内容としては，学問研究の自由，研究発表の自由及び教授の自由が含まれると解される。このうち，教授の自由は他者に働きかける側面を有しているため，大学における教授の自由に対する規制は，これが著しく不合理であることが明白である場合に限って違憲となる。

イ．普通教育の一環である中学校における教授の自由については，教師が子どもに対して強い影響力や支配力があること，子どもの側に学校や教師を選択する余地がないこと等を理由に，これを認める余地はない。

ウ．大学における学生の集会が真に学問的な研究又はその結果の発表のためのものでなく，実社会の政治的社会的活動に当たる行為をする場合には，大学の有する特別の学問の自由と自治は享有しない。

エ．大学における学問の自由を保障するために，伝統的に大学の自治が認められ，この自治は，特に大学の教授その他の研究者の人事に関して認められる。また，この自治は，大学の施設と学生の管理についてもある程度で認められ，これらについてある程度で大学に自主的な秩序維持の権能が認められる。

オ．学問の自由は学生の学問的な研究又はその結果の発表の自由も包含している。大学の自治は，学生の学問的な研究又はその結果の発表の自由をも確保するための制度的保障であり，学生にも大学当局と同じ程度の自主的な秩序維持の権能が認められる。

1. ア，ウ
2. イ，ウ
3. イ，エ
4. ウ，エ
5. ウ，オ

問題 10 の解説

ア．**妥当でない。**　判例は，憲法 23 条の学問の自由は，学問的研究の自由とその研究結果の発表の自由とを含むとし（**最大判昭和 38.5.22** 刑集 17 巻 4 号 370 頁，**劇団ポポロ事件**），さらに，学問研究の結果を教授する自由をも含む，とした（**最大判昭和 51.5.21** 刑集 30 巻 5 号 615 頁，**旭川学力テスト事件**）。そして，これらの自由は，すべて公共の福祉による制限を免れるものではないが，大学における自由は，学術の中心として深く真理を探究するという大学の本質に基づいて，一般の場合よりもある程度広く認められる，とした（**最大判昭和 38.5.22** 刑集 17 巻 4 号 370 頁，**劇団ポポロ事件**）。人権に対する規制はそれが著しく不合理であることが明白である場合に限って違憲となるといういわゆる明白の原則は，経済的自由権に対する積極目的規制の場合にのみ認められるのであり，大学における教授の自由に対する規制の場合には，認められない。

イ．**妥当でない。**　判例は，普通教育の場においても，例えば教師が公権力によって特定の意見のみを教授することを強制されないという意味において，また，子どもの教育が教師と子どもとの間の直接の人格的接触を通じ，その個性に応じて行われなければならないという本質的要請に照らし，教授の具体的内容および方法につきある程度自由な裁量が認められなければならないという意味においては，一定の範囲における教授の自由が保障される，とした（**最大判昭和 51.5.21** 刑集 30 巻 5 号 615 頁，**旭川学力テスト事件**）。ただし，判例は，普通教育においては，児童生徒に教授内容を批判する能力がなく，教師が児童生徒に対して強い影響力，支配力を有することを考え，また，普通教育においては，子どもの側に学校や教師を選択する余地が乏しく，教育の機会均等をはかる上からも全国的に一定の水準を確保すべき強い要請があること等に思いをいたすときは，普通教育における教師に完全な教授の自由を認めることは，とうてい許されない，とした（同判決）。

ウ．**妥当である。**　判例は，大学における学生の集会は，大学の教授その他の研究者の有する特別な学問の自由と自治の範囲において自由と自治を認められるものであるので，学生の集会が真に学問的な研究またはその結果の発表のためのものでなく，実社会の政治的社会的活動に当る行為をする場合には，大学の有する特別の学問の自由と自治は享有しない，とした（**最大判昭和38.5.22** 刑集17巻4号370頁，**劇団ポポロ事件**）。

エ．**妥当である。**　判例は，大学における学問の自由を保障するために，伝統的に大学の自治が認められており，この自治は，とくに大学の教授その他の研究者の人事に関して認められ，また，大学の施設と学生の管理についてもある程度で認められ，これらについてある程度で大学に自主的な秩序維持の権能が認められている，とした（**最大判昭和38.5.22** 刑集17巻4号370頁，**劇団ポポロ事件**）。

オ．**妥当でない。**　判例は，大学の学問の自由と自治は，大学が学術の中心として深く真理を探求し，専門の学芸を教授研究することを本質とすることに基づくから，直接には教授その他の研究者の研究，その結果の発表，研究結果の教授の自由とこれらを保障するための自治とを意味するのであり，学生も一般の国民と同じように学問の自由を享有するが，それ以上に学問の自由を享有し，また大学当局の自治的管理による施設を利用できるのは，大学の本質に基づき，大学の教授その他の研究者の有する特別な学問の自由と自治の効果としてである，としており（**最大判昭和38.5.22** 刑集17巻4号370頁，**劇団ポポロ事件**），大学の自治の主体はあくまで教授その他の研究者であり，学生は自治の主体ではないとした。

＊正解　4

●解法のポイント●

◆ 判例は，憲法23条の学問の自由には，学問研究の自由，研究結果の発表の自由，学問研究の結果を教授する自由が含まれるとしている。

◆ 判例は，大学における学問の自由は，一般国民の学問の自由よりも広く認められるとしている。

◆ 判例は，普通教育においても，一定の範囲で教授の自由が認められるが，完全な教授の自由は認められないとしている。

◆ 判例は，学生の集会が真に学問的な研究またはその結果の発表のためのものでなく，実社会の政治的社会的活動にあたる場合には，大学の有する特別の学問の自由と自治は享有しない，としている。

◆ 判例は，大学の自治の主体は，教授その他の研究者であり，学生は自治の主体ではない，としている。

●2.1.4　表現の自由と知る権利

アウトライン

表現の自由とは，内心における思想等を，自分が希望する方法により外部に表明する自由のことをいう。表現の自由は，自由な表現活動により自己の人格を発展させることができるという個人の自己実現の価値と，国民が政治について自由に発言できることによりはじめて民主主義を実現することができるという国民の自己統治の価値という2つの重要な価値を持つ。

さらに，表現の自由には，情報を送り出す自由だけでなく，情報を受け取る自由である知る権利も含まれる。マス・メディアの発達により一般国民が情報の受け手の立場に固定され，そのマス・メディアの情報操作により一般国民が正しい情報を受け取ることができないという弊害が生じるようになった。また，積極国家現象により国家が国民生活に介入するようになった結果，国家が情報を独占し，国民が必要な情報を入手することができないという弊害が生じるようになった。こうした弊害に対処するため，一般国民が情報の開示を求めるという情報の受け手の積極的な権利としての知る権利も，表現の自由に含まれるとされるようになった。

さらに，この知る権利は，マス・メディアによる報道により実現されるので，報道の自由も表現の自由に含まれる。また，報道は取材活動が前提となるので，取材の自由も表現の自由に含まれる，とするのが学説上は有力である。しかし，判例は，報道の自由は表現の自由に含まれるとしているが，取材の自由は，憲法21条の精神に照らし十分尊重に値すると述べるにとどまり，取材の自由は表現の自由には含まれないとした（最大決昭和44.11.26刑集23巻11号1490頁，博多駅事件）。

［参考］
第21条　集会，結社及び言論，出版その他一切の表現の自由は，これを保障する。
2　検閲は，これをしてはならない。通信の秘密は，これを侵してはならない。

問題 11 表現の自由と知る権利 Check!☞□□□

表現の自由に関するア～エの記述のうち，妥当なもののみをすべて挙げているのはどれか。

ア．報道機関の報道が正しい内容をもつためには，報道のための取材の自由が保障される必要があることから，取材の自由は，報道の自由とともに憲法第21条から直接導き出される権利であり，報道の自由と同程度の保障を受けるとするのが判例である。 (国家Ⅰ種 2008（平成 20）年度)

イ．報道の自由は，憲法第21条の保障の下にあり，また報道のための取材の自由も，憲法第21条の精神に照らし，十分尊重に値するものであるところ，裁判所による報道機関の取材フィルムに対する提出命令が許容されるか否かは，審判の対象とされている犯罪の性質態様，軽重及び取材したものの証拠としての価値，ひいては，公正な刑事裁判を実現するに当たっての必要性の有無を考慮するとともに，取材したものを証拠として提出させられることによって報道機関の取材の自由が妨げられる程度及びこれが報道の自由に及ぼす影響の度合いその他諸般の事情を比較衡量して決せられるべきである。 (国家総合職 2015（平成 27）年度)

ウ．傍聴人が法廷においてメモを取ることは，憲法第21条第1項の規定によって直接保障されている表現の自由そのものとは異なるものであるから，その制限又は禁止には，表現の自由に制約を加える場合に一般に必要とされる厳格な基準が要求されるものではなく，公正かつ円滑な訴訟の運営のためにメモを取る行為を制限又は禁止することができるとするのが判例である。 (国家Ⅰ種 2008（平成 20）年度)

エ．表現の自由を定める憲法第21条の規定は，国又は地方公共団体の統治行動に対して基本的な個人の自由と平等を保障することを目的としたものであって，私人相互の関係については，たとえ相互の力関係の相違から一方が他方に優越し事実上後者が前者の意思に服従せざるを得ないようなときであっても，適用ないし類推適用されるものでなく，同条の規定から，新聞等のマス・メディアに対する反論文掲載の請求権が認められるもので

はないとするのが判例である。　（国家Ⅰ種2008（平成20）年度）

1. ア，イ，ウ
2. ア，イ，エ
3. ア，ウ，エ
4. イ，ウ，エ
5. ア，イ，ウ，エ

問題11の解説

ア．**妥当でない。**　判例は，報道機関の報道は，民主主義社会において，国民が国政に関与するにつき，重要な判断の資料を提供し，国民の「知る権利」に奉仕するものであるから，事実の報道の自由は，表現の自由を規定した憲法21条の保障のもとにある，とした（**最大決昭和44.11.26刑集23巻11号1490頁，博多駅事件**）。しかし，判例は，取材の自由については，報道機関の報道が正しい内容をもつためには，憲法21条の精神に照らし，十分尊重に値するとしており（同判決），報道の自由のように，憲法21条の保障の下にあるとはしていない。

イ．**妥当である。**　判例は，公正な刑事裁判の実現を保障するために，報道機関の取材活動によって得られたものが，証拠として必要と認められるような場合には，取材の自由がある程度の制約を蒙ることとなってもやむを得ないところというべきであるが，このような場合においても，一面において，審判の対象とされている犯罪の性質，態様，軽重および取材したものの証拠としての価値，ひいては，公正な刑事裁判を実現するにあたっての必要性の有無を考慮するとともに，他面において，取材したものを証拠として提出させられることによって報道機関の取材の自由が妨げられる程度およびこれが報道の自由に及ぼす影響の度合その他諸般の事情を比較衡量して決せられるべきである，とした（**最大決昭和44.11.26刑集23巻11号1490頁，博多駅事件**）。

ウ．**妥当である。**　判例は，さまざまな意見，知識，情報に接し，これを摂取することを補助するものとしてなされる限り，筆記行為の自由は，憲法 **21 条 1 項**の規定の精神に照らして尊重されるべきであり，裁判の公開が制度として保障されていることに伴い，傍聴人は法廷における裁判を見聞することができるのであるから，傍聴人が法廷においてメモを取ることは，その見聞する裁判を認識，記憶するためになされるものである限り，尊重に値し，故なく妨げられてはならない，とした（**最大判平成元.3.8** 民集 43 巻 2 号 89 頁，**法廷メモ事件**）。もっとも，判例は，情報等の摂取を補助するためにする筆記行為の自由といえども，他者の人権と衝突する場合にはそれとの調整を図る上において，またはこれに優越する公共の利益が存在する場合にはそれを確保する必要から，一定の合理的制限を受けることがあることはやむを得ないところであり，しかも，筆記行為の自由は，憲法 21 条 1 項の規定によって直接保障されている表現の自由そのものとは異なるものであるから，その制限または禁止には，表現の自由に制約を加える場合に一般に必要とされる厳格な基準が要求されるものではないというべきであり，傍聴人のメモを取る行為についていえば，法廷において最も尊重されなければならないのは，適正かつ迅速な裁判を実現することであり，傍聴人は，裁判官および訴訟関係人と異なり，その活動を見聞する者であって，裁判に関与して何らかの積極的な活動をすることを予定されている者ではないので，公正かつ円滑な訴訟の運営は，傍聴人がメモを取ることに比べれば，はるかに優越する法益であるから，傍聴人のメモを取る行為がいささかでも法廷における公正かつ円滑な訴訟の運営を妨げる場合には，それが制限または禁止されるべきことは当然である，とした（同判決）。

エ．**妥当である。**　判例は，憲法 **21 条**等のいわゆる自由権的基本権の保障規定は，国または地方公共団体の統治行動に対して基本的な個人の自由と平等を保障することを目的としたものであって，私人相互の関係については，たとえ相互の力関係の相違から一方が他方に優越し事実上後者が前者の意思に服従せざるをえないようなときであっても，適用ないし類推適用されるものでないので，私人間において，当事者の一方が情報の収集，管理，処理につき強い影響力をもつ日刊新聞紙を全国的に発行・発売する者である場合でも，憲法21条の規定から直接に，反論文掲載の請求権が他方の当事者に生ずるものでない，とした（**最判昭和62.4.24民集41巻3号490頁，サンケイ新聞事件**）。なお，判例は，反論文掲載請求権について，反論文掲載の強制による負担が，批判的記事，ことに公的事項に関する批判的記事の掲載をちゅうちょさせ，憲法の保障する表現の自由を間接的に侵す危険につながるおそれも多分に存するので，新聞記事が特定の者の名誉ないしプライバシーに重大な影響を及ぼすことがあるとしても，不法行為が成立する場合にその者の保護を図ることは別論として，反論権の制度について具体的な成文法がないのに，反論文掲載請求権をたやすく認めることはできない，とした（同判決）。

＊正解　4

●解法のポイント●

◆　判例は，報道の自由は憲法21条の保障の下にあるとはしているが，取材の自由は憲法21条の精神に照らし十分尊重に値すると述べるにとどまり，憲法21条の保障の下にあるとはしていない。

◆　判例は，取材の自由の制限の可否は，比較衡量により決すべきである，としている。

◆　判例は，筆記行為の自由は憲法21条の精神に照らして尊重されるにとどまるので，その制限には厳格な基準は要求されない，としている。

◆　判例は，憲法21条から反論文掲載請求権を導くことはできない，としている。

● 2.1.5　事前抑制・検閲の禁止

アウトライン

表現の自由は，個人の自己実現および国民の自己統治のために不可欠な人権である。このため，表現の自由を制約することは原則として許されない。なかでも，表現行為をそれがなされる前に規制する事前抑制は，表現行為による害悪発生の可能性という予測に基づく制約であるため，表現の自由を不当に制約するおそれがあるので，原則として禁止される。

判例も，表現行為に対する事前抑制は，新聞，雑誌その他の出版物や放送等の表現物がその自由市場に出る前に抑止してその内容を読者ないし聴視者の側に到達させる途を閉ざしまたはその到達を遅らせてその意義を失わせ，公の批判の機会を減少させるものであり，また，事前抑制たることの性質上，予測に基づくものとならざるをえないこと等から事後制裁の場合よりも広汎にわたりやすく，濫用のおそれがあるうえ，実際上の抑止的効果が事後制裁の場合より大きいと考えられるので，表現の自由を保障し検閲を禁止する憲法21条の趣旨に照らし，厳格かつ明確な要件のもとにおいてのみ許容されうる，とした（**最大判昭和61.6.11**民集40巻4号872頁，『北方ジャーナル』事件）。

特に，検閲は，表現の自由に対する大きな脅威となるため，憲法21条2項前段において明確に禁止されている。この禁止の意味について，判例は，検閲がその性質上表現の自由に対する最も厳しい制約となるものであることにかんがみ，これについては，公共の福祉を理由とする例外の許容をも認めない趣旨を明らかにしたものと解すべきである，とした（**最大判昭和59.12.12**民集38巻12号1308頁，税関検査事件）。

問題は，この検閲の意味であるが，判例は，行政権が主体となって，思想内容等の表現物を対象とし，その全部または一部の発表の禁止を目的として，対象とされる一定の表現物につき網羅的一般的に，発表前にその内容を審査した上，不適当と認めるものの発表を禁止することを，その特質として備えるものを指す，とした（**最大判昭和59.12.12**民集38巻12号1308頁，税関検査事件）。

問題 12 事前抑制・検閲の禁止 Check!☞□□□

表現行為に対する事前抑制および検閲に関する次の記述のうち，判例に照らし，妥当なのはどれか。

1. 憲法第21条第2項前段は，「検閲は，これをしてはならない。」と規定する。憲法が，表現の自由につき，広くこれを保障する旨の一般的規定を同条第1項に置きながら，別に検閲の禁止についてこのような特別の規定を設けたのは，検閲がその性質上表現の自由に対する最も厳しい制約となるものであることに鑑み，これについては，公共の福祉を理由とする例外の許容をも認めない趣旨を明らかにしたものと解すべきである。

(国家一般職 2012（平成 24）年度)

2. 税関検査と検閲禁止の原則について，判例は，憲法第21条第2項にいう「検閲」を，行政権が主体となって，表現物一般を対象とし，その全部の発表の禁止を目的として，網羅的一般的に，発表前にその内容を審査した上，不適当と認めるものの発表を禁止することをその特質として備えるものと定義した上で，税関検査は，関税徴収手続の一環として行われるもので，表現物それ自体を網羅的に審査し規制することを目的とするものではないことを理由に，検閲には該当しないとしている。

(国家総合職 2013（平成 25）年度)

3. 出版物の頒布等の事前差止めは，表現行為に対する事前抑制に該当するが，その対象が公務員又は公職選挙の候補者に対する評価，批判等の表現行為に関するものである場合であっても，その表現内容が私人の名誉権を侵害するおそれがあるときは，原則として許される。

(国家一般職 2012（平成 24）年度)

4. 都道府県の青少年保護条例に基づき，知事が「著しく青少年の性的感情を刺激し，その健全な成長を阻害するおそれのあるもの」と認めるフロッピーディスクを審議会等の諮問を経た上で有害図書類として指定する処分は，正当な立法目的を達成するために必要かつ合理的な規制であるということができる場合であっても，憲法第21条第2項前段の規定する検

閲に当たり違憲である。　(国家Ⅰ種 2001（平成 13）年度)

5.　教科書検定は，教育の中立・公正，一定水準の確保等の要請に照らして，不適切と認められる図書の教科書としての発行，使用等を禁止するものであり，同検定による表現の自由の制限は，思想の自由市場への登場を禁止する事前抑制そのものに当たるものというべきであって，厳格かつ明確な要件の下においてのみ許容され得る。　(国家一般職 2012（平成 24）年度)

問題 12 の解説

1.　**妥当である。**　判例は，**憲法 21 条 2 項前段**は，「検閲は，これをしてはならない。」と規定するが，憲法が，表現の自由につき，広くこれを保障する旨の一般的規定を**同条 1 項**に置きながら，別に検閲の禁止についてかような特別の規定を設けたのは，検閲がその性質上表現の自由に対する最も厳しい制約となるものであることにかんがみ，これについては，公共の福祉を理由とする例外の許容をも認めない趣旨を明らかにしたものと解すべきである，とした（**最大判昭和 59.12.12** 民集 38 巻 12 号 1308 頁，**税関検査事件**）。

2.　**妥当でない。**　判例は，**憲法 21 条 2 項**にいう「検閲」とは，行政権が主体となって，思想内容等の表現物を対象とし，その「全部または一部」の発表の禁止を目的として，対象とされる一定の表現物につき網羅的一般的に，発表前にその内容を審査した上，不適当と認めるものの発表を禁止することを，その特質として備えるものを指す，とした（**最大判昭和 59.12.12** 民集 38 巻 12 号 1308 頁，**税関検査事件**）。そのうえで，判例は，税関検査は，関税徴収手続の一環として，これに付随して行われるもので，思想内容等それ自体を網羅的に審査し規制することを目的とするものではないことなどを理由に，憲法 21 条 2 項にいう検閲にあたらない，とした（同判決）。

3.　**妥当でない。**　判例は，裁判所による出版物の頒布等の事前差止めは，その対象が公務員または公職選挙の候補者に対する評価，批判等の表現行為に関するものである場合には，そのこと自体から，一般にそれが公共の利害に関する事項であるということができ，その表現が私人の名誉権に優先する社会的価値を含み憲法上特に保護されるべきであることにかんがみると，当該表現行為に対する事前差止めは，原則として許されないものといわなければならず，ただ，その表現内容が真実でなく，または，それがもっぱら公益を図る目的のものでないことが明白であって，かつ，被害者が重大にして著しく回復困難な損害を被るおそれがあるときは，当該表現行為はその価値が被害者の名誉に劣後することが明らかであるうえ，有効適切な救済方法としての差止めの必要性も肯定されるから，例外的に事前差止めが許される，とした（**最大判昭和61.6.11**民集40巻4号872頁，**『北方ジャーナル』事件**）。

4.　**妥当でない。**　判例は，都道府県の青少年保護条例に基づき，知事が「著しく青少年の性的感情を刺激し，その健全な成長を阻害するおそれのあるもの」と認めるフロッピーディスクを審議会等の諮問を経た上で有害図書類として指定する処分は，憲法21条2項前段にいう検閲にあたらない，とした（**最判平成11.12.14**集民195号641頁，**宮崎県青少年健全育成条例事件**）。判例は，その理由を述べていないが，有害図書類として指定されても青少年以外の者に対する販売は可能なので，販売禁止を目的としていないことから，検閲に該当しないと判断したと考えられる。

5.　**妥当でない。**　判例は，教科書検定は，不合格とされた図書は，教科書としての発行の道が閉ざされることになるが，この制約は，普通教育の場において使用義務が課せられている教科書という特殊な形態に限定されるのであって，不合格図書をそのまま一般図書として発行し，教師，児童，生徒を含む国民一般にこれを発表すること，すなわち思想の自由市場に登場させることは，何ら妨げられるところはないため，発表禁止目的や発表前の審査などの特質がないから，検閲にあたらず，憲法21条2項前段の規定に違反するものではない，とした（**最判平成5.3.16**民集47巻5号3483頁，**教科書検定事件**）。

＊正解　1

●解法のポイント●

◆　判例は，憲法 21 条 2 項前段の検閲の禁止は，絶対的禁止を意味する，としている。

◆　判例は，検閲の意味について，行政権が主体となって，思想内容等の表現物を対象とし，その全部または一部の発表の禁止を目的として，対象とされる一定の表現物につき網羅的一般的に，発表前にその内容を審査した上，不適当と認めるものの発表を禁止することを，その特質として備えるものを指す，としている。

◆　判例は，公務員または公職選挙の候補者に対する評価，批判等の表現行為に対する事前抑制は原則として禁止され，表現内容が真実でなく，または，それがもっぱら公益を図る目的のものでないことが明白であって，かつ，被害者が重大にして著しく回復困難な損害を被るおそれがあるときのみ例外的に許容される，としている。

◆　判例は，税関検査，裁判所による事前差し止め，教科書検定，有害図書指定について，いずれも憲法 21 条 2 項前段にいう検閲に該当しない，としている。

● 2.1.6　表現の自由の限界

アウトライン

表現の自由は，個人の自己実現および国民の自己統治を実現するために不可欠な重要な人権である。しかし，表現は自己の思想等を外部に表明するという外部的な活動である。したがって，他者の人権と衝突することがあるため，表現の自由は，公共の福祉により制限される。

ただし，表現の自由は前述のように重要な人権であるため，安易に制約されることは防がなければならない。このため，表現の自由を制約する法律の合憲性は，厳格に審査されなければならない。これを表現の自由の優越的地位という。

具体的には，表現の自由を制約する法令の規定の文言は，制約対象となる行為が明確に読み取ることができるものでなければならず，規定の文言が漠然としていて制約対象となる行為を読み取ることができないような法令は，その漠然性のゆえに無効となる。また，表現の自由を制約する法令の規定の文言が明確であっても，その規制の範囲が過度に広汎で，違憲的に適用される可能性がある場合，当該法令はその過度の広汎性ゆえに無効となる。

しかし，法令の規定の文言の表現力には限界があり，ある程度抽象的な表現となることは避けられない。このため，判例は，ある刑罰法規があいまい不明確のゆえに憲法 31 条に違反するものと認めるべきかどうかは，通常の判断能力を有する一般人の理解において，具体的場合に当該行為がその適用を受けるものかどうかの判断を可能ならしめるような基準が読みとれるかどうかによつてこれを決定すべきである，としている（最大判昭和 50.9.10 刑集 29 巻 8 号 489 頁，徳島市公安条例事件）。

表現の自由を制約する法令の実質的正当性の審査については，学説上は，内容規制については，重大な害悪の発生が明白かつ差し迫っている場合にのみ合憲とする明白かつ現在の危険の基準，内容中立規制については，規制の程度のより少ない手段が存在する場合には違憲とするという，より制限的でない他の選びうる手段の基準で審査すべきということが主張されている。しかし，判例は，表現の自由に対する制限が，公共の福祉による合理的で必要やむを得ない限度のものとして容認されるかどうかは，制限が必要とされる程度と，制限される自由の内容および性質，これに加えられる具体的制限の態様および程度等を較量して決せられるべきという，いわゆる利益衡量論を採用している（最判平成 5.3.16 民集 47 巻 5 号 3483 頁，教科書検定事件）。

表現の自由については，名誉・プライバシーとの関係も問題となる。特に公務員に対する批判的表現を制約することは，国民の知る権利を侵害することになるため，両者の調整が必要となる。そこで，刑法は，名誉毀損表現を犯罪とする一方で（230 条），①摘示した事実が，公共の利害に関する事実にかかること，②事実を摘示した目的がもっぱら公益を図ることにあったこと，③摘示した事実について真実であることの証明があったこと，の 3 要件が満たされた場合には，これを罰しないとしている（230 条の 2）。さらに，真実性の証明について判例は，摘示した事実が真実であることの証明がない場合でも，行為者がその事実を真実であると誤信し，その誤信したことについて，確実な資料，根拠に照らし相当の理由があるときは，犯罪の故意がなく，名誉毀損の罪は成立しない，とした（最大判昭和 44.6.25 刑集 23 巻 7 号 975 頁，『夕刊和歌山時事』事件）。

［参考］
第 31 条　何人も，法律の定める手続によらなければ，その生命若しくは自由を奪はれ，又はその他の刑罰を科せられない。
〈刑法〉
（名誉毀損）
第 230 条　公然と事実を摘示し，人の名誉を毀き損した者は，その事実の有無にかかわらず，3 年以下の懲役若しくは禁錮又は 50 万円以下の罰金に処する。
2　死者の名誉を毀損した者は，虚偽の事実を摘示することによってした場合でなければ，罰しない。
（公共の利害に関する場合の特例）
第 230 条の 2　前条第一項の行為が公共の利害に関する事実に係り，かつ，その目的が専ら公益を図ることにあったと認める場合には，事実の真否を判断し，真実であることの証明があったときは，これを罰しない。
2　前項の規定の適用については，公訴が提起されるに至っていない人の犯罪行為に関する事実は，公共の利害に関する事実とみなす。
3　前条第一項の行為が公務員又は公選による公務員の候補者に関する事実に係る場合には，事実の真否を判断し，真実であることの証明があったときは，これを罰しない。

問題 13　表現の自由の限界　Check!☞□□□

表現の自由に関するア～オの記述のうち，判例に照らし，妥当なもののみをすべて挙げているのはどれか。

ア．集団行進等の際に「交通秩序を維持すること」を遵守事項とした市の条例について，判例は，ある刑罰法規があいまい不明確の故に憲法第31条に違反するものと認めるべきかどうかは，通常の判断能力を有する一般人の理解において，具体的場合に当該行為がその適用を受けるものかどうかの判断を可能ならしめるような基準が読み取れるかどうかによってこれを決定すべきであるとしている。（国家総合職 2013（平成 25）年度）

イ．美観風致を維持し，公衆に対する危害を防止するために，条例で橋柱，電柱，電信柱等に広告物を表示することなどを禁ずることは，規制目的を達成するためのより制限的でない他の選び得る手段が存在することから，表現の自由に対し許された必要かつ合理的な制限と解することはできず，違憲である。（国家総合職 2015（平成 27）年度）

ウ．公立図書館による図書の廃棄について，判例は，著作者は，自らの著作物を図書館が購入することを法的に請求することができる地位になく，また，その著作物が図書館に収蔵され閲覧に供されている著作者も，その著作物が図書館に収蔵され閲覧に供されることにつき，何ら法的な権利利益を有するものではないとして，図書の廃棄が著作者の思想・信条を理由とするものであっても，その廃棄は当該著作者が著作物によってその思想，意見等を公衆に伝達する利益を不当に損なうものではないとしている。

（国家総合職 2013（平成 25）年度）

エ．出版その他の表現の自由といえども絶対無制限のものではなく，濫用が禁じられ，公共の福祉による制限を受けるものであり，芸術的・思想的価値のある文書についても，それが猥褻性を持つものである場合には，当該文書が持つ芸術性・思想性によって刑法が処罰の対象とする程度以下に猥褻性が解消されない限り，猥褻の文書としての取扱いを免れることはできない。（国家Ⅰ種 2001（平成 13）年度）

オ．名誉毀損罪について規定する刑法第230条の2の解釈について，判例は，表現の自由と人格権としての個人の名誉の保護との調和の観点から，同法第230条の2第1項にいう真実性の証明がなかった場合には，行為者が真実であると誤信し，誤信したことについて，確実な資料，根拠に照らして相当の理由があっても，同罪の成立を妨げないとしている。

（国家総合職2013（平成25）年度）

1. ア，イ
2. ア，エ
3. イ，ウ
4. ウ，エ
5. エ，オ

問題13の解説

ア．**妥当である。** 判例は，ある刑罰法規があいまい不明確のゆえに憲法31条に違反するものと認めるべきかどうかは，通常の判断能力を有する一般人の理解において，具体的場合に当該行為がその適用を受けるものかどうかの判断を可能ならしめるような基準が読みとれるかどうかによってこれを決定すべきである，とした（**最大判昭和50.9.10刑集29巻8号489頁，徳島市公安条例事件**）。

イ．**妥当でない。** 判例は，国民の文化的生活の向上を目途とする憲法の下においては，都市の美観風致を維持することは，公共の福祉を保持する所以であるから，電柱等へのはり紙等の禁止は，公共の福祉のため，表現の自由に対し許された必要かつ合理的な制限と解することができる，とした（**最大判昭和43.12.18刑集22巻13号1549頁**）。

ウ．**妥当でない。** 判例は，公立図書館が，住民に図書館資料を提供するための公的な場であるということは，そこで閲覧に供された図書の著作者にとって，その思想，意見等を公衆に伝達する公的な場でもあるということができるので，公立図書館の図書館職員が閲覧に供されている図書を著作者の思想や信条を理由とするなど不公正な取扱いによって廃棄することは，当該著作者が著作物によってその思想，意見等を公衆に伝達する利益を不当に損なうものといわなければならず，著作者の思想の自由，表現の自由が憲法により保障された基本的人権であることにもかんがみると，公立図書館において，その著作物が閲覧に供されている著作者が有する当該利益は，法的保護に値する人格的利益であると解するのが相当であり，公立図書館の図書館職員である公務員が，図書の廃棄について，基本的な職務上の義務に反し，著作者または著作物に対する独断的な評価や個人的な好みによって不公正な取扱いをすることは，当該図書の著作者の人格的利益の侵害となる，とした（**最判平成 17.7.14 民集 59 巻 6 号 1569 頁，公立図書館図書廃棄事件**）。

エ．**妥当である。**　判例は，文書がもつ芸術性・思想性が，文書の内容である性的描写による性的刺激を減少・緩和させて，刑法が処罰の対象とする程度以下に猥褻性を解消させる場合があることは考えられるが，そのような程度に猥褻性が解消されないかぎり，芸術的・思想的価値のある文書であっても，猥褻の文書としての取扱いを免れることはできない，とした（**最大判昭和 44.10.15 刑集 23 巻 10 号 1239 頁，『悪徳の栄え』事件**）。そして，判例は，出版その他の表現の自由や学問の自由は，民主主義の基礎をなすきわめて重要なものであるが，絶対無制限なものではなく，その濫用が禁ぜられ，公共の福祉の制限の下に立つものであり，芸術的・思想的価値のある文書についても，それが猥褻性をもつものである場合には，性生活に関する秩序および健全な風俗を維持するため，これを処罰の対象とすることが国民生活全体の利益に合致するものと認められるから，これを目して憲法 21 条，23 条に違反するものということはできない，とした（同判決）。

オ．**妥当でない。**　判例は，摘示した事実が真実であることの証明がない場合でも，行為者がその事実を真実であると誤信し，その誤信したことについて，確実な資料，根拠に照らし相当の理由があるときは，犯罪の故意がなく，名誉毀損の罪は成立しない，とした（**最大判昭和**

44.6.25 刑集 23 巻 7 号 975 頁，『夕刊和歌山時事』事件）。

＊正解　2

●解法のポイント●

◆　判例は，法令の明確性について，通常の判断能力を有する一般人を基準としている。

◆　判例は，都市の美観風致を維持するために屋外広告物を規制することは許される，としている。

◆　判例は，公立図書館で閲覧に供された図書の著作者に対して，当該図書を通じてその思想，意見等を公衆に伝達する利益を人格的利益として認めている。

◆　判例は，文書がもつ芸術性・思想性が，文書の内容である性的描写による性的刺激を減少・緩和させないかぎり，芸術的・思想的価値のある文書であっても，猥褻の文書としての取扱いを免れることはできない，としている。

◆　判例は，摘示した事実が真実であることの証明がない場合でも，行為者がその事実を真実であると誤信し，その誤信したことについて，確実な資料，根拠に照らし相当の理由があるときは，犯罪の故意がなく，名誉毀損の罪は成立しない，としている。

●2.1.7 集会・結社の自由

アウトライン

集会とは一時的な共通の目的を持った人の集まり，結社とは継続的な共通の目的を持った人の集まりをいう。

多くの人が集まりその中で意見交換など様々な交流を行うことは，自己の人格を形成し発展させる重要な手段である。また，集団として意見表明を行うことは，一人で意見表明を行うよりも社会に対する影響力が大きいことから，意見表明の重要な手段である。このため集会・結社の自由は，表現の自由の一つとして保障されている。

ただし，集会は場所を必要とし，集団としての行動をともなうことがあるので，他者の人権と抵触することが多いため，他者の人権侵害を防ぐための必要最小限度の制約を受けることはやむをえない。

判例は，集会の用に供される公共施設の利用を拒否し得るのは，利用の希望が競合する場合のほかは，施設をその集会のために利用させることによって，他の基本的人権が侵害され，公共の福祉が損なわれる危険がある場合に限られるものというべきであり，このような場合には，その危険を回避し，防止するために，その施設における集会の開催が必要かつ合理的な範囲で制限を受けることがあり，その制限が必要かつ合理的なものとして肯認されるかどうかは，基本的には，基本的人権としての集会の自由の重要性と，当該集会が開かれることによって侵害されることのある他の基本的人権の内容や侵害の発生の危険性の程度等を較量して決せられるべきものである，とした（最判平成 7.3.7 民集 49 巻 3 号 687 頁，泉佐野市民会館事件）。

集団行動も動く集会として，集会の自由により保障される。ただし，判例は，集団行動による思想等の表現は，単なる言論，出版等によるものとは異なって，現在する多数人の集合体自体の力，つまり潜在する一種の物理的力によって支持されていることを特徴としており，かような潜在的な力は，あるいは予定された計画に従い，あるいは突発的に内外からの刺激，せん動等によってきわめて容易に動員され得る性質のものであり，この場合に平穏静粛な集団であっても，時に昂奮，激昂の渦中に巻きこまれ，甚だしい場合には一瞬にして暴徒と化し，勢いの赴くところ実力によって法と秩序を蹂躪し，集団行動の指揮者はもちろん警察力をもってしてもいかんともし得ないような事態に発展する危険が存在すること，群集心理の法則と現実の経験に徴して明らかであるから，地方公共団体が，集団行動による表現の自由に関するかぎり，いわゆる「公安条例」をもって，地方的情況その他諸般の事情を十分考慮に入れ，不測の事態に備え，法と秩序を維持するに必要かつ最小限度の措置を事前に講ずることは，けだしやむを得ない，とした（**最大判昭和 35.7.20** 刑集 14 巻 9 号 1243 頁，東京都公安条例事件）。

問題 14　集会・結社の自由　Check!☞□□□

集会・結社の自由に関するア～エの記述のうち，判例に照らし，妥当なもののみを全て挙げているのはどれか。

ア．集会は，国民が様々な意見や情報等に接することにより自己の思想や人格を形成，発展させ，また，相互に意見や情報等を伝達，交流する場として必要であり，さらに，対外的に意見を表明するための有効な手段であるから，集会の自由は，民主主義社会における重要な基本的人権の一つとして，特に尊重されなければならない。　（国家総合職 2015（平成 27）年度）

イ．空港建設に反対する集会の開催を目的とした公の施設（市民会館）の使用許可申請を不許可にした処分に関し，市の市民会館条例が不許可事由として定める「公の秩序をみだすおそれがある場合」とは，集会の自由を保障することの重要性よりも，集会が開かれることによって，人の生命，身体又は財産が侵害され，公共の安全が損なわれる危険を回避し，防止することの必要性が優越する場合をいうものと限定して解すべきであり，その危険性の程度としては，単に危険な事態を生ずる蓋然性があるというだけでは足りず，明らかな差し迫った危険の発生が具体的に予見されることが

必要である。 (国家一般職 2013 (平成 25) 年度)

ウ．デモ行進は，思想，主張，感情等の表現を内包するものであるが，純粋の言論と異なって，一定の行動を伴うものであり，その潜在的な力は，甚だしい場合は一瞬にして暴徒と化すことが群集心理の法則と現実の経験に徴して明らかであるから，表現の自由として憲法上保障される要素を有さず，デモ行進の自由は，憲法第 21 条第 1 項によって保障される権利とはいえない。 (国家一般職 2013 (平成 25) 年度)

エ．集団行動の実施について，都道府県の公安条例をもって，地方的情況その他諸般の事情を十分考慮に入れ，不測の事態に備え，法と秩序を維持するのに必要かつ最小限度の措置を事前に講ずることはやむを得ないから，公安委員会に広範な裁量を与え，不許可の場合を厳格に制限しない，一般的な許可制を定めて集団行動の実施を事前に抑制することも，憲法に違反しない。 (国家一般職 2013 (平成 25) 年度)

1. ア，イ
2. ア，ウ
3. イ，ウ
4. イ，エ
5. ウ，エ

問題 14 の解説

ア．**妥当である。** 判例は，集会は，国民が様々な意見や情報等に接することにより自己の思想や人格を形成，発展させ，また，相互に意見や情報等を伝達，交流する場として必要であり，さらに，対外的に意見を表明するための有効な手段であるから，憲法 21 条 1 項の保障する集会の自由は，民主主義社会における重要な基本的人権の一つとして特に尊重されなければならないものである，とした（**最大判平成 4.7.1 民集 46 巻 5 号 437 頁，成田新法事件**）。

イ．**妥当である。** 判例は，条例に定められている，市の市民会館の使用を許可してはならない事由の「公の秩序をみだすおそれがある場合」とは，本件会館における集会の自由を保障することの重要性よりも，本件会館で集会が開かれることによって，人の生命，身体または財産が侵害され，公共の安全が損なわれる危険を回避し，防止することの必要性が優越する場合をいうものと限定して解すべきであり，その危険性の程度としては，単に危険な事態を生ずる蓋然性があるというだけでは足りず，明らかな差し迫った危険の発生が具体的に予見されることが必要である，とした（**最判平成7.3.7民集49巻3号687頁，泉佐野市民会館事件**）。

ウ．**妥当でない。** 判例は，集団行動は，学生，生徒等の遠足，修学旅行等および，冠婚葬祭等の行事をのぞいては，通常一般大衆に訴えんとする，政治，経済，労働，世界観等に関する何等かの思想，主張，感情等の表現を内包するものであるので，集団行動には，表現の自由として憲法によって保障さるべき要素が存在する，とした（**最大判昭和35.7.20刑集14巻9号1243頁，東京都公安条例事件**）。ただし，判例は，集団行動による思想等の表現は，潜在する一種の物理的力によって支持されており，時に昂奮，激昂の渦中に巻きこまれ，甚だしい場合には一瞬にして暴徒と化す危険が存在するので，地方公共団体が，公安条例をもって，法と秩序を維持するに必要かつ最小限度の措置を事前に講ずることは，けだしやむを得ない，とした（同判決）。

エ．**妥当でない。** 判例は，公安条例において，集団行動に関して，公安委員会の許可が要求されていることについて，許可が義務づけられており，不許可の場合が厳格に制限されているため，実質届出制と異なることがないので，違憲ではない，とした（**最大判昭和35.7.20刑集14巻9号1243頁，東京都公安条例事件**）。このため，判例は，問題文の公安委員会に広範な裁量を与え，不許可の場合を厳格に制限しない，一般的な許可制まで，違憲ではないとはしていない。

＊正解　1

●解法のポイント●

◆　判例は，集会の自由も個人の自己実現および国民の自己統治にとって必要な重要な基本的人権の一つと位置付けている。

◆　判例は，条例の「公の秩序をみだすおそれがある場合」について，単に危険な事態を生ずる蓋然性があるというだけでは足りず，明らかな差し迫った危険の発生が具体的に予見されることが必要である，としている。

◆　判例は，集団行動も表現の自由に含まれる，としている。

◆　判例は，公安条例において，集団行動に関して，公安委員会の許可が要求されていることについて，許可が義務づけられており，不許可の場合が厳格に制限されているため，実質届出制と異なることがないので，違憲ではない，としている。

[参考]
第21条1項　集会，結社及び言論，出版その他一切の表現の自由は，これを保障する。

■2.2　経済的自由権

●2.2.1　職業選択の自由

アウトライン

職業選択の自由には，自身が従事する職業を選ぶ自由である職業選択の自由と，自身が選んだ職業を遂行する自由である職業遂行の自由とが含まれる。そして，この職業遂行の自由には，営利目的で職業を営む自由である営業の自由が含まれる。

職業は社会的相互関連性が大きく，また，社会的経済的弱者に対する配慮も必要であることから，職業選択の自由は精神的自由権に比べて広範な制約を受けることとなる。具体的には，職業選択の自由は，社会生活における安全の保障や秩序の維持を目的とする消極目的規制に加えて，国民経済の発展や経済的弱者の保護を目的とする積極目的規制にも服することになる。

このため，職業選択の自由を制約する立法の合憲性についても，そうした規制の目的や態様を考慮して審査することとなる。

具体的には，小売市場の距離制限について，判例は，積極目的規制は，それが著しく不合理であることの明白である場合に限って違憲となるとしたうえで，小売市場の距離制限の目的は小売商の共倒れ防止という積極目的規制であるので，当該規制措置が著しく不合理であることが明白であるとは認められないとして，合憲とした（最大判昭和 47.11.22 刑集 26 巻 9 号 586 頁，小売市場距離制限事件）。

これに対して，薬局の距離制限について，判例は，許可制は職業の自由に対する強力な制限であるから，重要な公共の利益のために必要かつ合理的な措置であることを要し，かつ，消極目的規制の場合には，許可制に比べて職業の自由に対するよりゆるやかな制限である職業活動の内容および態様に対する規制によってはその目的を十分に達成することができないと認められることを要するとしたうえで，薬局の距離制限の目的は不良医薬品の供給の防止という消極目的規制であり，その目的は重要な公共の利益であるが，薬局の距離制限はその目的のための必要かつ合理的な規制ということができないので違憲である，とした（最大判昭和50.4.30民集29巻4号572頁，薬局距離制限事件）。

［参考］
第22条1項　何人も，公共の福祉に反しない限り，居住，移転及び職業選択の自由を有する。

問題15　職業選択の自由

Check!☞□□□

職業選択の自由に関するア～オの記述のうち，判例に照らし，妥当なもののみをすべて挙げているのはどれか。

ア．憲法第22条第1項は，職業選択の自由について，「公共の福祉に反しない限り」という留保を付しているが，憲法は，国の責務として積極的な社会経済政策の実施を予定しているものということができ，個人の経済活動の自由に関する限り，個人の精神的自由等に関する場合と異なって，当該社会経済政策の実施の一手段として，これに一定の合理的規制措置を講ずることは許されるとするのが判例である。　（国家総合職2016（平成28）年度）

イ．一般に職業の許可制は，単なる職業活動の内容及び態様に対する規制を超えて，狭義における職業の選択の自由そのものに制約を課するもので，職業の自由に対する強力な制限であるから，その合憲性を肯定し得るためには，原則として，重要な公共の利益のために必要かつ合理的な措置であることを要する。　（国家総合職2012（平成24）年度）

ウ．旧薬事法による薬局の開設等の許可における適正配置規制は，主として小企業の多い薬局等の経営の保護という社会政策及び経済政策上の積極的な目的のための規制であるから，当該適正配置規制が著しく不合理であることの明白な場合に限って，これを違憲であるとするのが判例である。

（国家総合職2016（平成28）年度）

エ．公衆浴場法による公衆浴場の適正配置規制は，既存公衆浴場業者の経営の安定を図ることにより，その経営を健全ならしめ，ひいては衛生設備を充実させることをその目的としているが，自由競争原理による経済体制下においては，逆に競争によって衛生設備の向上が図られることは容易に肯認し得るし，また衛生設備の低下に対しては行政上の監督によるほか許可の取消しという手段によって対処することができ，衛生上の基準に係る許可条件の上に地域的制限を行うことの必要性及び合理性を見いだすことはできず，憲法第22条に違反する。　（国家総合職2012（平成24）年度）

オ．一般に許可制は，職業選択の自由に対する強力な制限であるから，その合憲性を肯定し得るためには，原則として，重要な公共の利益のために必要かつ合理的な措置であることを要するが，租税の適正かつ確実な賦課徴収を図るという国家の財政目的のための職業の許可制による規制は，その必要性と合理性についての立法府の判断が，政策的・技術的な裁量の範囲を逸脱し著しく不合理でない限り，憲法第22条第1項に違反しない。

（国家Ⅰ種2006（平成18）年度）

1. ア，イ，オ
2. ア，ウ，エ
3. ア，ウ，オ
4. イ，ウ，エ
5. イ，エ，オ

問題15の解説

ア．**妥当である。** 判例は，憲法は，国の責務として積極的な社会経済政策の実施を予定しているものということができ，個人の経済活動の自由に関する限り，個人の精神的自由等に関する場合と異なって，社会経済政策の実施の一手段として，これに一定の合理的規制措置を講ずることは，もともと，憲法が予定し，かつ，許容するところと解するのが相当である，とした（**最大判昭和47.11.22刑集26巻9号586頁，小売市場距離制限事件**）。

イ．**妥当である。** 判例は，一般に許可制は，単なる職業活動の内容および態様に対する規制を超えて，狭義における職業の選択の自由そのものに制約を課するもので，職業の自由に対する強力な制限であるから，その合憲性を肯定しうるためには，原則として，重要な公共の利益のために必要かつ合理的な措置であることを要する，とした（**最大判昭和50.4.30民集29巻4号572頁，薬局距離制限事件**）。

ウ．**妥当でない。** 判例は，薬局の適正配置規制は，主として不良医薬品の供給の防止という国民の生命および健康に対する危険の防止という消極的，警察的目的のための規制措置である，とした（**最大判昭和50.4.30民集29巻4号572頁，薬局距離制限事件**）。そのうえで，判例は，許可制が社会政策ないしは経済政策上の積極的な目的のための措置ではなく，自由な職業活動が社会公共に対してもたらす弊害を防止するための消極的，警察的措置である場合には，許可制に比べて職業の自由に対するよりゆるやかな制限である職業活動の内容および態様に対する規制によってはその目的を十分に達成することができないと認められることを要する，とした（同判決）。

エ．**妥当でない。** 判例は，公衆浴場法による適正配置規制の目的は，国民保健および環境衛生の確保にあるとともに，公衆浴場が自家風呂を持たない国民にとって日常生活上必要不可欠な厚生施設であり，入浴料金が物価統制令により低額に統制されていること，利用者の範囲が地域的に限定されているため企業としての弾力性に乏しいこと，自家風呂の普及に伴い公衆浴場業の経営が困難になっていることなどにかんがみ，既存公衆浴場業者の経営の安定を図ることにより，自家風呂を持たない国民にとって必要不可欠な厚生施設である公衆浴場自体を確保しようとすることも，その目的としているものと解されるのであり，適正配置規制はその目的を達成するための必要かつ合理的な範囲内の手段と考えられるので，憲法22条1項に違反しない，とした（**最判平成元.3.7集民156号299頁，公衆浴場距離制限事件**）。

オ．**妥当である。** 判例は，一般に許可制は，単なる職業活動の内容および態様に対する規制を超えて，狭義における職業選択の自由そのものに制約を課するもので，職業の自由に対する強力な制限であるから，その合憲性を肯定し得るためには，原則として，重要な公共の利益のために必要かつ合理的な措置であることを要するものというべきであるが，租税法の定立については，国家財政，社会経済，国民所得，国民生活等の実態についての正確な資料を基礎とする立法府の政策的，技術的な判断にゆだねるほかはなく，裁判所は，基本的にはその裁量的判断を尊重せざるを得ないものというべきであるので，租税の適正かつ確実な賦課徴収を図るという国家の財政目的のための職業の許可制による規制については，その必要性と合理性についての立法府の判断が，その政策的，技術的な裁量の範囲を逸脱するもので，著しく不合理なものでない限り，これを憲法22条1項の規定に違反するものということはできない，とした（**最判平成4.12.15民集46巻9号2829頁，酒類販売免許制事件**）。

＊正解　1

●解法のポイント●

◆ 判例は，経済的自由権については，消極目的規制だけでなく積極目的規制にも服する，としている。

◆ 判例は，許可制は，職業の自由に対する強力な制限であるから，その合憲性を肯定し得るためには，原則として，重要な公共の利益のために必要かつ合理的な措置であることを要する，としている。

◆ 判例は，許可制が消極目的規制の場合，許可制に比べて職業の自由に対するよりゆるやかな制限である職業活動の内容および態様に対する規制によってはその目的を十分に達成することができないと認められることを要する，としている。

◆ 判例は，公衆浴場の距離制限について，国民保健および環境衛生の確保という消極目的に加えて，公衆浴場業者の経営の安定という積極目的も達成しようとしているとしたうえで，その目的を達成するための必要かつ合理的な範囲内の手段であり合憲である，としている。

◆ 判例は，国家の財政目的のための職業の許可制については，その必要性と合理性についての立法府の判断が，その政策的，技術的な裁量の範囲を逸脱するもので，著しく不合理なものでない限り，違憲とすることはできない，としている。

●2.2.2 財 産 権

アウトライン

憲法による財産権の保障には，個人が有する具体的な財産権の保障に加え，個人が財産を所有することができるという私有財産制度の保障も含まれる。

財産権とは，物権や債権だけでなく，著作権や特許権などの無体財産権など，財産的価値を有するすべての権利を意味する。

財産権も公共の福祉による制約を受けるが，職業選択の自由と同様に，社会生活における安全の保障や秩序維持のための消極目的規制に加えて，社会公共の便宜の促進や経済的弱者の保護などの社会政策・経済政策上の積極目的規制にも服する。

憲法29条2項では，財産権の内容は，「法律で」定めると定められていることから，財産権を法律ではない条例によって制約することができるかが問題となる。これについて通説は，条例も民主的正統性を持つことから，法律に類似するものであるので，財産権を条例によって制約することができるとする。

憲法29条3項では，私有財産は，正当な補償の下に，これを公共のために用いることができる，と定められている。この公共のためとは，道路や学校のように国が直接用いる場合に限定されず，広く社会公共のためを意味するとするのが通説・判例（最判昭和29.1.22民集8巻1号225頁，自創法宅地買収事件）である。補償は，財産権が制約される場合に常に必要とされるわけではなく，特定人に対する財産権の本質的内容を害する強度な制約である場合にのみ必要とされる。正当な補償の意味について，判例は，収用する財産の市場価格と同額を支払う完全な補償ではなく，合理的に算出された相当な額を支払う相当な補償を意味するとした（最大判昭和28.12.23民集7巻13号1523頁，自創法農地買収事件）。つまり，判例は，合理的に算出された補償額であれば，市場価格を下回ってもよいとしている。もっとも，判例は，いつでも補償額は市場価格を下回ってもよいとしているわけではなく，原則として補償額は市場価格と同額でなければならないが，例外的に補償額が市場価格を下回る場合があることを認めているものである。実際，通常の道路建設などの公共事業のために土地を収用するための法律である土地収用法に基づく土地収用における補償額について判例は，市場価格と同額の完全な補償でなければならないとした（最判昭和48.10.18民集27巻9号1210頁，土地収用法事件）。

［参考］
第29条　財産権は，これを侵してはならない。
2　財産権の内容は，公共の福祉に適合するやうに，法律でこれを定める。
3　私有財産は，正当な補償の下に，これを公共のために用ひることができる。
第94条　地方公共団体は，その財産を管理し，事務を処理し，及び行政を執行する権能を有し，法律の範囲内で条例を制定することができる。

問題16　財 産 権　Check!☞□□□

財産権の保障に関するア～オの記述のうち，妥当なもののみを全て挙げているのはどれか。　（国家総合職2015（平成27）年度）

ア．憲法による財産権の保障は，我が国における私有財産制度の保障と，個人の現に有する具体的な財産上の権利の保障という二つの側面を有する。

イ．憲法第29条第2項は，「財産権の内容は，公共の福祉に適合するやうに，法律でこれを定める」と規定し，また同条第3項は，「私有財産は，正当な補償の下に，これを公共のために用ひることができる」と定めている。判例は，これらの規定に照らして，財産権の内容を制限する場合には，法律でこれを定めるとともに，当該法律に補償規定を設けなければ，違憲無効であるとしている。

ウ．憲法上，財産権を侵してはならないとされ，また，その内容は法律でこれを定めることとされているが，憲法第94条に従って「法律の範囲内で」制定される条例によって，財産権に制限を加えることは許容される。

エ．憲法第29条第3項が定める「公共のため」とは，「公共の福祉のため」というよりも狭い観念であると解されるため，その範囲は病院，学校，道路の設置・建設など不特定多数の人々が受益者となる場合に限られるのであって，特定の個人が受益者となる場合はこれに当たらないとするのが判例である。

オ．憲法第29条第3項にいう「正当な補償」とは，その当時の経済状態において成立すると考えられる価格に基づき合理的に算出された相当な額をいうのであって，必ずしも常に当該価格と完全に一致することを要するものではなく，この趣旨に従うと，収用する土地の補償金の額の算定について定めた土地収用法第71条の規定には，十分な合理性があり，同条は憲法第29条第3項に違反しないとするのが判例である。

1. ア，ウ
2. ア，エ
3. ア，ウ，オ
4. イ，ウ，エ
5. イ，エ，オ

（参考） 土地収用法

（土地等に対する補償金の額）

第71条　収用する土地又はその土地に関する所有権以外の権利に対する補償金の額は，近傍類地の取引価格等を考慮して算定した事業の認定の告示の時における相当な価格に，権利取得裁決の時までの物価の変動に応ずる修正率を乗じて得た額とする。

問題 16 の解説

ア．**妥当である。**　憲法 29 条は，私有財産制度を保障するのと同時に，国民の個々の財産権を基本的人権として保障していると解するのが，通説・判例（最大判昭和 62.4.22 民集 41 巻 3 号 408 頁，森林法事件）である。

イ．**妥当でない。**　判例は，財産権を制限する法令に損失補償に関する規定がないからといって，そのことがあらゆる場合について一切の損失補償をまったく否定する趣旨とまでは解されず，当該法令により財産権を制限されたものがその損失を具体的に主張立証して，別途，直接憲法 29 条 3 項を根拠にして，補償請求をする余地がまったくないわけではないから，当該法令を直ちに違憲無効と解すべきではない，とした（最大判昭和 43.11.27 刑集 22 巻 12 号 1402 頁，河川附近地制限令事件）。

ウ．**妥当である。**　通説は，条例も民主的正当性を持つ点で法律に類似するので，憲法 94 条により法律の範囲内という制約下において，条例により財産権を制限することができるとしている。

エ．**妥当でない。**　判例は，公用収用が特定個人を受益者とする場合であっても，それが公共の福祉のためであれば，その公共性は否定されない，とした（最判昭和 29.1.22 民集 8 巻 1 号 225 頁，自創法宅地買収事件）。

オ．**妥当である。**　判例は，憲法 29 条 3 項にいう「正当な補償」とは，その当時の経済状態において成立すると考えられる価格に基づき合理的に算出された相当な額をいうのであって，必ずしも常にかかる価格と完全に一致することを要するものではないとしたうえで，収用地の近傍類地の取引価格の変動は，一般的に当該土地を収用する公共事業による影響を受けたものであると考えられるところ，事業により近傍類地に付加されることとなった価値と同等の価値を収用地の所有者等が当然に享受し得る理由はないし，事業の影響により生ずる収用地そのものの価値の変動は，起業者に帰属し，また業者が負担すべきものであること，土地が収用されることが最終的に決定されるのは権利取得裁決によるのであるが，事業認定が告示されることにより，当該土地については，任意買収に応じない限り，起業者の申立てにより権利取得裁決がされて収用されることが確定するのであり，その後は，これが一般の取引の対象となることはないから，その取引価格が一般の土地と同様に変動するものとはいえないことから，土地収用法71条の規定は，十分な合理性があり，憲法29条3項に違反するものではない，とした（**最判平成14.6.11民集56巻5号958頁，土地収用法補償金修正率訴訟**）。

＊正解　3

●解法のポイント●

◆　憲法29条1項は，私有財産制と個人の現に有する財産権とを保障している。

◆　判例は，財産権を制約する法令に損失補償に関する規定がないからといって，当該法令が当然に違憲になるとはしていない。

◆　財産権は，法律に反しない限り，条例によっても制限できる，とするのが通説である。

◆　公共のためとは，広く社会公共の利益のためを意味する。

◆　判例は，土地収用法71条は合憲である，としている。

■2.3　人身の自由

●2.3.1　適正手続の保障

アウトライン

適正手続の保障とは，刑罰を科すための要件を適正に法律で定めなければならず，また，刑罰を科すための手続も適正に法律で定めなければならないことをいう。

憲法31条は，文言上は刑罰を科す手続を法律で定めることをのみを要求している。しかし，それだけでは，不当な刑罰権の行使を防ぐことができない。憲法31条は，実体要件の法定および適正ならびに手続の法定および適正を要求している。

具体的には，刑罰は法律で定めなければならない。ただし，法律の授権により，それ以下の法令によって刑罰を定めることができる（最大判昭和37.5.30刑集16巻5号577頁，大阪市売春取締条例事件）。もっとも，命令の場合には法律による個別・具体的な授権が必要となる，とするのが通説である。条例の場合には，相当程度に具体的で限定された授権が必要となる，とするのが判例である（同判決）。

刑罰を科す際には，相手に対して告知，弁解，防御の機会を与えなければならない（最大判昭和37.11.28刑集16巻11号1593頁，第三者所有物没収事件）。また，刑罰法規は明確でなければならない。ただし，刑罰法規の明確性の有無は，通常の判断能力を有する一般人の理解を基準として判断される，とするのが判例である（最大判昭和50.9.10刑集29巻8号489頁，徳島市公安条例事件）。

適正手続の保障は，行政手続にも及ぶ場合がある。ただし，判例は，行政手続は，刑事手続とその性質においておのずから差異があり，また，行政目的に応じて多種多様であるから，行政処分の相手方に事前の告知，弁解，防御の機会を与えるかどうかは，行政処分により制限を受ける権利利益の内容，性質，制限の程度，行政処分により達成しようとする公益の内容，程度，緊急性等を総合較量して決定されるべきものであって，常に必ずそのような機会を与えることを必要とするものではない，とした（最大判平成 4.7.1 民集 46 巻 5 号 437 頁，成田新法事件）。

［参考］
第 31 条　何人も，法律の定める手続によらなければ，その生命若しくは自由を奪はれ，又はその他の刑罰を科せられない。

問題 17　適正手続の保障

Check!☞ □□□

憲法第 31 条に関するア～オの記述のうち，判例に照らし，妥当なもののみをすべて挙げているのはどれか。（国家Ⅰ種 2007（平成 19）年度）

ア．刑事事件において被告人以外の第三者の所有物を没収する場合は，その没収に関して所有者に対し，何ら告知，弁解，防御の機会を与えることなく，その所有権を奪ったとしても，そのことをもって著しく不合理であるとはいえず，直ちに憲法第 31 条に違反するものではない。

イ．憲法第 31 条の定める法定手続の保障は，直接には刑事手続に関するものであるが，行政手続についても当然に同条による保障の枠内にあると解されることから，行政処分の相手方に対しては，常に，事前の告知，弁解，防御の機会を与えなければならない。

ウ．ある刑罰法規があいまい不明確であるとの理由により憲法第 31 条に違反するかどうかについては，通常の判断能力を有する一般人の理解において，具体的場合に当該行為がその適用を受けるものかどうかの判断を可能ならしめるような基準が読みとれるかどうかによってこれを決定すべきである。

エ．憲法第 31 条は，刑罰がすべて法律そのもので定められなければならないとするものでなく，法律の授権によって法律以下の法令によって刑罰を定めることを一概に否定するものではない。

オ．条例は，公選の議員をもって組織される地方公共団体の議会の議決を経て制定される自治立法であるが，国会の議決を経た法律とは根本的に異質なものであるから，憲法第 31 条は，条例によって刑罰を定めることを認めていないと解される。

1.　ア
2.　ア，オ
3.　イ，オ
4.　ウ，エ
5.　エ

問題 17 の解説

ア．**妥当でない。**　判例は，第三者の所有物を没収する場合において，その没収に関して当該所有者に対し，何ら告知，弁解，防禦の機会を与えることなく，その所有権を奪うことは，著しく不合理であって，憲法の容認しないところである，とした（**最大判昭和 37.11.28 刑集 16 巻 11 号 1593 頁，第三者所有物没収事件**）。なぜなら，第三者の所有物の没収は，被告人に対する附加刑として言い渡され，その刑事処分の効果が第三者に及ぶものであるから，所有物を没収せられる第三者についても，告知，弁解，防禦の機会を与えることが必要であって，これなくして第三者の所有物を没収することは，適正な法律手続によらないで，財産権を侵害する制裁を科するにほかならないからである（同判決）。

イ．**妥当でない。**　判例は，憲法 31 条の定める法定手続の保障は，直接には刑事手続に関するものであるが，行政手続については，それが刑事手続ではないとの理由のみで，そのすべてが当然に同条による保障の枠外にあると判断することは相当ではない，とした（**最大判平成 4.7.1 民集 46 巻 5 号 437 頁，成田新法事件**）。しかし，判例は，憲法 31 条による保障が及ぶと解すべき場合であっても，一般に，行政手続は，刑事手続とその性質においておのずから差異があり，また，行政目的に応じて多種多様であるから，行政処分の相手方に事前の告知，弁解，防御の機会を与えるかどうかは，行政処分により制限を受ける権利利益の内容，性質，制限の程度，行政処分により達成しようとする公益の内容，程度，緊急性等を総合較量して決定されるべきものであって，常に必ずそのような機会を与えることを必要とするものではない，とした（同判決）。

ウ．**妥当である。** 判例は，ある刑罰法規があいまい不明確のゆえに憲法31条に違反するものと認めるべきかどうかは，通常の判断能力を有する一般人の理解において，具体的場合に当該行為がその適用を受けるものかどうかの判断を可能ならしめるような基準が読みとれるかどうかによってこれを決定すべきである，とした（**最大判昭和50.9.10**刑集29巻8号489頁，**徳島市公安条例事件**）。なぜなら，刑罰法規の定める犯罪構成要件があいまい不明確のゆえに憲法31条に違反し無効であるとされるのは，その規定が通常の判断能力を有する一般人に対して，禁止される行為とそうでない行為とを識別するための基準を示すところがなく，そのため，その適用を受ける国民に対して刑罰の対象となる行為をあらかじめ告知する機能を果たさず，また，その運用がこれを適用する国または地方公共団体の機関の主観的判断にゆだねられて恣意に流れる等，重大な弊害を生ずるからであるが，一般に法規は，規定の文言の表現力に限界があるばかりでなく，その性質上多かれ少なかれ抽象性を有し，刑罰法規もその例外をなすものではないから，禁止される行為とそうでない行為との識別を可能ならしめる基準といっても，必ずしも常に絶対的なそれを要求することはできず，合理的な判断を必要とする場合があることを免れないからである（同判決）。

エ．**妥当である。** 判例は，憲法31条はかならずしも刑罰がすべて法律そのもので定められなければならないとするものでなく，法律の授権によってそれ以下の法令によって定めることもできると解すべきで，このことは憲法73条6号但書によっても明らかである，とした（**最大判昭和37.5.30**刑集16巻5号577頁，**大阪市売春取締条例事件**）。

オ．**妥当でない。**　判例は，条例は，法律以下の法令といっても，公選の議員をもって組織する地方公共団体の議会の議決を経て制定される自治立法であって，行政府の制定する命令等とは性質を異にし，むしろ国民の公選した議員をもって組織する国会の議決を経て制定される法律に類するものであるから，条例によって刑罰を定める場合には，法律の授権が相当な程度に具体的であり，限定されておればたりる，とした（**最大判昭和 37.5.30** 刑集 16 巻 5 号 577 頁，**大阪市売春取締条例事件**）。つまり，判例は，法律による相当程度に具体的で限定された授権があれば，条例により罰則を定めることは合憲である，とした。

＊正解　4

●解法のポイント●

◆　判例は，第三者の所有物を没収する場合において，当該所有者に対し，何ら告知，弁解，防禦の機会を与えることなく，その所有権を奪うことは違憲である，とした。

◆　判例は，行政処分の相手方に事前の告知，弁解，防御の機会を与えるかどうかは，総合較量して決定されるべき，とした。

◆　判例は，刑罰法規の明確性について，通常の判断能力を有する一般人の理解を基準とすべき，とした。

◆　判例は，法律の授権によってそれ以下の法令によって刑罰を定めることもできる，とした。

◆　判例は，法律による相当程度に具体的で限定された授権があれば，条例により罰則を定めることは合憲であるとした。

● 2.3.2　被疑者・被告人の権利

アウトライン

刑罰は重大な人権侵害であり，かつ，事後的な救済も困難である。このため被疑者および被告人には，以下のような，手続的な権利保障がなされている。

まず，身柄拘束に関して，何人も，現行犯の場合を除いて，裁判官の発する令状がなければ，逮捕されない（憲法33条）。また，何人も，理由を直ちに告げられ，かつ，直ちに弁護人依頼権が与えられなければ，抑留または拘禁されない（憲法34条前段）。さらに，何人も，正当な理由がなければ拘禁されず，要求があれば，その理由は，直ちに本人およびその弁護人の出席する公開の法廷で示されなければならない（憲法34条後段）。

住居侵入や捜索，押収に関しても，逮捕に伴う場合を除いて，裁判官の正当な理由に基づいて発せられ，かつ捜索する場所および押収する物を明示する令状がなければ，侵入，捜索，押収を受けない（憲法35条1項）。

裁判に関して，被告人は，公平な裁判所において，迅速かつ公開の裁判を受ける権利を持つ（憲法37条1項）。判例は，この規定は，審理の著しい遅延の結果，迅速な裁判をうける被告人の権利が害せられたと認められる異常な事態が生じた場合には，これに対処すべき具体的規定がなくても，もはや当該被告人に対する手続の続行を許さず，その審理を打ち切るという非常救済手段がとられるべきことをも認めている，とする（最大判昭和47.12.20刑集26巻10号631頁，高田事件）。

また，被告人は証人審問権および証人喚問権を持つ（憲法37条2項）。ただし，判例は，裁判所は被告人が申請したすべての証人を尋問しなければならないわけではなく，裁判所が必要と判断した証人を尋問すればよいとする（最大判昭和23.6.23刑集2巻7号734頁，証人尋問権訴訟）。

さらに，被疑者および被告人は弁護人を依頼することができる（憲法37条3項前段）。被告人が自分で弁護人を依頼することができないときは，国が弁護人を付する（同条後段）。ただし，判例は，この弁護人依頼権は被告人が自ら行使するものであり，裁判所に被告人に対して弁護人依頼権を告知する義務はない，とした（最大判昭和24.11.30刑集3巻11号1857頁，弁護人依頼権告知義務訴訟）。

自白に関して，何人も，自己に不利益な供述を強要されない（憲法38条1項）。不利益な供述とは，刑事責任を問われるおそれがある供述のことをいう。また，任意によらない自白を証拠とすることはできない（同条2項）。さらに，自白のみによって有罪とされることはない（同条3項）。

刑事責任に関して，何人も，実行時に適法な行為について，刑事責任を問われることはない（憲法39条前段）。また，ある行為について刑事責任を問われる一度のみであり，一度無罪とされた行為について再度刑事責任を問うことはできない（同条後段）。さらに，拷問および残虐な刑罰は，絶対に禁止される（憲法36条）。

問題18　被疑者・被告人の権利　Check!☞□□□

刑事被告人の権利に関するア～オの記述のうち，判例に照らし，妥当なもののみをすべて挙げているのはどれか。　（国家Ⅱ種2004（平成16）年度）

ア．審理の著しい遅延の結果，迅速な裁判を受ける被告人の権利が害せられたと認められる異常な事態が生じた場合には，これに対処すべき具体的規定がなくても，もはや当該被告人に対する手続の続行を許さず，その審理を打ち切るという非常救済手段をとることも許される。

イ．裁判所が証人尋問中に刑事被告人を退廷させても，尋問終了後，刑事被告人を入廷させた上，証言の要旨を告げて証人尋問を促し，かつ，弁護人は終始当該尋問に立ち会って補充尋問もした場合は，裁判所の当該措置は，憲法第37条第2項の規定に違反しない。

ウ．憲法第37条第2項の規定により，刑事被告人はすべての証人に対して尋問する機会を十分に与えられることが保障されているから，裁判所は刑事被告人が申請したすべての証人を尋問しなければならない。

エ．憲法第 37 条第 2 項の規定により，刑事被告人は公費で自己のために強制的手続により証人を求める権利を有しているから，刑事被告人が有罪判決を受けた場合であっても，証人喚問に要した費用を刑事被告人に負担させてはならない。

オ．公訴提起前の被疑者が国選弁護人の選任を請求し得ることを知らず，弁護人のいないまま有罪の判決を受けることがないようにするため，裁判所は，国選弁護人の選任を請求し得る旨を公訴提起前の被疑者に告知すべき義務を負う。

1. ア，イ
2. ア，オ
3. イ，ウ
4. ウ，エ
5. エ，オ

（参考） 憲法

第 37 条　すべて刑事事件においては，被告人は，公平な裁判所の迅速な公開裁判を受ける権利を有する。

② 刑事被告人は，すべての証人に対して審問する機会を充分に与へられ，又，公費で自己のために強制的手続により証人を求める権利を有する。

③ 刑事被告人は，いかなる場合にも，資格を有する弁護人を依頼することができる。被告人が自らこれを依頼することができないときは，国でこれを附する。

問題 18 の解説

ア．**妥当である。**　判例は，憲法 37 条 1 項の保障する迅速な裁判をうける権利は，憲法の保障する基本的な人権の一つであり，当該条項は，単に迅速な裁判を一般的に保障するために必要な立法上および司法行政上の措置をとるべきことを要請するにとどまらず，さらに個々の刑事事件について，現実にその保障に明らかに反し，審理の著しい遅延の結果，迅速な裁判をうける被告人の権利が害せられたと認められる異常な事態が生じた場合には，これに対処すべき具体的規定がなくても，もはや当該被告人に対する手続の続行を許さず，その審理を打ち切るという非常救済手段がとられるべきことをも認めている趣旨の規定である，とした（**最大判昭和 47.12.20 刑集 26 巻 10 号 631 頁，高田事件**）。判例は，そうした異常な事態が生ずるに至った場合には，さらに審理をすすめても真実の発見ははなはだしく困難で，もはや公正な裁判を期待することはできず，いたずらに被告人らの個人的および社会的不利益を増大させる結果となるばかりであって，これ以上実体的審理を進めることは適当でないから，その手続をこの段階において打ち切るという非常の救済手段を用いることが憲法上要請される，とした（同判決）。

イ．**妥当である。**　判例は，裁判所は証人訊問中被告人を退廷させたけれども，訊問終了後被告人に証言の要旨を告げて，証人訊問を促したのであり，かつ弁護人は終始訊問に立会い，自ら補充訊問もしたのであるから，これをもって，憲法 37 条 2 項に反して，被告人が証人に対して審問する機会を充分に与えなかったものということはできない，とした（**最大判昭和 25.3.15 刑集 4 巻 3 号 355 頁，退廷被告人証人尋問権訴訟**）。

ウ．**妥当でない。**　判例は，事案に関係のないと認められる証人を調べることが不必要であるはもちろん，事案に関係あるとしてもその間におのずから軽重，親疎，濃淡，遠近，直接関接の差は存するのであるから，健全な合理性に反しない限り裁判所は一般に自由裁量の範囲で適当に証人申請の取捨選択をすることができる，とした（**最大判昭和**

23.6.23 刑集 2 巻 7 号 734 頁，証人尋問権訴訟)。

エ．**妥当でない。** 判例は，**憲法 37 条 2 項**は，訴訟進行過程において，証人喚問費用を国がすべて支給し，被告人が支弁する必要がないことにより，被告人が訴訟当事者たる地位にある限度において，その防禦権を充分に行使せしめんとするのであって，その被告人が，判決において有罪の言渡を受けた場合にも，なおかつ，その被告人に訴訟費用の負担を命じてはならないという趣意の規定ではない，とした（**最大判昭和 23.12.27 刑集 2 巻 14 号 1934 頁，有罪被告人訴訟費用負担訴訟**)。

オ．**妥当でない。** 判例は，弁護人依頼権は，被告人が自らが行使すべきもので裁判所，検察官等は被告人がこの権利を行使する機会を与え，その行使を妨げなければいいのであり，憲法 37 条 2 項は，弁護人依頼権を被告人に告知する義務を負わせているものではない，とした（**最大判昭和 24.11.30 刑集 3 巻 11 号 1857 頁，弁護人依頼権告知義務訴訟**)。

＊正解　1

●解法のポイント●

◆ 判例は，迅速な裁判を受ける権利が侵害された場合，これに対処すべき具体的な規定がなくても，裁判を打ち切ることができるとしている。

◆ 判例は，証人訊問中に被告人を退廷させても，被告人に証言の要旨を告げて証人訊問を促したり，弁護人が終始訊問に立会ったりすれば，証人審問権の侵害はないとした。

◆ 判例は，すべての被告人が申請した証人を喚問する必要はないとした。

◆ 判例は，証人喚問費用を有罪判決を受けた被告人に負担させることは憲法に反しないとした。

◆ 判例は，裁判所は被告人に対して弁護人依頼権を告知する義務を負わないとした。

第 2 章　章末問題

問題 1　思想・良心の自由　Check!☞□□□

思想及び良心の自由に関する次の記述のうち，妥当なのはどれか。

（国家Ⅰ種 2000（平成 12）年度）

1. 憲法第 19 条にいう良心の自由とは，単に事物に関する是非弁別の内心的自由のみならず，かかる是非弁別の判断に関する事項を外部に表現する自由及び表現しない自由をも包含するものと解すべきであり，謝罪広告を新聞紙に掲載することを命ずる判決は，人の本心に反して，事の是非善悪の判断を外部に表現せしめ，心にもない陳謝の念の発露を判決をもって命ずるもので，憲法第 19 条の保障する良心の自由を侵害するものであるとするのが判例である。
2. 公立高校入試の際，中学校長より作成提出されたいわゆる内申書において，中学生の学校内外における政治的活動が記載された場合には，それが受験生の思想，信条そのものを記載したものではなく，外部的行為を記載したにとどまるものであったとしても，受験生の思想，信条の自由の侵害に当たるとするのが判例である。
3. 思想及び良心の自由は，近代人権宣言の中心をなす権利の一つであり，憲法上最も強い保障を受けるものであるが，憲法の基礎をなす人類普遍の原理たる民主主義に反する軍国主義や極端な国家主義は，思想及び良心の自由の保障外であると解するのが通説である。
4. 最高裁判所裁判官国民審査法が，罷免を可とする投票以外の投票に「罷免を可としない」という法律上の効果を与えていることについて，国民審査は解職の制度であり，罷免する方が良いか悪いか分からない者は，積極的に「罷免を可とするもの」に属しないのはもちろんであり，思想の自由や良心の自由を制限するものではないとするのが判例である。
5. 企業者が労働者を雇い入れるにつき，過去の学生運動参加の有無等を調査することは，労働者の政治的思想，信条に関係するものであるから，思想及び信条の自由を侵害することになり，また，企業者が，調査の結果，特定の思想，信条を有する者をそのゆえをもって雇い入れることを拒むことは，法の下の平等に反するとするのが判例である。

問題2 信教の自由

Check!☞□□□

信教の自由に関するア～オの記述のうち，判例に照らし，妥当なもののみを全て挙げているのはどれか。

（国家総合職 2018（平成 30）年度）

ア．宗教法人法に基づいて裁判所によってなされた宗教法人に対する解散命令は，当該解散命令が信者の宗教上の行為を禁止又は制限する法的効果を伴わず，かつ，専ら世俗的目的によるものであり，宗教法人に帰属する財産を用いて信者らが行っていた宗教上の行為を継続するのに何ら支障を生じさせ得るものではないため，憲法第 20 条第 1 項に違反しない。

イ．社団法人隊友会の県支部連合会が県護国神社に対して殉職自衛隊員の合祀を申請する過程において，自衛隊地方連絡部の職員が合祀実現により自衛隊の社会的地位の向上と士気の高揚を図る意図や目的の下に当該連合会に協力して，他の地方連絡部に対し殉職自衛隊員の合祀状況等を照会するなどした行為について，合祀申請は合祀の前提としての法的意味を有しており，職員の当該行為は宗教との直接的な関わり合いを有するものといえるが，当該行為の意図・目的は宗教的意識が希薄であり，その態様も特定の宗教を援助等する効果を有するものではないことから，当該行為は憲法第 20 条第 3 項に違反しない。

ウ．市が主催し神式にのっとり挙行された市体育館の起工式について，建築主が一般の慣習に従い起工式を行うのは，工事の円滑な進行を図るため工事関係者の要請に応じ建築着工に際しての慣習化した社会的儀礼を行うという極めて世俗的な目的によるものであることなどからすると，当該起工式は，宗教との関わり合いを持つものということはできず，憲法第 20 条第 3 項に違反しない。

エ．市立高等専門学校の校長が，信仰上の真摯な理由により剣道実技の履修を拒否した学生に対し，必修である体育科目の修得認定を受けられないことを理由として 2 年連続して行った原級留置処分及びこれを前提として行った退学処分は，その内容それ自体において当該学生に信仰上の教義に反する行動を命じるものにほかならず，当該各処分は信教の自由を制約するものとして憲法第 20 条第 1 項に違反する。

オ．神社の鎮座 2100 年を記念する大祭に係る諸事業の奉賛を目的とする団体の発会式に地元の市長が出席して祝辞を述べた行為は，地元にとって，当該神社が重要な観光資源としての側面を有し，当該大祭が観光上重要な行事であったこと，当該団体はこのような性質を有する行事としての大祭に係る諸事業の奉賛を目的とするもので，その事業自体が観光振興的な意義を相応に有していたこと，当該発会式は，市内の一般の施設で行われ，その式次第は一般的な団体設立の式典等におけるものと変わらず，宗教的儀式を伴うものではなかったこと，当該市長は当該発会式に来賓として招かれて出席したもので，その祝辞の内容が一般の儀礼的な祝辞の範囲を超えて宗教的な意味合いを有するものであったともうかがわれないことなどの事情の下においては，憲法第20条第3項に違反しない。

1. イ
2. オ
3. ア，エ
4. イ，ウ
5. イ，オ

問題3　学問の自由　Check!☞□□□

学問の自由に関するア～オの記述のうち，妥当なもののみを全て挙げているのはどれか。

（国家総合職 2017（平成29）年度）

ア．学問の自由の観念を早くから発達させてきたドイツの影響を受け，明治憲法では学問の自由が明文で規定されていたが，その保障は必ずしも十分なものではなく，天皇機関説事件などが生じるに至った。

イ．憲法第23条で保障される学問の自由は，沿革的に大学等の機関の内部において行われる研究や教育に関して認められるものであって，大学を離れた一個人が行う学問の追究は思想及び良心の自由を規定する憲法第19条によって，大学等の機関の外部に学問研究の結果を発表することは表現の自由を規定する憲法第21条によって，それぞれ保障されるべきであり，かつそれで足りると一般に解されている。

ウ．憲法第23条で保障される学問の自由には，大学において研究活動を行う自由だけでなく，その成果を学生に教授する自由も含まれていると解され，他方，初等中等教育機関における教師による児童・生徒に対する教授の自由については，同条による保障は一切及ばないとするのが判例である。

エ．学術的な研究であっても，その内容によっては，人の尊厳の保持，人の生命及び身体の安全の確保，社会秩序の維持といった観点から，必要に応じて法律により規制することも許容され得ると一般に解され，実際，ヒトに関するクローン技術の研究については，法律により一定の制限が課されている。

オ．大学における学生の集会について，その集会が真に学問的な研究又はその結果の発表のためのものでなく，実社会の政治的社会的活動に当たる行為をする場合には，大学の有する特別の学問の自由と自治は享有しないとするのが判例である。

1. ア，ウ
2. イ，ウ
3. イ，オ
4. エ，オ
5. ア，エ，オ

問題 4 表現の自由

Check!☞□□□

表現の自由に関するア～オの記述のうち，判例に照らし，妥当なもののみを全て挙げているのはどれか。

（国家総合職 2017（平成 29）年度）

ア．およそ各人が，自由に，様々な意見，知識，情報に接し，これを摂取する機会を持つことは，その者が個人として自己の思想及び人格を形成・発展させ社会生活の中にこれを反映させていく上において欠くことのできないものであり，また，民主主義社会における思想及び情報の自由な伝達，交流の確保という基本的原理を真に実効あるものとするためにも，必要なところである。それゆえ，これらの意見，知識，情報の伝達の媒体である新聞紙，図書等の閲読の自由は憲法第 21 条の精神に照らして尊重されるべきである。

イ．条例により指定された有害図書の自動販売機への収納の禁止は，青少年に対する関係においては，憲法第 21 条第 1 項に違反しないが，成人との関係においては，たとえ一般に思慮分別の未熟な青少年の健全な育成を阻害する有害環境を浄化するための規制に伴う制約であるとしても，かかる図書の流通を阻害し，情報を受け取る機会を実質的に奪うことになるため，同項に違反する。

ウ．公立図書館の図書館職員である公務員が，閲覧に供されている図書を著作者の思想や信条を理由とするなど不公正な取扱いによって廃棄することは，当該著作者が著作物によってその思想，意見等を公衆に伝達する利益を不当に損なうものであり，公立図書館において，その著作物が閲覧に供されている著作者が有する当該利益は，憲法第21条の規定の趣旨，目的から，いわばその派生原理として当然に導かれるものであり，同条により保障されると解するのが相当である。

エ．裁判官に対し「積極的に政治運動をすること」を禁止することは，必然的に裁判官の表現の自由を一定範囲で制約することにはなるが，当該制約が合理的で必要やむを得ない限度にとどまるものである限り，憲法の許容するところであるといわなければならず，禁止の目的が正当であって，その目的と禁止との間に合理的関連性があり，禁止により得られる利益と失われる利益との均衡を失するものでなければ，憲法第21条第1項に違反しない。

オ．教科書検定は，不合格とされた図書を一般図書として発行し，教師，児童，生徒を含む国民一般にこれを発表すること，すなわち思想の自由市場に登場させることを何ら妨げるものではなく，発表禁止目的や発表前の審査などの特質がないことから，検閲に当たらず，憲法第21条第2項前段の規定に違反しない。

1.　ア，イ
2.　ア，エ
3.　イ，ウ
4.　ウ，オ
5.　エ，オ

問題5　職業選択の自由　Check!☞□□□

職業選択の自由に関するア～オの記述のうち，判例に照らし，妥当なもののみをすべて挙げているのはどれか。　（国家Ⅱ種2010（平成22）年度）

ア．酒税法に基づく酒類販売の免許制度は，制度導入当初は，酒税の適正かつ確実な賦課徴収を図るという重要な公共の利益のためにとられた合理的措置であったが，その後の社会状況の変化と酒税の国税全体に占める割合等が相対的に低下したことにより，当該免許制度を存置しておくことの必要性及び合理性は失われていると解されるから，憲法第22条第1項に違反する。

イ．旧繭糸価格安定法（平成20年廃止）に基づく生糸の一元輸入措置及び価格安定制度は，養蚕業及び製糸業の保護政策としての規制措置であるが，外国産生糸を国際糸価で購入する途を閉ざされるなど，絹織物生地製造業者の経済的活動の自由を著しく制限するものであり，当該保護政策の目的達成のために必要かつ合理的な規制の範囲を逸脱するものであるから，憲法第22条1項に違反する。

ウ．薬事法に基づく薬局開設の許可制及び許可条件としての適正配置規制は，主として国民の生命及び健康に対する危険の防止という消極的，警察的目的のための規制措置であるが，許可制に比べて職業の自由に対するより緩やかな制限である職業活動の内容及び態様に対する規制によっても，その目的を十分に達成することができると解されるから，許可制の採用自体が公共の利益のための必要かつ合理的措置であるとはいえず，憲法第22条1項に違反する。

エ．小売商業調整特別措置法に基づく小売市場の許可規制は，国が社会経済の調和的発展を企図するという観点から中小企業保護政策の一方策としてとった措置ということができ，その目的において一応の合理性を認めることができ，また，その規制の手段・態様においても著しく不合理であることが明白であるとは認められないから，憲法第22条第1項に違反しない。

オ．公衆浴場法に基づく公衆浴場の許可制及び許可条件としての適正配置規制は，既存公衆浴場業者の経営の安定を図り，自家風呂を持たない国民にとって必要不可欠な厚生施設である公衆浴場自体を確保するという積極的，政策的目的とともに，国民保健及び環境衛生の確保という消極的，警察的目的も有しているが，後者の目的との関係では，目的を達成するための必要かつ合理的な措置であるとはいえず，憲法第22条第1項に違反する。

1. ウ
2. エ
3. ア，イ
4. イ，オ
5. ウ，エ

問題6 財 産 権 Check!☞□□□

財産権の保障に関するア～オの記述のうち，妥当なもののみを全て挙げているのはどれか。

（国家総合職 2013（平成 25）年度）

ア．憲法第 29 条第 2 項は，財産権の内容は法律によって定めると規定していることから，財産権に対する規制は法律によってのみ可能であり，条例によって規制することは許されないと一般に解されている。

イ．憲法第 29 条第 1 項にいう「財産権」とは，個人の有する現実の個々の財産上の権利を保障するものではなく，それらの権利の主体となり得る能力の意味であり，同項は専ら私有財産制度を保障するものであると一般に解されている。

ウ．憲法第 29 条第 3 項は，私有財産について，正当な補償の下に公共のために用いることができるとしているが，財産権は最大限尊重されるべきものであることから，その制限は病院，学校，道路の設置・建設など不特定多数の人々が受益者となる場合に限られるとするのが判例である。

エ．公用収用や公用制限を行う場合，法令に損失補償に関する規定を特段設けていない場合であっても，直接憲法第 29 条第 3 項を根拠にして補償請求をする余地があるとするのが判例である。

オ．法律によって共有森林につき持分価額 2 分の 1 以下の共有者に分割請求を禁ずることは，財産権への重大な制限であるから，その立法目的が正当であり，その規制手段が目的達成のために必要最小限度のものであることを要するところ，森林経営の安定を図るという目的は正当であるが，分割後の面積が安定的な森林経営のために必要な面積を下回るような分割請求を禁ずることによってもその目的を達成することができるから，必要最小限度の制限とはいえず，憲法第 29 条第 2 項に違反するとするのが判例である。

1.　エ
2.　ア，ウ
3.　エ，オ
4.　ア，イ，オ
5.　イ，ウ，エ，オ

問題7 人身の自由

Check!☞□□□

人身の自由に関するア～オの記述のうち，妥当なもののみを全て挙げているのはどれか。

（国家総合職 2018（平成30）年度）

ア．被告人の国選弁護人請求権は，憲法上の権利として保障されているものであり，被告人が正当な防御活動をする意思がないことを表明したものと評価すべき行動をとり，裁判所が国選弁護人の辞意を容れてやむなくこれを解任し，その後も被告人がこのような状況を維持存続させた場合であっても，被告人が国選弁護人の再選任請求をする限り，裁判所はこれに応じる義務を負うとするのが判例である。

イ．憲法第31条は「何人も，法律の定める手続によらなければ，その生命若しくは自由を奪はれ，又はその他の刑罰を科せられない」と規定しており，これは，直接的には刑事手続についての規定であるが，行政手続が刑事手続ではないとの理由のみで，その全てが当然に同条の保障の枠外にあると判断すべきではなく，行政手続に同条の保障が及ぶと解すべき場合には，行政処分の相手方に必ず事前の告知，弁解，防御の機会を与えなければならないとするのが判例である。

ウ．憲法第33条は「何人も，現行犯として逮捕される場合を除いては，権限を有する司法官憲が発し，且つ理由となつてゐる犯罪を明示する令状によらなければ，逮捕されない」と規定しており，現行犯逮捕以外の場合には，逮捕時に逮捕状などの令状を要するとするのが判例である。

エ．憲法第18条は「何人も，いかなる奴隷的拘束も受けない。又，犯罪に因る処罰の場合を除いては，その意に反する苦役に服させられない」と規定しているが，この「意に反する苦役」とは，広く本人の意思に反して強制される労役をいい，例えば強制的な土木工事への従事などが考えられるが，災害の発生に際し，その拡大を防止するため緊急の必要があると認められる応急措置の業務への従事は，これに当たらない。

オ．憲法第38条第1項は「何人も，自己に不利益な供述を強要されない」と規定しており，同項による保障は，純然たる刑事手続以外においても，実質上，刑事責任追及のための資料の取得収集に直接結び付く作用を一般的に有する手続には等しく及ぶが，所得税法（昭和40年法律第33号による改正前のもの）に規定する質問及び検査は，同項にいう自己に不利益な供述の強要に当たらないとするのが判例である。

1. ア，ウ
2. ア，オ
3. イ，ウ
4. イ，エ
5. エ，オ

記述問題 1　Check!☞□□□

次の事例について，以下の設問(1)，(2)，(3)に答えなさい。

（国家総合職 2015（平成 27）年度）

［事例］

人種・民族的な少数者集団に対する憎悪や差別を助長し扇動する，いわゆる差別的憎悪表現（ヘイトスピーチ）を規制するため，次の内容を骨子とする法案が政府部内で検討されている，と仮定する。

何人も，公の場で，人種・民族的な少数者集団に対する憎悪や差別を助長し扇動する表現活動（以下，「差別的憎悪表現」という。）を行ってはならない。

差別的憎悪表現規制委員会（以下，「委員会」という。）を，内閣府の外局として設置する。委員会の委員長及び委員は独立してその職権を行う。委員長及び委員は，学識経験者のうちから，両議院の同意を得て，内閣総理大臣が任命し，また，3年の任期中，心身の故障のため職務遂行が不可能である等の例外的な場合を除いては，罷免されない。

委員会は，差別的憎悪表現が現実に行われようとしていると認めるときには，当該差別的憎悪表現を行おうとしている者に対して，当該差別的憎悪表現の中止を命じることができる。委員会の中止命令に反して差別的憎悪表現を行った者は，1年以下の懲役又は20万円以下の罰金に処する。

しかしながら，この法案には，憲法第21条，第31条及び第65条に違反する可能性があるとの意見が出された。

⑴ 憲法第21条についての想定される疑義を指摘した上で，あなたの見解を述べなさい。
⑵ 憲法第31条についての想定される疑義を指摘した上で，あなたの見解を述べなさい。
⑶ 憲法第65条についての想定される疑義を指摘した上で，あなたの見解を述べなさい。

記述問題 2

Check!☞□□□

次の事例について，以下の設問に答えなさい。　（国家総合職 2016（平成28）年度）

［事例］

これまで愛玩動物霊園（いわゆるペット霊園）事業には法律による営業規制がなく，放任されていた。そのため，霊園の設置・管理に不安を抱く近隣住民からの苦情が絶えず，紛争に発展することもあった。また，外国人が経営する霊園に関して，日本と外国の文化風習の違いから，近隣住民との間で紛争が生じかねないとの不安の声もあった。そこで，愛玩動物霊園事業を規制するための法律及びその施行規則（省令）が設けられることになり，次の内容を骨子とする法案が政府部内で検討されている，と仮定する。

愛玩動物霊園（ペットの死体を火葬する施設，ペットの死体を埋葬し，又は焼骨を埋蔵・収蔵する施設，及びそれらを設置するための区域）を設置・管理する者は，当該霊園の運営に伴って生じる公害を防止するために必要な措置を講じるとともに，地域の良好な生活環境の保全に努めなければならないものとする。

愛玩動物霊園を設置しようとする者は，都道府県知事の許可を受けなければならないものとする。愛玩動物霊園の設置許可基準は，詳細を除き，法律でこれを定める。許可を受けずに愛玩動物霊園を設置した者に対しては，都道府県知事による施設等の使用禁止が命じられることがあるほか，刑事罰を科すものとする。

しかしながら，この法案及びその施行規則（省令）案に対し，以下の争点⑴，⑵，⑶について，憲法上の疑義があるとの意見が出された。それぞれの点に関し，想定される憲法上の疑義の内容を説明した上で，あなたの見解を述べなさい。なお，信教の自由（憲法第20条）に関しては，論ずる必要はない。

⑴ 設置許可基準の一つとして「愛玩動物霊園は現に人の居住する建造物から200メートル以上離れていなければならない」と法案に規定されたため，憲法第22条第1項に関して疑義があるとの意見が出された。

⑵ 「都道府県知事は，許可申請者が外国籍を有する者に該当する場合は，当分の間，許可をしてはならない」と法案に規定されたため，憲法第14条第1項に関して疑義があるとの意見が出された。

⑶ 設置許可基準として「その他地域の良好な生活環境を保全するために必要なものとして省令で定めるもの」との条文が法案に規定されたことを受け，「申請に係る愛玩動物霊園から1キロメートル以内に他の愛玩動物霊園がないこと」と施行規則案に規定されたため，法律による委任の範囲に関して疑義があるとの意見が出された。

第3章 社 会 権

出題傾向

■社会権は，**3〜4年に一度出題される**，あまり出題頻度の高くない分野である。

■社会権の分野において，比較的よく出題されているのは**生存権の法的性格**についてである。

■**旭川学力テスト事件判決の内容**を問う問題も，比較的よく出題されている。

■**義務教育の無償の意味**を問う問題も，比較的よく出題されている。

■3.1 生 存 権

アウトライン

生存権とは，人間らしい生活を営む権利をいう。資本主義経済の発達により貧富の差が生じるようになった結果，社会的・経済的弱者は，人間らしい生活を送ることができなくなった。そこで，社会的・経済的弱者は，人間らしい生活を送ることができるよう，国家に対して援助を求めることができるという新たな考えが生じるようになった。この新たな考えに基づく人権が，社会権である。この社会権の中心となるのが，人間らしい生活を営む権利である生存権である。

生存権を保障する憲法25条1項は，個人に対して，具体的な給付請求権を保障しているかが問題となる。この問題について，学説上は大別してプログラム規定説，抽象的権利説，具体的権利説が主張されている。

プログラム規定説とは，憲法25条は，国家に対して生存権の実現に関して政治的・道義的義務を課したにすぎず，国民に対して具体的な権利を保障しているわけではないとする説である。

抽象的権利説とは，憲法25条は，国家に対して生存権を実現するための立法を行う法的義務を課しているが，国民に対して具体的な権利を保障しているわけではないとする説である。

具体的権利説とは，憲法25条は，国家に対して生存権を実現するための立法を行う法的義務を課しており，国家がこれを怠った場合には，国民は生存権を実現するための立法を怠っていることが違憲であることの確認（立法不作為違憲確認訴訟）を裁判所に提起することができるとする説である。もっとも，この説によっても，憲法25条により，国民の具体的な給付請求権は認められていないとする。

判例は，憲法25条1項は，すべての国民が健康で文化的な最低限度の生活を営み得るように国政を運営すべきことを国の責務として宣言したにとどまり，直接個々の国民に対して具体的権利を賦与したものではないとして（最大判昭和42.5.24民集21巻5号1043頁，朝日訴訟），憲法25条1項は，個人に対して，具体的な給付請求権を保障していないとした。

また，年金の併給禁止規定の合憲性が問題となった事件において，判例は，生存権を具体化するための立法措置の決定は，立法府の広い裁量に委ねられているので，それが著しく合理性を欠き明らかに裁量の逸脱・濫用でない限り，裁判所の審査は及ばないとしたうえで，年金の併給禁止規定を合憲とした（最大判昭和57.7.7民集36巻7号1235頁，堀木訴訟）。

[参考]
第25条　すべて国民は，健康で文化的な最低限度の生活を営む権利を有する。
2　国は，すべての生活部面について，社会福祉，社会保障及び公衆衛生の向上及び増進に努めなければならない。

【生存権の法的性格に関する学説の整理】

	生存権実現立法義務	立法不作為違憲確認訴訟提起権
プログラム規定説	な し	な し
抽象的権利説	あ り	な し
具体的権利説	あ り	あ り

問題 19 生 存 権

Check!☞□□□

生存権に関するア～オの記述のうち，妥当なもののみをすべて挙げているのはどれか。

（国家Ⅰ種 2007（平成 19）年度）

ア．生存権は，社会的・経済的弱者を保護し，実質的平等を実現するために保障される社会権に属する権利であるから，国による侵害の排除を裁判所に請求できる自由権としての側面を併せ持つことはない。

イ．憲法第 25 条は，個々の国民に対して具体的権利を保障したものであるから，同条を直接の根拠として国に対して生活扶助を請求する権利を導き出すことができるとするのが判例である。

ウ．憲法第 25 条は，プログラム規定であるとする立場がある。この立場からは，同条は，国民の生存を確保するための立法を行う法的義務を国に課しているが，国民の具体的権利を認めたものではないから，立法府がその義務を履行しない場合であっても，個々の国民が裁判所に対して国の不作為の違憲確認訴訟を提起することができないことになる。

エ．憲法第 25 条第 1 項にいう「健康で文化的な最低限度の生活」の水準については，特定の時代の特定の社会においてその内容を一応は客観的に決定することができるので，行政府の裁量的判断の余地を認めないのが判例である。

オ．「良い環境を享受する権利」として提唱された環境権は，憲法第 13 条に規定されるいわゆる幸福追求権の一内容と考えられ，また，憲法第 25 条によっても根拠付けられるものと考えることができるが，この権利は，いまだ最高裁判所の判決で認められていない。

1. ア，ウ
2. イ，エ
3. ウ
4. エ，オ
5. オ

問題 19 の解説

ア．**妥当でない。**　生存権は，社会的・経済的弱者が，人間らしい生活を確保するための給付を国家に請求するという社会権的性格だけでなく，国家により人間らしい生活を奪われないという自由権的性格も有する。

イ．**妥当でない。**　判例は，**憲法 25 条 1 項**は，すべての国民が健康で文化的な最低限度の生活を営み得るように国政を運営すべきことを国の責務として宣言したにとどまり，直接個々の国民に対して具体的権利を賦与したものではない，とした（**最大判昭和 42.5.24 民集 21 巻 5 号 1043 頁，朝日訴訟**）。

ウ．**妥当でない。**　プログラム規定説は，**憲法 25 条**は，国家に対して生存権の実現に関して政治的・道義的義務を課したにすぎないとする説である。したがって，プログラム規定説によれば，生存権を実現する立法がなされなくても，憲法違反の問題を生じさせないので，立法不作為違憲確認訴訟を提起することも認められないこととなる。

エ．**妥当でない。**　判例は，**憲法 25 条 1 項**の健康で文化的な最低限度の生活なるものは，抽象的な相対的概念であり，その具体的内容は，文化の発達，国民経済の進展に伴って向上するのはもとより，多数の不確定的要素を綜合考量してはじめて決定できるものであるから，何が健康で文化的な最低限度の生活であるかの認定判断は，いちおう，厚生大臣の合目的的な裁量に委されている，とした（**最大判昭和42.5.24 民集 21 巻 5 号 1043 頁，朝日訴訟**）。このため，判例は，その厚生大臣の判断は，当不当の問題として政府の政治責任が問われることはあっても，直ちに違法の問題を生ずることはなく，ただ，現実の生活条件を無視して著しく低い基準を設定する等憲法および生活保護法の趣旨・目的に反し，法律によって与えられた裁量権の限界をこえた場合または裁量権を濫用した場合には，違法な行為として司法審査の対象となる，とした（同判決）。

オ．**妥当である。**　環境権は，良い環境を享受することを国家により妨げられないという自由権的性格と，良い環境を整備することを国家に対して請求するという社会権的性格とを持つ。環境権は，憲法に明文の規定がないことから，憲法 13 条の幸福追求権の一内容として保障されると考えることができる。また，環境権は前述のように社会権的性格を持つので，憲法 25 条の生存権によって根拠付けられると考えることもできる。しかし，環境権を正面から認めた最高裁判所の判決はない。

＊正解　5

●解法のポイント●

◆　生存権は，社会権的性格だけでなく自由権的性格も有する。

◆　判例は，憲法 25 条は国民に対して具体的な権利を付与していないとする。

◆　プログラム規定説は，憲法 25 条は国家に対して政治的・道義的義務を課したにとどまるとする説である。

◆　判例は，何が健康で文化的な最低限度の生活であるかの認定判断は厚生大臣の裁量に委されている，とした。

◆　環境権を認めた最高裁判所の判決はない。

■3.2　教育を受ける権利

アウトライン

教育を受ける権利（憲法26条1項）とは，国民，特に子どもが学習するための教育を施すことを国家に対して求める権利のことをいう。

人間が人間らしい生活を送るためには，最低限の知識を必要とする。個人は，そうした人間らしい生活を送るために必要な知識を学習する権利を持つ。これを学習権という。特に，子どもは，自分の力だけでは十分に学習することができないため，適切な教育を施すよう，大人に対して要求することができる。このため，特に子どもの学習権を実現するため，国家は教育制度や設備を充実させなければならない。

子どもの学習権を実現するため，国民は，その保護する子女に普通教育を受けさせる義務を負う（憲法26条2項前段）。この義務教育は無償とされる（同条項後段）。子どもに普通教育を受けさせるのは，子どもの保護者だけでなく大人全体の義務である。したがって，普通教育の費用も，子どもの保護者ではなく，大人全体で負担することになる。この無償の意味について，判例は授業料の不徴収を意味するとしている（最大判昭和39.2.26民集18巻2号343頁，義務教育費負担請求事件）。したがって，授業料以外の教科書費や給食費などは，保護者に負担させてもよいことになる。ただし，教科書については，法律によって無償で配布することになっている（義務教育諸学校の教科用の図書の無償措置に関する法律）。経済的事情により教科書を購入することができない保護者もいるため，教育の機会均等を図る必要から，法律により教科書を無償で配布することにした。

子どもに施す教育の内容をだれが決定することができるかが問題となる。判例は，子どもの教育について利害関係を持つ者が，それぞれ一定の範囲で教育権を持つとする（最大判昭和51.5.21刑集30巻5号615頁，旭川学力テスト事件）。具体的には，親は家庭における教育や学校の選択について決定する権限を持つ。私立学校は，その建学精神に基づいて教育内容を決定する権限を持つ。教師は，子どもの個性に応じて教育内容を決定する権限を持つ。そして，これら以外の分野において，国家は，子どもおよび社会の利益に応えるために教育内容を決定する権限を持つ。

[参考]
第 26 条　すべて国民は，法律の定めるところにより，その能力に応じて，ひとしく教育を受ける権利を有する。
2　すべて国民は，法律の定めるところにより，その保護する子女に普通教育を受けさせる義務を負ふ。義務教育は，これを無償とする。

問題 20　教育を受ける権利　Check!☞□□□

教育を受ける権利に関する次の記述のうち，妥当なのはどれか。

（国家Ⅰ種 1999（平成 11）年度）

1. 明治憲法は教育に関する規定を持たなかったが，現憲法は，教育を受けることは国民の権利であるとするとともに，教育に関する基本的事項は国会の制定する法律形式によるべきものとした。
2. 義務教育は無償とするとの憲法の規定は，授業料のほかに，教科書，学用品その他教育に必要な費用まで無償としなければならないことを定めたものとするのが判例である。
3. 我が国の法制上，子供の教育内容を決定する権能は，親を中心とする国民の側にあり，国家は教育内容について決定する権能を有しないとするのが判例である。
4. 教育を受ける権利は，国民がその保護する子女に教育を施す権利を内包しているが，国家に対し適切な教育の場を提供することを要求する社会権としての性格は有しないと解するのが通説である。
5. 高等学校学習指導要領は法規としての性質を有するものではないから，憲法上教育の自由が保障されている教師は，それに法的に拘束されることはないとするのが判例である。

問題 20 の解説

1. **妥当である。** 明治憲法には，教育に関する規定が存在せず，また，教育に関する事項は，議会の関与しない命令によって定められていた。しかし，現憲法においては，すべての国民が教育を受ける権利を有することと，教育に関する事項が国会の制定する法律によって定められることが明記された（**憲法 26 条**）。
2. **妥当でない。** 判例は，**憲法 26 条 2 項後段**の義務教育の無償の意味について，国が義務教育を提供するにつき有償としないこと，換言すれば，子女の保護者に対しその子女に普通教育を受けさせるにつき，その対価を徴収しないことを定めたものであり，教育提供に対する対価とは授業料を意味するものと認められるから，同条項の無償とは授業料不徴収の意味と解するのが相当である，とした（**最大判昭和 39.2.26 民集 18 巻 2 号 343 頁，義務教育費負担請求事件**）。判例は，義務教育は，単に普通教育が民主国家の存立，繁栄のため必要であるという国家的要請だけによるものではなく，それがまた子女の人格の完成に必要欠くべからざるものであるということから，親の本来有している子女を教育すべき責務を完うせしめんとする趣旨に出たものでもあるから，義務教育に要する一切の費用は，当然に国がこれを負担しなければならないものとはいえない，とした（同判決）
3. **妥当でない。** 判例は，教育内容について決定する権能について，親は家庭教育等学校外における教育や学校選択の自由を有し，私学教育における自由や教師の教授の自由も，それぞれ限られた一定の範囲で肯定されるが，それ以外の領域においては，一般に社会公共的な問題について国民全体の意思を組織的に決定，実現すべき立場にある国は，国政の一部として広く適切な教育政策を樹立，実施すべく，また，しうる者として，憲法上は，あるいは子ども自身の利益の擁護のため，あるいは子どもの成長に対する社会公共の利益と関心にこたえるため，必要かつ相当と認められる範囲において，教育内容についてもこれを決定する権能を有する，とした（**最大判昭和 51.5.21 刑集 30 巻 5 号 615 頁，旭川学力テスト事件**）。

4.　**妥当でない。**　通説は，教育を受ける権利には，国民がその保護する子女に教育を施す権利だけでなく，国民が国に対して適切な教育の場を提供することを求める権利も含まれる，とする。

5.　**妥当でない。**　判例は，高等学校学習指導要領は，法規としての性質を有する，とした（最判平成2.1.18集民159号1頁，伝習館高校事件）。

＊正解　1

●解法のポイント●

◆　明治憲法には，教育に関する規定が存在しなかったが，現憲法では教育を受ける権利が明記されている。

◆　判例は，義務教育の無償とは授業料の不徴収を意味する，とした。

◆　判例は，教育内容について決定する権能は，親，私学，教師，国がそれぞれ一定の範囲で持つ，とした。

◆　通説は，教育を受ける権利には，国民が国に対して適切な教育の場を提供することを求める権利も含まれる，とする。

◆　判例は，学習指導要領は，法規としての性質を有する，とした。

■3.3　労働基本権

アウトライン

労働基本権（憲法28条）とは，労働者が，労働条件について，使用者と対等に交渉できるようにするための権利のことをいう。

労働者は，使用者に対して不利な立場にあることから，労働者が労働条件について使用者と対等な立場で交渉できるようにするため，労働基本権が保障される。

労働基本権は，国家が労働基本権の行使に対して刑罰を科してはならないという自由権的性格（刑事免責）を有する（労働組合法1条2項）。また，国家は労働基本権を実現するための措置をとらなければならないという社会権的性格を有する。さらに，使用者は労働者による労働基本権の行使を尊重しなければならなず，正当な労働基本権の行使に対して，債務不履行責任や不法行為責任を追及することができないという私人間効力を有する（民事免責，労働組合法8条）。

労働基本権は，具体的には，団結権，団体交渉権，団体行動権（争議権）からなる。団結権とは，労働者が集まって労働者の団体を結成できる権利のことをいう。団体交渉権とは，労働者の団体が，労働条件について使用者と交渉することができる権利のことをいう。団体行動権とは，労働条件の改善のため，労働者の団体が，団体としてストライキなどの行動をすることができる権利のことをいう。

ただし，労働基本権は労働者の労働条件の改善のために認められたものであるから，労働条件の改善の直接無関係な政治目的ストは，労働基本権の保障の範囲外とするのが判例である（最大判昭和41.10.26刑集20巻8号901頁，全逓東京中郵事件）。また，労働者による生産管理も，使用者の所有権侵害となるため，労働基本権の保障の範囲外であるとするのが判例である（最大判昭和25.11.15刑集4巻11号2257頁，山田鋼業事件）。

労働協約により，労働組合に加入しない者及び組合員でなくなった者を解雇することを使用者に義務付けるユニオン・ショップ協定（労働組合法７条１号但書）は，労働者の組合選択の自由および他の労働組合の団結権を侵害する場合には許されないとするのが判例であるので（最判平成元.12.14 民集 43 巻 12 号 2051 頁，三井倉庫港運事件），そうでない場合には許される。

問題 21　労働基本権

Check!☞□□□

労働基本権の保障に関する次の記述のうち，判例に照らし，妥当なのはどれか。

（国家Ⅱ種 1999（平成 11）年度）

1. 憲法第 28 条の労働基本権の保障により，正当な争議行為は刑事制裁の対象とはならないが，同条は私人間の関係には直接適用されないから，債務不履行責任又は不法行為責任までも免責するものではない。
2. 憲法第 28 条の保障する労働基本権は，当該権利を制限するような立法その他の国家行為を国に対して禁止するという自由権としての性格を有するが，国に対して労働者の労働基本権を保障する措置を要求し，国は当該措置を講ずべき義務を負うという社会権としての性格は有しない。
3. 労働協約により，労働組合に加入しない者及び組合員でなくなった者を解雇することを使用者に義務付けるユニオン・ショップ協定は，未組織労働者の団結しない自由を侵害するから，憲法上有効と解する余地はない。
4. 使用者に対する経済的地位の向上の要請とは直接関係ない政治的目的のための争議行為である純粋政治ストであっても，憲法第 21 条の表現の自由の保障を受けるほか，憲法第 28 条の労働基本権の保障を受ける。
5. 非現業国家公務員の争議行為を一律に禁止することは，勤労者を含めた国民全体の共同利益の見地からするやむを得ない制約であって，法律によりその主要な勤務条件が定められ，身分が保障されているほか，適切な代償措置が講じられていること等の理由により，憲法に違反しない。

問題21の解説

1. **妥当でない。** 判例は，勤労者がする争議行為は，正当な限界をこえないかぎり，憲法の保障する権利の行使にほかならないから，正当な事由に基づくものとして，債務不履行による解雇，損害賠償等の問題を生ずる余地がなく，また，違法性を欠くものとして，不法行為責任を生ずることもない，とした（**最大判昭和41.10.26刑集20巻8号901頁，全逓東京中郵事件**）。なお，判例は，同盟罷業その他の争議行為であって労組法の目的を達成するためにした正当なものが刑事制裁の対象とならないことは，当然のことである，とした（同判決）。
2. **妥当でない。** 判例は，憲法28条の労働基本権の保障は，憲法25条のいわゆる生存権の保障を基本理念とし，憲法27条の勤労の権利および勤労条件に関する基準の法定の保障と相まって勤労者の経済的地位の向上を目的とするものであるとして（**最大判昭和48.4.25刑集27巻4号547頁，全農林警職法事件**），労働基本権が憲法25条の生存権を中心とする社会権としての性格を有することを認めている。
3. **妥当でない。** 判例は，労働者には，自らの団結権を行使するため労働組合を選択する自由があり，また，ユニオン・ショップ協定を締結している労働組合の団結権と同様，同協定を締結していない他の労働組合の団結権も等しく尊重されるべきであるから，ユニオン・ショップ協定が労働者の組合選択の自由および他の労働組合の団結権を侵害する場合には許されない，とした（**最判平成元.12.14民集43巻12号2051頁，三井倉庫港運事件**）。したがって，そうした労働者の組合選択の自由および他の労働組合の団結権を侵害しない場合には，ユニオン・ショップ協定は許されることとなる。
4. **妥当でない。** 判例は，争議行為が労組法1条1項の目的のためでなくして政治的目的のために行なわれたような場合であるとか，暴力を伴う場合であるとか，社会の通念に照らして不当に長期に及ぶときのように国民生活に重大な障害をもたらす場合には，憲法28条に保障された争議行為としての正当性の限界をこえる，とした（**最大判昭和41.10.26刑集20巻8号901頁，全逓東京中郵事件**）。

3
社会権

5.　**妥当である。**　判例は，公務員の従事する職務には公共性がある一方，法律によりその主要な勤務条件が定められ，身分が保障されているほか，適切な代償措置が講じられているのであるから，公務員の争議行為およびそのあおり行為等を禁止するのは，勤労者をも含めた国民全体の共同利益の見地からするやむをえない制約というべきであって，憲法28条に違反するものではない，とした（**最大判昭和48.4.25刑集27巻4号547頁，全農林警職法事件**）。

＊正解　5

●解法のポイント●

◆　判例は，正当な争議行為は刑事免責だけでなく，民事免責も認められる，とした。

◆　判例は，労働基本権は社会権としての性格を有する，とした。

◆　判例は，労働者の組合選択の自由および他の労働組合の団結権を侵害しない場合には，ユニオン・ショップ協定は許される，とした。

◆　判例は，政治目的ストは憲法28条の保障を受けない，とした。

◆　判例は，公務員の争議行為の一律禁止は合憲である，とした。

［参考］

第27条　すべて国民は，勤労の権利を有し，義務を負ふ。

2　賃金，就業時間，休息その他の勤労条件に関する基準は，法律でこれを定める。

3　児童は，これを酷使してはならない。

第28条　勤労者の団結する権利及び団体交渉その他の団体行動をする権利は，これを保障する。

〈労働組合法〉

（目的）

第1条　この法律は，労働者が使用者との交渉において対等の立場に立つことを促進することにより労働者の地位を向上させること，労働者がその労働条件について交渉するために自ら代表者を選出することその他の団体行動を行うために自主的に労働組合を組織し，団結することを擁護すること並びに使用者と労働者との関係を規制する労働協約を締結するための団体交渉をすること及びその手続を助成することを目的とする。

（不当労働行為）

第7条　使用者は，次の各号に掲げる行為をしてはならない。

一　労働者が労働組合の組合員であること，労働組合に加入し，若しくはこれを結成しようとしたこと若しくは労働組合の正当な行為をしたことの故をもつて，その労働者を解雇し，その他これに対して不利益な取扱いをすること又は労働者が労働組合に加入せず，若しくは労働組合から脱退することを雇用条件とすること。ただし，労働組合が特定の工場事業場に雇用される労働者の過半数を代表する場合において，その労働者がその労働組合の組合員であることを雇用条件とする労働協約を締結することを妨げるものではない。

（損害賠償）

第8条　使用者は，同盟罷業その他の争議行為であつて正当なものによつて損害を受けたことの故をもつて，労働組合又はその組合員に対し賠償を請求することはできない。

第3章　章末問題

問題1　社 会 権　Check!☞□□□

社会権に関するア～エの記述のうち，判例に照らし，妥当なもののみを全て挙げているのはどれか。　（国家総合職 2014（平成 26）年度）

ア．憲法第 25 条第 1 項にいう「健康で文化的な最低限度の生活」の水準は，抽象的かつ相対的な概念であり，その認定判断については，その時々における文化の発達の程度，経済的・社会的条件，一般的な国民生活の状況等の様々な不確定要素を総合的に考量する必要があることから，行政府の広い裁量に委ねられており，当不当の問題として行政府の責任が問われることはあっても，違法行為として司法審査の対象となることはない。

イ．憲法第 25 条第 1 項は国に事前の積極的防貧施策をなすべき努力義務のあることを，第 2 項は第 1 項の防貧施策の実施にもかかわらず，なお救貧が必要な状態にある者に対し，国は事後的な救貧施策をなすべき責務があることを宣言するものであり，前者については立法裁量が広く認められるが，後者については広い立法裁量が認められず，その司法審査に当たっては厳格な審査が求められる。

ウ．憲法第 26 条第 2 項後段の「義務教育は，これを無償とする。」との規定の意義は，国の義務教育の提供につき有償としないこと，すなわち，子女の保護者に対しその子女に普通教育を受けさせるにつき，その対価を徴収しないことを定めたものであり，教育提供に対する対価とは授業料を意味するものと認められるから，同条項の無償とは授業料を徴収しないことを意味すると解される。

エ．憲法第 28 条の労働基本権の保障は公務員に対しても及ぶものと解すべきであるから，公務員の争議行為を一律かつ全面的に制限することは許されず，公務員の争議行為の遂行をあおる行為を処罰する法律の規定は，違法性の強い行為のみに適用されると限定的に解釈する限りで，憲法に違反しない。

1. ア
2. ウ
3. ア，エ
4. イ，ウ
5. イ，エ

記述問題 Check!☞□□□

国民年金法によれば，国民は，20歳になると，原則として誰でも国民年金の被保険者となる（同法第7条第1項第1号）。被保険者になれば，保険料を納付しなければならない（同法第88条第1項）。ただし，一定の場合には，保険料の納付義務が免除又は猶予される。保険料免除には，法定免除と申請免除があり，学生納付特例制度（所得がない，又は少ない学生が申請し，承認されることで，保険料の納付が猶予される制度）も設けられている。

国民年金をはじめとする現行の公的年金制度に対しては，少子高齢化の急速な進展に伴って様々な問題点が指摘されるようになった。そこで，現行の公的年金制度を抜本的に見直すための検討委員会が政府部内に設置された，と仮定する。同委員会では，いくつもの改正案が検討の対象とされたが，その中には次のA，B及びC案も含まれていた。

【A案】現行の公的年金制度を廃止し，民間の年金保険に切り替える。民間の保険への加入は義務的なものとする。したがって，20歳以上の国民は，民間の保険の中からいずれかを選択して加入しなければならない。

【B案】現行の公的年金制度を廃止し，地域ごとの年金共済組合を設置する。20歳以上の国民は，それぞれの地域の共済組合へ全員当然に加入するものとし，組合員は共済組合に対する共済掛金の納付を義務付けられる。

【C案】現行の国民年金制度を維持しつつ，国民年金に加入する年齢を18歳に引き下げるとともに，学生納付特例制度を廃止する。学生も，他の免除事由に該当しない限り，保険料を納付しなければならない。

しかしながら，これらA，B及びC案には，政策的な当否以前に，いずれも憲法上の疑義があるとの意見が出された。すなわち，A案は，憲法第13条及び第25条に，B案は憲法第21条第1項に，そしてC案は憲法第26条第1項に違反する可能性があるというのである。

A，B及びC案に向けられた憲法上の疑義はいかなる内容のものかをまず想定し，それに対するあなたの考えを述べなさい。論述に当たっては，A，B及びC案がそれぞれ違反する可能性があるとされた規定に沿って検討しなさい。なお，それ以外の規定違反について論ずる必要はない。 （国家総合職2013（平成25）年度）

（参考）

○　**国民年金法**

（国民年金制度の目的）

第１条　国民年金制度は，日本国憲法第25条第２項に規定する理念に基き，老齢，障害又は死亡によって国民生活の安定がそこなわれることを国民の共同連帯によって防止し，もつて健全な国民生活の維持及び向上に寄与することを目的とする。

（被保険者の資格）

第７条　次の各号のいずれかに該当する者は，国民年金の被保険者とする。

一　日本国内に住所を有する20歳以上60歳未満の者であって次号及び第３号のいずれにも該当しないもの（被用者年金各法に基づく老齢又は退職を支給事由とする年金たる給付その他の老齢又は退職を支給事由とする給付であって政令で定めるもの（以下「被用者年金各法に基づく老齢給付等」という。）を受けることができる者を除く。以下「第一号被保険者」という。）

（以下略）

（保険料の納付義務）

第88条　被保険者は，保険料を納付しなければならない。（以下略）

第4章 参政権・受益権

出題傾向

- 参政権および受益権は，**7年に1度程度**しか出題されないほとんど出題されない分野である。
- 参政権の分野では，**立候補の自由と組合統制権との関係**や**在外日本人の選挙権に関する判例**など，他の分野において参政権と関係する判例の内容を問う問題が出題されている。また，**選挙犯罪者の公民権停止に関する判例**の内容を問う問題も出題されている。
- 受益権の分野では，**裁判を受ける権利**に関する問題が出題されている。

■4.1 参 政 権

アウトライン

参政権とは，政治に参加する権利のことをいう。国民主権から，国の政治のあり方を決定するのは，主権を有する国民である。したがって，国民は政治に参加する権利を持つ。

具体的には，まず，選挙において投票する権利である選挙権が保障される（憲法15条1項）。選挙権は，国民による参政権の行使という権利としての性格と，国民の信託を受けた選挙人団の一員として選挙に従事するという公務としての性格を有する，とするのが通説である。

次に，選挙において立候補する権利である被選挙権が保障される。被選挙権を保障する憲法上の明文の規定はないが，判例は，立候補の自由は，選挙権の自由な行使と表裏の関係にあり，自由かつ公正な選挙を維持するうえで，きわめて重要であるから，憲法 15 条 1 項には，被選挙権者，特にその立候補の自由について，直接には規定していないが，これもまた，同条同項の保障する重要な基本的人権の一つと解すべきである，とした（最大判昭和 43.12.4 刑集 22 巻 13 号 1425 頁，三井美唄炭鉱労組事件）。

これら以外にも，公務員に就任する資格である公務就任権，最高裁判所裁判官国民審査における投票権（憲法 79 条 2 項），憲法改正の国民投票における投票権（憲法 96 条），地方特別法制定の際の住民投票における投票権（憲法 95 条）が保障されている。

公務員の選挙は，その自由と公正を確保するため，選挙は以下の原則に基づいて行われる。

第 1 に，財力を選挙権の要件としない普通選挙がある。

第 2 に，各人の選挙権の価値は平等でなければならないという平等選挙がある。具体的には 1 人 1 票という投票数の平等と，1 票の価値は平等でなければならないとする投票価値の平等とを意味する。

第 3 に，選挙において棄権しても制裁を受けないという自由選挙がある。

第 4 に，選挙において誰に投票したかは秘密にされるという秘密選挙がある。

第 5 に，選挙人が直接公務員を選ぶという直接選挙がある。

［参考］
第 15 条　公務員を選定し，及びこれを罷免することは，国民固有の権利である。
3　公務員の選挙については，成年者による普通選挙を保障する。
4　すべて選挙における投票の秘密は，これを侵してはならない。選挙人は，その選択に関し公的にも私的にも責任を問はれない。
第 79 条 2 項　最高裁判所の裁判官の任命は，その任命後初めて行はれる衆議院議員総選挙の際国民の審査に付し，その後 10 年を経過した後初めて行はれる衆議院議員総選挙の際更に審査に付し，その後も同様とする。
3　前項の場合において，投票者の多数が裁判官の罷免を可とするときは，その裁判官は，罷免される。
第 95 条　一の地方公共団体のみに適用される特別法は，法律の定めるところにより，その地方公共団体の住民の投票においてその過半数の同意を得なければ，国会は，これを制定することができない。
第 96 条　この憲法の改正は，各議院の総議員の 3 分の 2 以上の賛成で，国会が，これを発議し，国民に提案してその承認を経なければならない。この承認には，特別の国民投票又は国会の定める選挙の際行はれる投票において，その過半数の賛成を必要とする。

問題22 参 政 権 Check!☞□□□

選挙制度と国民の権利，義務に関する①～⑦の記述には，妥当なものが二つ以上ある。それらのうち，二つを挙げているのはどれか。

（国家Ⅰ種2004（平成16）年度）

① 選挙権には参政の権利とともに公務の執行という二重の性格が認められるとする考え方によると，選挙人の資格について，最小限度の制約を加えることは当然許容され，選挙犯罪者等の公民権停止も認められ得る。

② 選挙権には参政の権利とともに公務の執行という性格も認められるとする考え方によると，棄権の自由が認められる余地はない。

③ 被選挙権について憲法には明文の規定はないが，憲法第13条の幸福追求権にその根拠を求める考え方によると，選挙権と被選挙権の資格要件が異なることは当然違憲となる。

④ 国会議員の選挙については，直接選挙を保障する憲法上の明文規定はないが，複選制（例えば，地方議会の議員によって参議院議員を選挙させること）を採用することは憲法上許されないと解される。

⑤ 公正な選挙を実現するために選挙運動には自ずと制限が課され得るが，選挙運動を行うことができる期間を制限し，一切の事前運動を禁止することは表現の自由に対する必要かつ合理的な制限を超えているとするのが判例である。

⑥ 政見放送の収録に当たり，公職選挙法の規定に違反するような，いわゆる差別用語が含まれた場合，当該箇所を削除して放送したとしても，不法行為法上，法的利益の侵害があったとはいえないとするのが判例である。

⑦ 公職選挙法第251条の3第1項（組織的選挙運動管理者等の選挙犯罪による公職の候補者等であった者の当選無効及び立候補の禁止）は，従来の連座制では選挙犯罪を十分抑制できなかったことにかんがみ，選挙の公明・適正を回復する趣旨で設けられたもので，目的は合理的であるが，候補者が選挙犯罪の防止のため相当の注意を尽くすことにより連座を免れるみちなどが設けられているだけでは，立法目的の達成手段として必要かつ

合理的であるとはいえないとするのが判例である。

1. ①，⑤
2. ①，⑦
3. ②，⑤
4. ③，④
5. ④，⑥

問題22の解説

① **妥当である。** 通説は，選挙権は，国民による参政権の行使という権利としての性格と，国民の信託を受けた選挙人団の一員として選挙に従事するという公務としての性格を有する，とする。このため選挙犯罪者等は，選挙という公務に従事させることはふさわしくないので，それらの者の公民権を停止することは，選挙という公務の公正を確保するための必要最小限度の制約として認められることとなる。

② **妥当でない。** 選挙権が公務としての性格を有するという考え方に立っても，個人が選挙人団の一員として選挙に従事するかどうかは個人の自由であるとして，棄権の自由が認められる余地がある。

③ **妥当でない。** 被選挙権を，選挙権と表裏をなすものとして選挙権を保障する憲法15条1項に根拠付ける考え方からは，選挙権も被選挙権も同じ主権者の権利であるので，選挙権と被選挙権の資格要件が異なることは違憲であるとする主張がある。しかし，被選挙権を，幸福追求権を保障する憲法13条に根拠付ける考え方からは，選挙権と被選挙権を必ずしも同じ主権者の権利と考える必要はないので，選挙権と被選挙権の資格要件が異なることが当然に違憲となるわけではない。

④ **妥当である。** 憲法43条1項は，「両議院は，全国民を代表する選挙された議員でこれを組織する。」と定めており，憲法93条2項の「地方公共団体の長，その議会の議員及び法律の定めるその他の吏員

は，その地方公共団体の住民が，直接これを選挙する。」のように，国会議員の直接選挙を保障していない。このため憲法43条1項は，間接選挙を許容しているとする説もある。しかし，地方議会議員のようにすでに公職にある者が国会議員を選ぶという複選制については，国民による選挙とはいえないので憲法上許されないと解されている。

⑤ **妥当でない。** 判例は，公職の選挙につき，常時選挙運動を行なうことを許容するときは，その間，不当，無用な競争を招き，これが規制困難による不正行為の発生等により選挙の公正を害するにいたるおそれがあるのみならず，いたずらに経費や労力がかさみ，経済力の差による不公平が生ずる結果となり，ひいては選挙の腐敗をも招来するおそれがあるので，このような弊害を防止して，選挙の公正を確保するためには，選挙運動の期間を長期に亘らない相当の期間に限定し，かつ，その始期を一定して，各候補者が能うかぎり同一の条件の下に選挙運動に従事し得ることとする必要があり，この選挙が公正に行なわれることを保障することは，公共の福祉を維持するゆえんであるから，一切の事前運動を禁止することは，憲法の保障する表現の自由に対し許された必要かつ合理的な制限であり憲法21条に違反するものということはできない，とした（**最大判昭和44.4.23**刑集23巻4号235頁，**事前運動禁止訴訟**）。

⑥ **妥当である。** 判例は，他人の名誉を傷つけ善良な風俗を害する等政見放送としての品位を損なう言動を禁止した公職選挙法150条の2の規定は，テレビジョン放送による政見放送が直接かつ即時に全国の視聴者に到達して強い影響力を有していることにかんがみそのような言動が放送されることによる弊害を防止する目的で政見放送の品位を損なう言動を禁止したものであるから，当該規定に違反する言動がそのまま放送される利益は法的に保護された利益とはいえず，したがって，当該言動がそのまま放送されなかったとしても，不法行為法上，法的利益の侵害があったとはいえない，とした（**最判平成2.4.17**民集44巻3号547頁，**政見放送削除事件**）。

⑦ **妥当でない。** 判例は，公職選挙法第251条の3第1項は，いわゆ

る連座の対象者を選挙運動の総括主宰者等重要な地位の者に限っていた従来の連座制ではその効果が乏しく選挙犯罪を十分抑制することができなかったという我が国における選挙の実態にかんがみ，公明かつ適正な公職選挙を実現するため，公職の候補者等に組織的選挙運動管理者等が選挙犯罪を犯すことを防止するための選挙浄化の義務を課し，公職の候補者等がこれを防止するための注意を尽くさず選挙浄化の努力を怠ったときは，当該候補者等個人を制裁し，選挙の公明，適正を回復するという趣旨で設けられたものと解するのが相当であり，このように，民主主義の根幹をなす公職選挙の公明，適正を厳粛に保持するという極めて重要な法益を実現するために定められたものであって，その立法目的は合理的であり，また，当該規定は，組織的選挙運動管理者等が買収等の悪質な選挙犯罪を犯し禁錮以上の刑に処せられたときに限って連座の効果を生じさせることとして，連座制の適用範囲に相応の限定を加え，立候補禁止の期間およびその対象となる選挙の範囲も限定し，さらに，選挙犯罪がいわゆるおとり行為または寝返り行為によってされた場合には免責することとしているほか，当該候補者等が選挙犯罪行為の発生を防止するため相当の注意を尽くすことにより連座を免れることのできるみちも新たに設けているので，このような規制は，これを全体としてみれば，立法目的を達成するための手段として必要かつ合理的なものというべきであるので，合憲である，とした（**最判平成 9.3.13 民集 51 巻 3 号 1453 頁，選挙犯罪拡大連座制事件**）。

＊正解　5

●解法のポイント●

◆　通説は，選挙権は権利としての性格と公務としての性格を有しているので，選挙犯罪者等の公民権停止は合憲である，としている。

◆　選挙権が公務としての性格を有するとする考え方であっても，棄権の自由は認められる余地がある。

◆　被選挙権を憲法 13 条に根拠付ける考え方からは，選挙権と被選挙権の資格要件が異なることも許容される余地がある。

◆　憲法 43 条 1 項の選挙には，間接選挙が含まれると解する余地はあるが，複選制は含まれない。

◆　判例は，事前運動の一律禁止を合憲とした。

◆　判例は，政見放送において差別用語を削除することは不法行為とならないとした。

◆　判例は，拡大連座制は選挙犯罪行為防止のための相当の注意を尽くせば連座を免れることなどから，合憲であるとした。

■4.2 受益権

アウトライン

受益権は，国務請求権ともいうが，人権を確保するための権利のことをいう。

憲法では，自由権や社会権などのさまざまな人権が保障されているが，不幸にしてこれらの人権が国家によって侵害される場合がある。

こうした国家による人権侵害に対して，救済手段がなければ，憲法による人権保障は著しく弱いものとなる。なぜなら，国家による人権侵害に対する救済手段がないと，国家はいくらでも人権を侵害することができることになってしまうため，憲法による人権保障の意味がほとんどなくなってしまうからである。

このため人権保障を実効的なものとするために，人権を確保するための権利である受益権が，人権として保障されている。

具体的には，請願権（憲法 16 条），裁判を受ける権利（憲法 32 条），国家賠償請求権（憲法 17 条），刑事補償請求権（憲法 40 条）が保障される。

請願権とは，国民が国家機関に対して国務に対する要求を伝える権利をいう。請願権は日本国民だけでなく，外国人にも保障される。国家機関は，請願を受理し誠実に処理する義務を負うが，請願を実現する義務を負っているわけではない。

裁判を受ける権利とは，憲法および法律に基づいて設立された公正な裁判所においてのみ裁判を受けることができる権利をいう。この権利は，民事および刑事事件においては，裁判所において救済を求めることができるという受益権としての性格を有するが，刑事事件においては裁判によらない限り刑罰を科されないという自由権としての性格を有する。ここにいう裁判所とは，憲法および法律に定められた裁判所を意味し，訴訟法で定められた具体的な管轄権を有する裁判所を意味しないとするのが判例である（**最大判昭和24.3.23刑集3巻3号352頁，管轄違い裁判事件**）。裁判には，民事事件および刑事事件だけでなく，行政事件の裁判も含まれる。

国家賠償請求権とは，公務員の不法行為により被った損害について賠償を請求できる権利のことをいう。刑事補償請求権とは，刑事手続において抑留または拘禁された者が無罪の裁判を受けた場合，国にその補償を請求できる権利をいう。抑留または拘禁された者が無罪の裁判を受けた場合，当該抑留または拘禁は不当な人権侵害だったこととなる。しかし，その抑留または拘禁を行った公務員に故意または過失が存在しない場合，その抑留または拘禁は不法行為とはならないため，抑留または拘禁された者は国家賠償請求できない。そこで，公務員の故意または過失の有無を問わず，無罪の裁判を受けた事件について抑留または拘禁されたことに対して，国は補償しなければならないこととした。

［参考］
第16条　何人も，損害の救済，公務員の罷免，法律，命令又は規則の制定，廃止又は改正その他の事項に関し，平穏に請願する権利を有し，何人も，かかる請願をしたためにいかなる差別待遇も受けない。
第17条　何人も，公務員の不法行為により，損害を受けたときは，法律の定めるところにより，国又は公共団体に，その賠償を求めることができる。
第32条　何人も，裁判所において裁判を受ける権利を奪はれない。
第40条　何人も，抑留又は拘禁された後，無罪の裁判を受けたときは，法律の定めるところにより，国にその補償を求めることができる。

問題23 受 益 権

Check!☞□□□

裁判を受ける権利に関するア～エの記述のうち，妥当なもののみをすべて挙げているのはどれか。ただし，争いのあるものは判例の見解による。

（国家Ⅰ種 2008（平成20）年度）

ア．日本国憲法は，法の下の平等を実現するために，日本国民のみならず外国人に対しても，政治権力から独立した公正な裁判を受ける権利を保障しており，その公正な裁判を実現するために，裁判における判決の公開を保障するとともに，裁判の審級制度として三審制を採用する旨を規定している。

イ．憲法第32条は，何人も裁判所において裁判を受ける権利を奪われないと規定しているが，その趣旨は，憲法又は法律に定められた裁判所においてのみ裁判を受ける権利を有し，裁判所以外の機関によって裁判をされることはないことを保障しているにとどまり，訴訟法で定める管轄権を有する具体的裁判所において裁判を受ける権利を保障したものとまではいえない。

ウ．憲法第37条の保障する迅速な裁判を受ける権利は，単に迅速な裁判を一般的に保障するために必要な司法行政上の措置等をとるべきことを要請するにとどまり，個々の刑事事件について現実にその保障に反し，審理の著しい遅延の結果，被告人が迅速な裁判を受けられなかったとしても，これに対処すべき法令上の具体的規定が存しなければ，当該被告人に対する審理を打ち切ることはできない。

エ．憲法第32条に定める「裁判を受ける権利」の「裁判」は，紛争を公正に解決するにふさわしい手続によってなされる民事事件及び刑事事件の裁判を指すものであり，行政事件の裁判については，その法的判断により公共政策の形成又は評価に影響を与えることが少なくなく，民事事件や刑事事件とは異なる弾力的な対応が要請されるから，ここでいう「裁判」には当たらない。

1. ア，イ
2. ア，エ
3. イ
4. ウ
5. ウ，エ

問題 23 の解説

ア．**妥当でない。** 憲法 32 条は，裁判所において裁判を受ける権利を保障しているが，この権利は，日本国民だけでなく外国人にも保障される。そして，公正な裁判を実現するため，裁判の判決は，必ず公開法廷で行わなければならない（憲法 82 条）。しかし，審級制度については，憲法 81 条において，最高裁判所が違憲審査に関する終審裁判所であることが定められている以外に，憲法に規定はない。このため最高裁判所が違憲審査に関する終審裁判所であること以外の審級制度は立法裁量とするのが，通説および判例（**最大判昭和 23.3.30 刑集 2 巻 3 号 175 頁，審級制度訴訟**）である。

イ．**妥当である。** 判例は，憲法 32 条の趣旨は，すべて国民は憲法または法律に定められた裁判所においてのみ裁判を受ける権利を有し，裁判所以外の機関によって裁判をされることはないことを保障したものであって，訴訟法で定める管轄権を有する具体的裁判所において裁判を受ける権利を保障したものではない，とした（**最大判昭和 24.3.23 刑集 3 巻 3 号 352 頁，管轄違い裁判事件**）。

ウ．**妥当でない。** 判例は，迅速な裁判を受ける権利を保障する憲法 37 条 1 項は，単に迅速な裁判を一般的に保障するために必要な立法上および司法行政上の措置をとるべきことを要請するにとどまらず，さらに個々の刑事事件について，現実にその保障に明らかに反し，審理の著しい遅延の結果，迅速な裁判をうける被告人の権利が害せられたと認められる異常な事態が生じた場合には，これに対処すべき具体的規定がなくても，もはや被告人に対する手続の続行を許さず，その審理を打ち切るという非常救済手段がとられるべきことをも認めている趣旨の規定である，とした（**最大判昭和47.12.20刑集26巻10号631頁，高田事件**）。

エ．**妥当でない。** 通説は，憲法76条2項において行政機関による終審裁判が禁止されていることや憲法81条において処分に裁判所の違憲審査権が及ぶことが明記されていることから，憲法32条の裁判には，民事事件および刑事事件の裁判だけでなく，行政事件の裁判も含まれるとする。

＊正解 3

●解法のポイント●

◆ 通説および判例は，最高裁判所が違憲審査に関する終審裁判所であること以外の審級制度は立法裁量とする。

◆ 判例は，訴訟法で定める管轄権を有する具体的裁判所において裁判を受ける権利を保障したものではないとした。

◆ 判例は，憲法37条1項は，審理の著しい遅延の結果，迅速な裁判をうける被告人の権利が害せられたと認められる異常な事態が生じた場合には，これに対処すべき具体的規定がなくても，その審理を打ち切るという非常救済手段がとられるべきことをも認めているとした。

◆ 通説は，憲法32条の裁判には，民事事件および刑事事件だけでなく，行政事件の裁判も含まれるとする。

[参考]

第32条 何人も，裁判所において裁判を受ける権利を奪はれない。

第37条1項 すべて刑事事件においては，被告人は，公平な裁判所の迅速な公開裁判を受ける権利を有する。

第81条 最高裁判所は，一切の法律，命令，規則又は処分が憲法に適合するかしないかを決定する権限を有する終審裁判所である。

第82条 裁判の対審及び判決は，公開法廷でこれを行ふ。

2 裁判所が，裁判官の全員一致で，公の秩序又は善良の風俗を害する虞があると決した場合には，対審は，公開しないでこれを行ふことができる。但し，政治犯罪，出版に関する犯罪又はこの憲法第三章で保障する国民の権利が問題となつてゐる事件の対審は，常にこれを公開しなければならない。

第4章　章末問題

問題1　参 政 権　Check!☞□□□

参政権に関する次の記述のうち，判例に照らし，妥当なのはどれか。

（国家Ⅱ種 2011（平成 23）年度）

1. 個々の国民に比べ豊富な資金力を有する会社が，自由に政治資金の寄付をなし得るとすると，その影響力により国民個々の参政権を侵害するおそれがあるため，会社による政治資金の寄付は，自然人たる国民による寄付と別異に扱うべき憲法上の要請があり，会社による政治資金の寄付を法律をもって規制しても憲法に違反しない。
2. 憲法第 15 条第 1 項により保障される立候補の自由には，政見の自由な表明等の選挙活動の自由が含まれるところ，テレビジョン放送のために録画した政見の内容にいわゆる差別用語が含まれていたとしても，当該政見の一部を削除し，そのまま放送しないことは，選挙活動の自由の侵害に当たり，憲法に違反する。
3. 公務員の選定罷免権を保障する憲法第 15 条第 1 項は，権利の性質上，日本国民のみをその対象としており，我が国に在留する外国人のうち，永住者等であってその居住する区域の地方公共団体と特段に緊密な関係を持つと認められるものについてであっても，法律をもって，地方公共団体の長，その議会の議員等に対する選挙権を付与することは，憲法に違反する。
4. 公職の選挙につき，常時選挙運動を許容することは，不当，無用な競争を招き，不正行為の発生等により選挙の公正を害するなどのおそれがあり，このような弊害を防止し，選挙の公正を確保するため，選挙運動をすることができる期間を規制し，事前運動を禁止することは，表現の自由に対し許された必要かつ合理的な制限であり，憲法に違反しない。
5. 公職選挙法に違反した者は，現に選挙の公正を害したものとして選挙に関与させることが不適当なものと認めるべきであるから，一定の期間について，被選挙権の行使を制限することは憲法に違反しないが，選挙権の行使をも制限することは，国民の参政権を不当に奪うものであり，憲法に違反する。

問題2　裁判を受ける権利　　Check!☞□□□

裁判を受ける権利に関するア～オの記述のうち，妥当なもののみを全て挙げているのはどれか。

（国家一般職 2013（平成 25）年度）

ア．裁判を受ける権利は，現行憲法においては，憲法上保障された権利として明文で規定されているが，明治憲法においては，裁判を受ける権利を保障する規定は存在せず，とりわけ行政事件の裁判は，通常裁判所の系列に属さない行政裁判所の権限に属し，出訴できる場合も限定されるなど，国民の権利保障という点では不十分なものであった。

イ．憲法第 32 条の趣旨は，全ての国民に，憲法又は法律で定められた裁判所においてのみ裁判を受ける権利を保障するとともに，訴訟法で定める管轄権を有する具体的裁判所において裁判を受ける権利を保障したものと解されるから，管轄違いの裁判所による裁判は同条に違反するとするのが判例である。

ウ．憲法第 32 条は，訴訟の当事者が訴訟の目的たる権利関係につき裁判所の判断を求める法律上の利益を有することを前提として，かかる訴訟につき本案の裁判を受ける権利を保障したものであって，当該利益の有無にかかわらず常に本案につき裁判を受ける権利を保障したものではないとするのが判例である。

エ．いかなる事由を理由に上告をすることを許容するかは審級制度の問題であって，憲法が第 81 条の規定するところを除いてはこれを全て立法の適宜に定めるところに委ねている趣旨からすると，判決に影響を及ぼすことが明らかな法令の違反があることを最高裁判所への上告理由としていない民事訴訟法の規定は，憲法第 32 条に違反しないとするのが判例である。

オ．裁判を受ける権利を実質的なものにするためには，資力の乏しい者に対する法律扶助の制度が必要であるが，平成 16 年に制定された総合法律支援法では，資力の乏しい者にも民事裁判等手続の利用をより容易にする民事法律扶助事業の適切な整備及び発展が図られなければならないこととされ，新たに設立された日本司法支援センター（法テラス）が民事法律扶助等の業務を行うこととなった。

1. ア，イ
2. ア，オ
3. イ，ウ，エ
4. イ，エ，オ
5. ウ，エ，オ

第2編

統　治

第5章 国　会

出題傾向

- 国会は，近年は**ほぼ毎年出題されている出題頻度の高い分野**である。
- なかでも，**衆議院の優越**に関する問題は，ほぼ毎年出題されている。また，**国政調査権**や**国会議員の特権**に関する問題も，よく出題されている。
- これら以外では，**会期制**，**参議院の緊急集会**，**表決手続**に関する問題がよく出題されている。

■5.1　国会の地位

アウトライン

国会は，国権の最高機関（憲法41条），国の唯一の立法機関（憲法41条），国民の代表機関（憲法43条）という3つの地位を持つ。

国権の最高機関の意味について，国会が国権全体を統括し，他の国家機関に対して命令できると解する説（統括機関説）があるが，これに対しては，国会といえども裁判所の違憲審査権や内閣の解散権によって制約を受けているなどの批判がある。このため，通説は，国会が国政の中心であることを示したにすぎず，法的な意味はないとする（政治的美称説）。

唯一の立法機関の意味について，まず唯一とは，憲法上の例外を除き，国会のみが立法権を行使できるという国会中心立法の原則と，立法手続は国会のみで完結し，他の機関は関与できないという国会単独立法の原則とを意味する。次に，立法とは，国法の一形式である法律を制定する行為を指す形式的意味の立法ではなく，一般的・抽象的な法規範を制定する行為（実質的意味の立法）を意味する。

国会中心立法の原則の例外として，議院規則（憲法58条2項），最高裁判所規則（憲法77条1項）がある。国会単独立法の原則の例外として，地方特別法制定の際の住民投票（憲法95条）がある。

国民の代表機関とは，国会は全国民を代表する選挙された議員により組織されることを意味する。この代表の意味について，通説は，国会の行為が国民の行為とみなされるという法的代表ではなく，国会は国民の世論を受けながら全国民のために活動するという政治的代表を意味する，とする。このため，国会議員は，選出された選挙区の有権者の意思に拘束されることなく，全国民のために自由に行動することができる（自由委任の原則）。加えて，通説は，国会の意思は国民の意思をできるだけ忠実に反映したものでなければならないという社会学的代表をも意味するとする。

［参考］
第41条　国会は，国権の最高機関であつて，国の唯一の立法機関である。
第43条1項　両議院は，全国民を代表する選挙された議員でこれを組織する。
第58条2項　両議院は，各々その会議その他の手続及び内部の規律に関する規則を定め，又，院内の秩序をみだした議員を懲罰することができる。但し，議員を除名するには，出席議員の3分の2以上の多数による議決を必要とする。
第72条　内閣総理大臣は，内閣を代表して議案を国会に提出し，一般国務及び外交関係について国会に報告し，並びに行政各部を指揮監督する。
第77条1項　最高裁判所は，訴訟に関する手続，弁護士，裁判所の内部規律及び司法事務処理に関する事項について，規則を定める権限を有する。
第95条　一の地方公共団体のみに適用される特別法は，法律の定めるところにより，その地方公共団体の住民の投票においてその過半数の同意を得なければ，国会は，これを制定することができない。

問題 24　国会の地位　Check!☞□□□

憲法第 41 条に関する次の記述のうち，妥当なのはどれか。

（国家Ⅱ種 2000（平成 12）年度）

1. 憲法第 41 条の「立法」については，実質的意味の法律の定立を指すとする考え方があるが，通説では，形式的意味の法律の定立を指すとされており，例えば内閣が独立命令を制定する権能を持つとしても本条に反しない。
2. 憲法第 41 条の「唯一の立法機関」とは，本条にいう「立法」がすべて国会を通し，国会を中心に行われるべきことのみならず，本条にいう「立法」は国会の意思だけによって完結的に成立し，ほかの機関の意思によって左右されないことをも意味する。
3. 国会の各議院は議院規則を，また，最高裁判所は最高裁判所規則を定めることができるが，これらは「国会中心立法の原則」の例外ではないと解するのが通説である。
4. 法律案の提出権を内閣に認めることは，憲法第 41 条の「国会単独立法の原則」に違反すると解するのが通説である。
5. 憲法第 41 条の「国権の最高機関」とは，国会が憲法上国政全般を統括し，ほかの機関に指揮・命令する権能を法的に持つ機関であることを意味すると解するのが通説である。

（参考）　憲法

第 41 条　国会は，国権の最高機関であつて，国の唯一の立法機関である。

問題 24 の解説

1.　**妥当でない。**　立法には，国法の一形式である法律を制定する行為を指す形式的意味の立法と一般的・抽象的な法規範を制定する行為を指す実質的意味の立法とがある。憲法 41 条の立法について，形式的意味の立法を意味するとすると法律という形式以外の形式で他の機関が立法できることになってしまうため，国会を唯一の立法機関とした意味がなくなる。したがって，憲法 41 条の立法は，実質的意味の立法を意味するとするのが通説である。よって，内閣が国会の関与なしに独自に立法を行う独立命令を制定する権能を持つと解することは，憲法 41 条に反することになる。

2.　**妥当である。**　国会が唯一の立法機関であるとは，憲法上の例外を除き，国会のみが立法権を行使できるという国会中心立法の原則と，立法手続は国会のみで完結し，他の機関は関与できないという国会単独立法の原則とを意味する。

3.　**妥当でない。**　各議院が制定する議院規則（憲法 58 条 2 項）も，最高裁判所が制定する規則（憲法 77 条 1 項）も，国会以外の機関による立法であるが，憲法が認めている国会中心立法の原則の例外である。

4.　**妥当でない。**　内閣による法案提出権について通説は，憲法 72 条の「内閣総理大臣は，内閣を代表して議案を国会に提出し」の「議案」には法律案も含まれること，国会は内閣の法律案を自由に修正したり否決したりすることができることなどから，国会単独立法の原則に反しない，とする。

5.　**妥当でない。**　国会が国権の最高機関であることの意味について，国会が国権全体を統括し，他の国家機関に対して命令できると解する説がある（統括機関説）。しかし，この説に対しては，国会といえども裁判所の違憲審査権や内閣の解散権によって制約を受けている，主権者は国会ではなく国民である，などの批判がなされる。このため，通説は，国会が国権の最高機関であるとは，国会が国政の中心をなす

5
国会

機関であることを強調した政治的美称にすぎないとする（政治的美称説）。

＊正解　2

●解法のポイント●

◆　憲法 41 条の立法は，実質的意味の立法を意味する。

◆　憲法 41 条の唯一は，国会中心立法の原則と国会単独立法の原則とを意味する。

◆　議院規則および最高裁判所規則は，国会中心立法の原則の例外である。

◆　通説は，内閣による法案提出権は，国会単独立法の原則に違反しないとする。

◆　通説は，憲法 41 条の国権の最高機関は，政治的美称とする。

■5.2　衆議院の優越

アウトライン

憲法は，国会が衆議院と参議院とからなる二院制を採用している（憲法42条）。

二院制を採用する理由としては，衆議院と参議院とが互いに抑制しあうことで権力の濫用を防ぐ，各院で異なる選挙制度を用いることで多様な民意を反映させる，などがある。

しかし，二院制を採用した結果，衆議院と参議院との間で意見の食い違いが生じ，その結果，国会の議決が得られず，国政が渋滞するおそれがある。

そこで，憲法は，衆議院に対して優越的な地位を与えている。衆議院の方が，参議院に比べて任期が短く，解散による総選挙によって民意を問い直すことができることから，より現在の国民の意思を忠実に反映しているといえるからである。

具体的には，権限における優越として，予算先議権（憲法60条1項）と法的効果のある内閣不信任・信任決議権がある（憲法69条）。参議院も内閣不信任・信任決議を行うことができるが，これには法的効果がない。

また，両院の議決が異なった場合の両院の調整の場である両院協議会の開催および議決に関しては，以下のような衆議院の優越が認められている。

［参考］
第42条　国会は，衆議院及び参議院の両議院でこれを構成する。
第60条　予算は，さきに衆議院に提出しなければならない。
2　予算について，参議院で衆議院と異なつた議決をした場合に，法律の定めるところにより，両議院の協議会を開いても意見が一致しないとき，又は参議院が，衆議院の可決した予算を受け取つた後，国会休会中の期間を除いて30日以内に，議決しないときは，衆議院の議決を国会の議決とする。
第69条　内閣は，衆議院で不信任の決議案を可決し，又は信任の決議案を否決したときは，10日以内に衆議院が解散されない限り，総辞職をしなければならない。

【議決に関する衆議院の優越のまとめ】

	法律案	予算・条約の承認 内閣総理大臣の指名
衆議院と参議院とが異なる議決をした場合	衆議院で出席議員の3分の2以上の多数で可決 ↓ 法律成立	両院協議会を開催 ↓意見不一致 衆議院の議決が国会の議決
衆議院が議決後，参議院が放置した場合	参議院が法律案を受け取ってから60日以上経過 ↓ 衆議院は，参議院が否決したとみなすことができる。	参議院が受け取ってから ・予算・条約：30日 ・内閣総理大臣：10日 以上経過 ↓ 衆議院の議決が国会の議決
両院協議会の開催	任意的：衆議院に決定権あり	必要的：必ず開かなければならない

問題25 衆議院の優越

Check!☞□□□

衆議院の優越に関する次の記述のうち，妥当なもののみを全て挙げているのはどれか。

ア．内閣は，衆議院で内閣不信任の決議案を可決し，又は内閣信任の決議案を否決したときは，10日以内に衆議院が解散されない限り，総辞職をしなければならない。このような内閣の信任を問う決議案を採決することが認められているのは衆議院のみであるから，参議院で内閣の責任を追及するため問責決議案を採択しても同決議は無効である。

（国家総合職2014（平成26）年度）

イ．衆議院で可決し，参議院でこれと異なった議決をした法律案は，衆議院で出席議員の3分の2以上の多数で再び可決したときは，法律となる。また，参議院が，衆議院の可決した法律案を受け取った後，国会休会中の期間を除いて60日以内に議決しないときは，衆議院は，参議院がその法律案を否決したとみなすことができる。（国家総合職2013（平成25）年度）

ウ．内閣総理大臣の指名については，国会議員の中から国会の議決で，指名するとされているところ，衆議院と参議院とが異なった指名の議決をした場合に，法律の定めるところにより，両院協議会を開いても意見が一致しないとき，又は衆議院が指名の議決をした後国会休会中の期間を除いて10日以内に，参議院が指名の議決をしないときは，衆議院の議決が国会の議決とされる。 (国家総合職 2014（平成 26）年度)

エ．予算の議決について，参議院が衆議院と異なった議決をした場合において，衆議院は両院協議会を求めなければならず，それでも意見が一致しないときは，衆議院の議決が国会の議決とされる。

(国家Ｉ種 2009（平成 21）年度)

オ．条約の締結に必要な国会の承認は，条約の締結の前に，時宜によっては事後に，これを経ることが必要とされるが，参議院で衆議院と異なった議決をした場合に，両議院の協議会を開いても意見が一致しないとき，又は参議院が，衆議院の承認した条約を受け取った後，国会休会中の期間を除いて60日以内に議決しないときは，衆議院の議決を国会の議決とするとされている。 (国家Ｉ種 2010（平成 22）年度)

1. ア，イ，ウ
2. ア，イ，オ
3. ア，エ，オ
4. イ，ウ，エ
5. ウ，エ，オ

問題 25 の解説

ア．妥当でない。　内閣に衆議院の解散か内閣の総辞職かの選択義務を課す法的効果を有する内閣不信任・信任決議を行えるのは，衆議院のみである（憲法 69 条）。参議院も内閣不信任・信任決議（一般に問責決議と呼ばれる）を行うことができる。ただ，参議院による内閣不信任・信任決議は，法的効果を有しない。

イ．妥当である。　法律案は，この憲法に特別の定のある場合を除いては，両議院で可決したとき法律となる（憲法 59 条 1 項）。しかし，衆議院で可決し，参議院でこれと異なった議決をした法律案は，衆議院で出席議員の 3 分の 2 以上の多数で再び可決したときは，法律となる（同条 2 項）。また，参議院が，衆議院の可決した法律案を受け取った後，国会休会中の期間を除いて 60 日以内に，議決しないときは，衆議院は，参議院がその法律案を否決したものとみなすことができる（同条 4 項）。

ウ．妥当である。　内閣総理大臣は，国会議員の中から国会の議決で，これを指名する（憲法 67 条 1 項前段）。衆議院と参議院とが異なった指名の議決をした場合に，法律の定めるところにより，両議院の協議会を開いても意見が一致しないとき，または，衆議院が指名の議決をした後，国会休会中の期間を除いて 10 日以内に，参議院が，指名の議決をしないときは，衆議院の議決を国会の議決とする（同条 2 項）。

エ．妥当である。　予算について，参議院で衆議院と異なった議決をした場合に，法律の定めるところにより，両議院の協議会を開いても意見が一致しないとき，衆議院の議決を国会の議決とする（憲法 60 条 2 項）。この場合，両院協議会は必ず開催しなければならない。

オ．妥当でない。　条約の締結は内閣の権限であるが，事前に，時宜によっては事後に，国会の承認を経ることを必要とする（憲法 73 条 3 号）。そして，この条約の締結に必要な国会の承認について，参議院で衆議院と異なった議決をした場合に，法律の定めるところにより，両議院の協議会を開いても意見が一致しないとき，または，参議院が，衆議院が承認した条約を受け取った後，国会休会中の期間を除いて30日以内に，議決しないときは，衆議院の議決を国会の議決とする（憲法61条，60条2項）。

＊正解　4

●解法のポイント●

◆　参議院も，法的効果を有しないが，内閣不信任・信任決議を行うことができる。

◆　衆議院と参議院とが異なる議決をした場合，法律案については出席議員の3分の2以上の多数による再議決により法律が成立するが，予算・条約の承認ならびに内閣総理大臣の指名については，両院協議会において意見が一致しなければ，衆議院の議決が，そのまま国会の議決となる。

◆　衆議院が議決して参議院が議決しない場合，法律案の場合は参議院に送付後国会休会期間を除いて60日経過すれば，衆議院は参議院が否決したとみなせるが，予算・条約の承認ならびに内閣総理大臣の指名については，参議院に送付後，国会休会期間を除いて，予算・条約の承認については30日，内閣総理大臣の指名については10日経過すれば，衆議院の議決が国会の議決となる。

5
国会

［参考］
第59条　法律案は，この憲法に特別の定のある場合を除いては，両議院で可決したとき法律となる。
2　衆議院で可決し，参議院でこれと異なつた議決をした法律案は，衆議院で出席議員の3分の2以上の多数で再び可決したときは，法律となる。
4　参議院が，衆議院の可決した法律案を受け取つた後，国会休会中の期間を除いて60日以内に，議決しないときは，衆議院は，参議院がその法律案を否決したものとみなすことができる。
第67条　内閣総理大臣は，国会議員の中から国会の議決で，これを指名する。この指名は，他のすべての案件に先だつて，これを行ふ。
2　衆議院と参議院とが異なつた指名の議決をした場合に，法律の定めるところにより，両議院の協議会を開いても意見が一致しないとき，又は衆議院が指名の議決をした後，国会休会中の期間を除いて10日以内に，参議院が，指名の議決をしないときは，衆議院の議決を国会の議決とする。
第73条　内閣は，他の一般行政事務の外，左の事務を行ふ。
三　条約を締結すること。但し，事前に，時宜によつては事後に，国会の承認を経ることを必要とする。

■5.3　国会の会期および緊急集会

アウトライン

国会は一年中活動しているわけではなく，期間を限って活動している。これを会期制という。会期制を採用する理由としては，国会議員が地元に戻り地元の有権者と接することができるようにする，行政機関が国会対策以外の本来の活動を行えるようにする，などがある。

国会の会期には，常会，臨時会，特別会がある。それぞれの召集原因および会期は以下のとおりである。

【会期の種類】

	召集原因	会　期
常　会	●毎年1回必ず開く（憲法52条。現行法では，毎年1月に召集。国会法2条）	150日（国会法10条） ※1回のみ延長可能（国会法12条2項）
臨時会	●内閣の決定（憲法53条前段） ●いずれかの議院の総議員の4分の1以上の要求（憲法53条後段） ●任期満了による衆議院議員総選挙後（国会法2条の3第1項） ●参議院議員通常選挙後（国会法2条の3第2項）	両議院の一致の議決（国会法11条） ※2回延長可能（国会法12条2項）
特別会	●解散による衆議院議員総選挙後（憲法54条1項）	両議院の一致の議決（国会法11条） ※2回延長可能（国会法12条2項）

各会期は独立したものであるので，会期中に議決に至らなかった案件は，原則として後会に継続しない（会期不継続の原則。国会法68条本文）。ただし，閉会中審査した議案および懲罰事犯の件は，後会に継続する（同条但書）。

国会の会期と別に，参議院の緊急集会というものがある。これは，衆議院の解散後，総選挙が施行されるまでに国会の議決を要する緊急事態が発生した場合に開催される，参議院が国会を代行する制度をいう（憲法54条2項)。ただし，緊急集会でとられた措置は，あくまで暫定措置であるため，次の国会開会後10日以内に衆議院の同意が得られなければ，その効力は失われる（憲法54条3項)。

問題26 国会の会期および緊急集会

Check!☞□□□

国会の会期および緊急集会に関する次のア～エの記述のうち，妥当なもののみを全て挙げているのはどれか。

ア．憲法は国会に会期制度を採用していると解され，国会の活動は会期中に限られるのが原則であり，これは，一つの会期における国会の独立性を認め，会期と会期との間に意思の継続性がないということを意味する。したがって，会期中に議決に至らなかった案件は，全て後会に継続しない。

(国家総合職2016（平成26）年度)

イ．国会の常会は，毎年1回召集され，会期は150日間であるが，会期の延長が1回に限り認められ，会期の延長の決定については，両議院の議決が一致しないとき，又は参議院が議決しないときは，衆議院の議決したところによるという衆議院の優越が認められている。

(国家総合職2012（平成24）年度)

ウ．臨時会の会期は，召集日に，両議院一致の議決で決定するが，両議院の議決が一致しないとき，又は，参議院が議決しないときは，衆議院の議決したところによる。また，臨時会の会期の延長は，二回まで認められている。

(国家総合職2016（平成26）年度)

エ．衆議院が解散し，国会が閉会している期間中，内閣は，国に緊急の必要があるときは参議院の緊急集会を求めることができ，参議院議員は，内閣総理大臣からあらかじめ示された案件に関連があるものに限り，緊急集会において議案を発議することができるが，緊急集会で採られる措置は臨時のものであり，次の国会開会の後10日以内に衆議院の同意がない場合にはその効力は失われる。

(国家Ⅰ種2007（平成19）年度)

5 国会

1. イ
2. ウ，エ
3. ア，イ，ウ
4. イ，ウ，エ
5. ア，イ，ウ，エ

問題 26 の解説

ア．**妥当でない。**　各会期は独立したものであるので，会期中に議決に至らなかった案件は，原則として後会に継続しない（会期不継続の原則。国会法 68 条本文）。ただし，閉会中審査した議案および懲罰事犯の件は，後会に継続する（同条但書）。

イ．**妥当である。**　常会は，毎年 1 回必ず開かれなければならない（憲法 52 条）。常会の会期は 150 日である（国会法 10 条）。常会の会期の延長は，1 回のみ認められる（国会法 12 条 2 項）。常会の会期の延長について，両議院の議決が一致しないとき，または，参議院が議決しないときは，衆議院の議決したところによる（国会法 13 条）。

ウ．**妥当である。**　臨時会の会期は，両議院の一致で定める（国会法 11 条）。ただし，臨時会の会期について，両議院の議決が一致しないとき，または，参議院が議決しないときは，衆議院の議決したところによる（国会法 13 条）。臨時会の会期の延長は，2 回まで認められている（国会法 12 条 2 項）。

エ．**妥当である。**　衆議院が解散されたときは，参議院は，同時に閉会となる（憲法 54 条 2 項本文）。ただし，内閣は，国に緊急の必要があるときは，参議院の緊急集会を求めることができる（同条項但書）。参議院の緊急集会は内閣の求めにより開かれるものなので，議員はそこで内閣総理大臣により示された案件に関連するものに限り，議案を発議することができる（国会法 101 条）。この緊急集会において採られた措置は，臨時のものであって，次の国会開会の後 10 日以内に，衆議院の同意がない場合には，その効力を失う（憲法 54 条 3 項）。

＊正解 4

●解法のポイント●

◆ 閉会中審査した議案および懲罰事犯の件は，例外的に後会に継続する。

◆ 常会の会期の延長について，衆議院の優越が認められる。

◆ 臨時会の会期について，衆議院の優越が認められる。臨時会の会期の延長は，2回まで認められる。

◆ 参議院の緊急集会においては，議員は内閣総理大臣により示された案件に関連するものに限り，議案を発議することができる。

[参考]

第52条 国会の常会は，毎年1回これを召集する。

第53条 内閣は，国会の臨時会の召集を決定することができる。いづれかの議院の総議員の4分の1以上の要求があれば，内閣は，その召集を決定しなければならない。

第54条 衆議院が解散されたときは，解散の日から40日以内に，衆議院議員の総選挙を行ひ，その選挙の日から30日以内に，国会を召集しなければならない。

2 衆議院が解散されたときは，参議院は，同時に閉会となる。但し，内閣は，国に緊急の必要があるときは，参議院の緊急集会を求めることができる。

3 前項但書の緊急集会において採られた措置は，臨時のものであつて，次の国会開会の後10日以内に，衆議院の同意がない場合には，その効力を失ふ。

〈国会法〉

第2条 常会は，毎年1月中に召集するのを常例とする。

第2条の2 特別会は，常会と併せてこれを召集することができる。

第2条の3 衆議院議員の任期満了による総選挙が行われたときは，その任期が始まる日から30日以内に臨時会を召集しなければならない。但し，その期間内に常会が召集された場合又はその期間が参議院議員の通常選挙を行うべき期間にかかる場合は，この限りでない。

2 参議院議員の通常選挙が行われたときは，その任期が始まる日から30日以内に臨時会を召集しなければならない。但し，その期間内に常会若しくは特別会が召集された場合又はその期間が衆議院議員の任期満了による総選挙を行うべき期間にかかる場合は，この限りでない。

第10条 常会の会期は，150日間とする。但し，会期中に議員の任期が満限に達する場合には，その満限の日をもつて，会期は終了するものとする。

第11条 臨時会及び特別会の会期は，両議院一致の議決で，これを定める。

第12条 国会の会期は，両議院一致の議決で，これを延長することができる。

2 会期の延長は，常会にあつては1回，特別会及び臨時会にあつては2回を超えてはならない。

第13条 前二条の場合において，両議院の議決が一致しないとき，又は参議院が議決しないときは，衆議院の議決したところによる。

第68条 会期中に議決に至らなかつた案件は，後会に継続しない。但し，第47条第2項の規定により閉会中審査した議案及び懲罰事犯の件は，後会に継続する。

第101条 参議院の緊急集会においては，議員は，第99条第1項の規定により示された案件に関連のあるものに限り，議案を発議することができる。

■5.4 国会の会議の規則

アウトライン

両議院の議事は，憲法に特別の定めのある場合を除いて，出席議員の過半数で決し，可否同数のときは，議長の決するところによる（憲法56条2項）。

憲法に特別の定めのある場合として，以下のものがある。

【過半数主義の例外】

出席議員の3分の2以上	●議員の資格争訟の裁判において議員の議席を失わせる（憲法55条） ●秘密会の開催（憲法57条1項） ●議員に対する懲罰としての除名（憲法58条2項） ●法律案の再議決（憲法59条2項）
総議員の3分の2以上	●憲法改正の発議（憲法96条1項）

両議院の本会議は，原則として公開されなければならない（憲法57条1項本文）。公開することで，国会を国民の監視下に置くためである。しかし，出席議員の3分の2以上の多数で議決したときは，秘密会を開くことができる（同条1項但書）。

両議院は，その会議録を保存し，原則として公表しなければならない。秘密会の会議録についても，特に秘密を要すると認められるもの以外は，公表しなければならない（憲法57条2項）。

委員会は，報道関係者など委員長の許可を得た者を除き，原則として国会議員しか傍聴することができない（国会法52条1項）。また，両院協議会の傍聴は，一切許されていない（国会法97条）。

問題 27　国会の会議の規則　Check!☞□□□

国会の会議の規則に関する次の記述のうち，妥当なもののみを全て挙げているのはどれか。

ア．両議院における議決は，原則として出席議員の過半数で行われるが，憲法の改正については，各議院の総議員の3分の2以上の賛成による発議を行い，国民投票における過半数の賛成が必要とされている。

（国家総合職 2013（平成 25）年度）

イ．両議院の本会議は，原則として公開されなければならないとされているのに対し，各議院の委員会は，公開を原則とはせず，議員のほかは，委員長の許可を得なければ傍聴できないとされている。

（国家Ⅰ種 2010（平成 22）年度）

ウ．主権者である国民が国会と議員の活動を知り，それを監視，コントロールすることを可能にするなどの観点から，両議院の会議は原則として公開とされており，両議院の意見が一致しないときに開かれる両院協議会についても公開とされている。　（国家Ⅰ種 2008（平成 20）年度）

エ．両議院の会議は原則公開であるが，出席議員の3分の2以上の多数で議決したときは，秘密会を開くことができる。両議院は，秘密会の記録の中で特に秘密を要すると認められるもの以外は，これを公表し，かつ，一般に頒布しなければならない。　（国家Ⅰ種 2006（平成 18）年度）

1.　ア，イ
2.　ア，ウ
3.　イ，エ
4.　ア，イ，エ
5.　イ，ウ，エ

問題27の解説

ア．**妥当である。**　両議院の議事は，この憲法に特別の定のある場合を除いては，出席議員の過半数で決する（**憲法56条2項**）。しかし，憲法の改正は，各議院の総議員の3分の2以上の賛成で，国会が，これを発議し，国民投票における過半数の賛成による承認を必要とする（**憲法96条1項**）。

イ．**妥当である。**　両議院の本会議は，原則として公開されなければならない（**憲法57条1項本文**）。しかし，委員会は，報道関係者など委員長の許可を得た者を除き，原則として国会議員しか傍聴することができない（国会法52条1項）。

ウ．**妥当でない。**　両議院の本会議は，原則として公開されなければならない（**憲法57条1項本文**）。しかし，両院協議会の傍聴は一切許されていない（国会法97条）。

エ．**妥当である。**　両議院の本会議は原則として公開されなければならないが（**憲法57条1項本文**），出席議員の3分の2以上の多数で議決したときは，秘密会を開くことができる（**同条項但書**）。ただし，秘密会の会議録は，特に秘密を要すると認められるもの以外は，公表し，かつ，一般に頒布しなければならない（**憲法57条2項**）。

＊正解　4

●解法のポイント●

◆　憲法改正の発議は，各議院の総議員の3分の2以上の賛成によりなされる。

◆　委員会は，原則として国会議員しか傍聴することができない。

◆　両院協議会の傍聴は，一切許されていない。

◆　秘密会の会議録も，特に秘密を要すると認められるもの以外は，公表しなければならない。

＊ 参考条文は175頁参照。

■5.5　国会の権限

アウトライン

国会の権限の中心となるのは，立法権である。国会は，唯一の立法機関として立法権を行使する（憲法 41 条）。国会を構成する国会議員は，当然法律案を発議することができる。ただし，1 人だけで発議することはできず，衆議院においては議員 20 人以上，参議院においては議員 10 人以上の賛成を必要とする（国会法 56 条 1 項本文）。さらに，予算を伴う法律案を発議するためには，衆議院においては議員 50 人以上，参議院においては議員 20 人以上の賛成を必要とする（同条 1 項但書）。内閣も，法律案を提出することができる（内閣法 5 条）。内閣が国会に提出できる議案のなかには法律案を含めることができるし（憲法 72 条），また，内閣の法案提出により，国会の立法についての判断権は拘束されないので，国会単独立法の原則に反しないからである。

立法権以外に，国会は，憲法改正発議権（憲法 96 条 1 項），条約承認権（憲法 73 条 3 号），内閣総理大臣指名権（憲法 6 条 1 項，67 条 1 項），弾劾裁判所設置権（憲法 64 条 1 項），財政統制権（憲法 7 章）を持つ。

憲法改正について，国会が持つのは発議権のみであり，改正権を持つのは主権者である国民である。

条約とは，国際法主体間における文書による国際法上の合意をいう。条約締結権を持つのは内閣である。しかし，条約は，国民の権利を制限したり国民に義務を負わせたりすることがあり，また国家の命運を左右することもあるので，国会の事前または事後の同意を必要とする（憲法 73 条 3 号）。事前承認を得られなかった場合，内閣は条約を締結することができなくなる。事後承認を得られなかった場合，当該条約の国際法上の効力については議論があるが，国内法上は無効となることに争いはない。

弾劾裁判所は，罷免の訴追を受けた裁判官を裁判するための裁判所である。裁判の公正と司法に対する国民の信頼を確保するために，国会が設置することになっている（憲法 64 条 1 項）。弾劾裁判所は，国会からの指揮監督を受けない国会から独立した機関であるので，国会の閉会中でもその職権を行うことができる（裁判官弾劾法 4 条）。弾劾裁判所は，両議院の議員によって組織される（憲法 64 条 1 項）。具体的には，衆議院および参議院において選挙によって選ばれた各 7 人の裁判員によって組織される（国会法 125 条 1 項，裁判官弾劾法 16 条 1 項）。裁判官の罷免の訴追は，衆議院および参議院において選挙によって選ばれた各 10 人の訴追委員によって組織される訴追委員会によって行われる（国会法 126 条 1 項，裁判官弾劾法 5 条 1 項）。何人も，裁判官について弾劾による罷免の事由があると思料するときは，訴追委員会に対し，罷免の訴追をすべきことを求めることができる（裁判官弾劾法 15 条 1 項）。

問題 28　国会の権限

Check!☞ □□□

国会に関する次の記述のうち，妥当なのはどれか。

1.　国会は唯一の立法機関であり，法律案を提出できるのは国会議員と内閣である。国会議員が法律案を発議するには，一人だけで発議することはできず，一定数以上の議員の賛成が必要とされており，予算を伴う法律案を発議するには，さらに多数の賛成を必要とする。

（国家Ⅱ種 2011（平成 23）年度〔教養〕）

2.　衆議院の優越が認められる場合及び住民投票による住民の同意が必要とされる地方特別法の場合を除き，法律案は両議院で可決したとき法律となる。　（国家総合職 2016（平成 28）年度）

3.　憲法第 73 条第 6 号は内閣の事務として「憲法及び法律の規定を実施するために，政令を制定すること。」を挙げており，憲法の規定を直接実施する命令の制定を許容していることから，この限りにおいて国会中心立法の原則は制限され，法律を媒介としない，法律執行のためではない独立命

令は現行憲法下でも可能である。　（国家Ⅰ種 1998（平成 10）年度）

4.　憲法第 73 条第 3 号は内閣が締結する条約について「事前に，時宜によつては事後に，国会の承認を経ることを必要とする。」と規定しており，事前に承認を求めて，これが得られない場合には，内閣は当該条約を締結できなくなり，また，国会から修正決議を受けた場合には，内閣は修正された内容どおりの条約を締結すべく交渉を開始する義務を負う。

（国家Ⅰ種 1998（平成 10）年度）

5.　国会は弾効裁判所を設置する権限を有し，弾効裁判所は衆議院の議員の中から推薦された裁判員で組織されるが，弾刻裁判所自体は独立した機関であるため，国会の閉会中も活動能力を有する。

（国家Ⅰ種 2006（平成 18）年度）

問題 28 の解説

1.　**妥当である。**　国会の権限の中で最も重要なものは，法律制定権である。国会は，国の唯一の立法機関として，立法権を行使する（憲法 41 条）。この法律の原案である法律案については，国会議員と内閣が提出できる。ただし，国会議員が法律案を発議するためには，衆議院においては議員 20 人以上，参議院においては議員 10 人以上の賛成を必要とする（国会法 56 条 1 項本文）。さらに，予算を伴う法律案を発議するためには，衆議院においては議員 50 人以上，参議院においては議員 20 人以上の賛成を必要とする（同条項但書）。かつては，1 人でも法律案を発議することができたが，国会議員の自身の支持基盤に対する利益誘導のための法律案であるいわゆる「お土産法案」が乱発したことから，一定数以上の議員の賛成が発議要件となった。内閣については，内閣総理大臣は，内閣を代表して議案を国家に提出できるが（憲法 72 条），この議案には法律案も含まれるので，法律案を発議できるとするのが通説である。

2.　**妥当でない。**　法律案は，この憲法に「特別の定のある場合」を除いては，両議院で可決したとき法律となる（憲法 59 条 1 項）。この

「特別の定のある場合」には，衆議院の優越が認められる場合（憲法59条2・4項）および地方特別法を制定する場合（憲法95条）以外に，参議院の緊急集会による場合（憲法54条2項）がある。

3. **妥当でない。** 憲法73条6号は，「憲法及び法律の規定を実施するために」，内閣が政令を定めることができるとしている。この「憲法及び法律」は一体として読まねばらならず，憲法を直接実施するための政令を制定することはできないとするのが通説である。なぜなら，国会が唯一の立法機関であるので（憲法41条），国会が制定した法律と無関係の政令を内閣が制定することは国会中心立法の原則に反するためできないからである。

4. **妥当でない。** 条約の締結は内閣の権限であるが，事前または事後に，国会の承認を得なければならない（憲法73条6号）。このため，ある条約について国会の事前の承認が得られなかった場合，内閣は当該条約を締結することができなくなる。また，ある条約について，国会が修正決議を行った場合，この修正に応じて交渉を開始するかどうかは内閣の裁量となる。条約の内容を決定するのは，あくまで内閣の権限だからである。

5. **妥当でない。** 国会は，罷免の訴追を受けた裁判官を裁判するための，弾劾裁判所を設置する権限を持つ。（憲法64条1項）。裁判の公正と司法に対する国民の信頼を確保するためである。この弾劾裁判所は，両議院の議員によって組織される（同条項）。具体的には，衆議院および参議院において選挙によって選ばれた各7人の裁判員によって組織される（国会法125条1項，裁判官弾劾法16条1項）。弾劾裁判所は，国会からの指揮監督を受けない国会から独立した機関であるので，国会の閉会中でもその職権を行うことができる（裁判官弾劾法4条）。

＊正解　1

●解法のポイント●

◆　法律案の発議には，一定数以上の議員の賛成が必要となる。

◆　憲法59条1項の「特別の定のある場合」には，衆議院の優越が認められる場合，地方特別法を制定する場合，参議院の緊急集会による場合がある。

◆　内閣は，憲法を直接実施するための政令を制定することはできない。

◆　国会の条約の修正決議に応じるかどうかは，内閣の裁量である。

◆　弾劾裁判所は，両議院の議員により組織される。

［参考（5.4, 5.5）］
第41条　国会は，国権の最高機関であつて，国の唯一の立法機関である。
第56条2項　両議院の議事は，この憲法に特別の定のある場合を除いては，出席議員の過半数でこれを決し，可否同数のときは，議長の決するところによる。
第57条　両議院の会議は，公開とする。但し，出席議員の3分の2以上の多数で議決したときは，秘密会を開くことができる。
2　両議院は，各々その会議の記録を保存し，秘密会の記録の中で特に秘密を要すると認められるもの以外は，これを公表し，且つ一般に頒布しなければならない。
第64条　国会は，罷免の訴追を受けた裁判官を裁判するため，両議院の議員で組織する弾劾裁判所を設ける。
第73条　内閣は，他の一般行政事務の外，左の事務を行ふ。
三　条約を締結すること。但し，事前に，時宜によつては事後に，国会の承認を経ることを必要とする。
第96条1項　この憲法の改正は，各議院の総議員の3分の2以上の賛成で，国会が，これを発議し，国民に提案してその承認を経なければならない。この承認には，特別の国民投票又は国会の定める選挙の際行はれる投票において，その過半数の賛成を必要とする。

〈国会法〉
第52条1項　委員会は，議員の外傍聴を許さない。但し，報道の任務にあたる者その他の者で委員長の許可を得たものについては，この限りでない。
第56条　議員が議案を発議するには，衆議院においては議員20人以上，参議院においては議員10人以上の賛成を要する。但し，予算を伴う法律案を発議するには，衆議院においては議員50人以上，参議院においては議員20人以上の賛成を要する。
第97条　両院協議会は，傍聴を許さない。
第125条　裁判官の弾劾は，各議院においてその議員の中から選挙された同数の裁判員で組織する弾劾裁判所がこれを行う。
2　弾劾裁判所の裁判長は，裁判員がこれを互選する。
第126条　裁判官の罷免の訴追は，各議院においてその議員の中から選挙された同数の訴追委員で組織する訴追委員会がこれを行う。
2　訴追委員会の委員長は，その委員がこれを互選する。

〈内閣法〉
第5条　内閣総理大臣は，内閣を代表して内閣提出の法律案，予算その他の議案を国会に提出し，一般国務及び外交関係について国会に報告する。

〈裁判官弾劾法〉
第4条（弾劾裁判所及び訴追委員会の職権行使）　弾劾裁判所及び訴追委員会は，国会の閉会中でも職権を行うことができる。
第5条（裁判官訴追委員・予備員）　**1項**　裁判官訴追委員（以下訴追委員という。）の員数は，衆議院議員及び参議院議員各10人とし，その予備員の員数は，衆議院議員及び参議院議員各5人とする。
第15条（訴追の請求）　**1項**　何人も，裁判官について弾劾による罷免の事由があると思料するときは，訴追委員会に対し，罷免の訴追をすべきことを求めることができる。
第16条（裁判員・予備員）　**1項**　裁判員の員数は，衆議院議員及び参議院議員各7人とし，その予備員の員数は，衆議院議員及び参議院議員各4人とする。

■5.6　議院の権限

アウトライン

議院の権限は，各院が単独で行使できる。

まず，議院の自主性を確保するために認められている自律権がある。具体的には，議長などの役員選任権（憲法 58 条 1 項），議院規則制定権（同条 2 項本文前段），議員に対する懲罰権（同条項本文後段）などがある。

議員に対する懲罰権の対象となるのは，院内の秩序をみだした行為であるが，この院内とは，議事堂内ではなく組織体として各議院とされる。このため，議事堂外における議員としての活動中の行為についても，院内の秩序を乱したと判断されるものは懲罰権の対象となる。逆に，院内の秩序を乱したと判断されない議事堂外の行為は，それが違法なものであっても懲罰権の対象とはならない。懲罰には，戒告，陳謝，登院停止，除名があり，除名以外の懲罰は出席議員の過半数の賛成により行えるが，除名については，議員としての身分を奪うという重大な問題であるので，出席議員の 3 分の 2 以上の賛成による議決を必要とする（憲法 58 条 2 項但書）。

次に，国政に関する調査を行う国政調査権がある（憲法 62 条）。議院が法律案の審議などの活動を行うためには，情報を集めることが不可欠だからである。議院は，証人の出頭および証言を要求できる。証人は出頭および証言を拒否することはできない。拒否したら刑罰を科される（議院証言法 7 条 1 項）。ただし，沈黙の自由や黙秘権は保障される。また，証拠の提出を要求できる。ただし，家宅捜索のような強制捜査を行うことはできない。

国政調査権については，国権の最高機関として国権を統括するための独立の権能と解する説（独立権能説）と，国会が持つ権限を実効的に行使するための補助的な権能と解する説（補助的権能説）とがある。国権の最高機関に法的意味はないとする通説によれば，独立権能説は妥当でないということとなり，補助的権能説が通説である。

このため国会が持つ権限と無関係な国政調査権の行使はできない。また，権力分立の要請から，司法権および検察権に対する国政調査権の行使は制限される。具体的には，裁判中の事件について，裁判と同一目的で調査をすることは，裁判官に影響を与えてしまうためできない。また，判決が確定した事件について，再審に類する調査をすることは，その後の類似の事件において裁判官に影響を与えてしまうのでできない。

同様に，検察権も裁判と密接に関係するため，司法権と同様の独立性が保障されなければならない。このため，検察権に対して，起訴・不起訴に圧力をかけることを目的とするような調査や，捜査の続行に支障をきたすような調査はできない。

一般の行政権に対しては，国会が内閣の責任を追及することができることから（憲法 66 条 3 項），全面的に及ぶのが原則である。このため，職務上の秘密を理由として公務員が証言または証拠の提出を拒否するためには，公務所またはその監督庁による理由の疎明が必要であり（議院証言法 5 条 1 項），さらに，その理由を議院が受諾できない場合には，その証言または書類の提出が国家の重大な利益に悪影響を及ぼす旨の内閣の声明が必要となる（同条 3 項）。

［参考］
第 58 条　両議院は，各々その議長その他の役員を選任する。
2　両議院は，各々その会議その他の手続及び内部の規律に関する規則を定め，又，院内の秩序をみだした議員を懲罰することができる。但し，議員を除名するには，出席議員の 3 分の 2 以上の多数による議決を必要とする。
第 62 条　両議院は，各々国政に関する調査を行ひ，これに関して，証人の出頭及び証言並びに記録の提出を要求することができる。
第 66 条 3 項　内閣は，行政権の行使について，国会に対し連帯して責任を負ふ。

＊ 議院証言法については 180 頁参照。

5
国会

問題 29 議院の権限

Check!☞□□□

議院の権限に関する次の記述のうち，妥当なのはどれか。

1. 議院の決議は，議院の意思の表明であり，一般には，法律と同様の拘束力を有するものではないとされるが，衆議院の内閣不信任決議及び参議院の内閣総理大臣問責決議については，これが可決された場合，内閣は，10日以内に衆議院が解散されない限り，総辞職をしなければならないという法的効果を伴う。 (国家総合職 2012（平成 24）年度)
2. 両議院は，議院の自律権の一つとして，議員の懲罰権を有する。議事堂内の行為のみならず，議事堂外における議員としての活動中の行為についても，院内の秩序を乱したと判断されるものは懲罰の対象となり，また，懲罰のうち除名については，議員の地位を失わせるものであるため，各議院の総議員の3分の2以上の多数による議決が必要とされる。
(国家総合職 2012（平成 24）年度)
3. 両議院は，各々国政に関する調査を行う権限を付与されているが，必ずしも議院自らこの権限を行使する必要はなく，委員会に行使させることもできる。 (国家Ⅰ種 2007（平成 19）年度)
4. 公務員が，職務上知り得た事実に対して，国政調査権に基づき証言又は書類の提出を求められたときは，当該事実が「職務上の秘密」に当たり，それが公開されると国家の重大な利益に悪影響を及ぼす場合には，公務所又はその監督庁は，理由の疎明をすることなく，証言又は書類の提出の承認を拒むことができる。 (国家Ⅰ種 2007（平成 19）年度)
5. 国政調査権については，裁判所とは異なった目的から行う調査であっても，裁判所で審理中の事件の事実について，裁判所の審理と並行して調査を行うことはおよそ許されないなど，司法権の独立の観点から限界がある。
(国家Ⅰ種 2009（平成 21）年度)

問題29の解説

1. **妥当でない。**　衆議院の内閣不信任決議は，可決により，内閣は，10日以内に衆議院が解散されない限り，総辞職をしなければならないという法的効果を持つ（憲法69条）。しかし，参議院の内閣総理大臣問責決議は，そうした法的効果を持たない。
2. **妥当でない。**　両議院は，院内の秩序をみだした議員を懲罰することができる（憲法58条2項）。懲罰の対象となるのは，院内の秩序をみだした行為であるが，この院内とは，議事堂内ではなく組織体として各議院とされる。このため，議事堂外における議員としての活動中の行為についても，院内の秩序を乱したと判断されるものは懲罰の対象となる。懲罰には，戒告，陳謝，登院停止，除名があるが，最も重い懲罰である議員としての身分を奪う除名については，「出席議員」の3分の2以上の賛成による議決を必要とする（同条項但書）。
3. **妥当である。**　両議院は，証人の出頭および証言や記録の提出を求めるなど，国政に関する調査を行うことができる（憲法62条）。これを国政調査権という。国政調査権は，両議院が持つ権限であるが，その権限の行使を委員会に委任することは，議院の自律性を害しないので許されるとするのが通説である。
4. **妥当でない。**　国政調査権は，一般の行政権に対しては，国会が内閣の責任を追及することができることから（憲法66条3項），全面的に及ぶのが原則である。ただし，公務員が知った職務上の秘密に関する事実については，本人または当該公務所から職務上の秘密に関するものであることを申し立てたときは，当該公務所またはその監督庁の承認がなければ，証言または書類の提出を求めることができない（議院証言法5条1項）。もっとも，その承認を，当該公務所またはその監督庁が拒むときは，その理由を疏明しなければならない（同条2項）。
5. **妥当でない。**　国政調査権は，司法権に対しては司法権の独立を確保する必要から，その行使が制限される。具体的には，裁判所において審理中の事件に対して裁判官の訴訟指揮や裁判の内容の当否など，裁判に介入するような国政調査権の行使はできない。また，判決が確定した事件に対しても，再審に類する調査をするような国政調査権の行使はできない。しかし，審理中の事件であっても，立法目的や行政を監督する目的など，裁判と異なる目的で国政調査権を行使することはできる。

＊正解　3

●解法のポイント●

◆　衆議院のみが，法的効果を持つ内閣不信任決議を行うことができる。

◆　議員を除名するためには，出席議員の3分の2以上の賛成による議決を必要とする。

◆　委員会も国政調査権を行使することができる。

◆　公務員の職務上の秘密に関する証言または書類の提出に対する承認を拒否するためには，公務所またはその監督庁は，理由を疎明しなければならない。

◆　裁判所で審理中の事件に対して，裁判とは異なる目的で国政調査権を行使することはできる。

［参考］

第69条　内閣は，衆議院で不信任の決議案を可決し，又は信任の決議案を否決したときは，10日以内に衆議院が解散されない限り，総辞職をしなければならない。

〈議院証言法（議院における証人の宣誓及び証言等に関する法律）〉

第5条　各議院若しくは委員会又は両議院の合同審査会は，証人が公務員（国務大臣，内閣官房副長官，内閣総理大臣補佐官，副大臣，大臣政務官及び大臣補佐官以外の国会議員を除く。以下同じ。）である場合又は公務員であつた場合その者が知り得た事実について，本人又は当該公務所から職務上の秘密に関するものであることを申し立てたときは，当該公務所又はその監督庁の承認がなければ，証言又は書類の提出を求めることができない。

2　当該公務所又はその監督庁が前項の承認を拒むときは，その理由を疏明しなければならない。その理由をその議院若しくは委員会又は合同審査会において受諾し得る場合には，証人は証言又は書類を提出する必要がない。

3　前項の理由を受諾することができない場合は，その議院若しくは委員会又は合同審査会は，更にその証言又は書類の提出が国家の重大な利益に悪影響を及ぼす旨の内閣の声明を要求することができる。その声明があつた場合は，証人は証言又は書類を提出する必要がない。

第7条1項　正当の理由がなくて，証人が出頭せず，現在場所において証言すべきことの要求を拒み，若しくは要求された書類を提出しないとき，又は証人が宣誓若しくは証言を拒んだときは，1年以下の禁錮又は10万円以下の罰金に処する。

■5.7　国会議員の特権

アウトライン

国会議員には，以下のような特権が与えられている。

第1に，不逮捕特権がある（憲法50条）。国会議員は会期中，原則として逮捕されない。ただし，院外における現行犯逮捕の場合および所属議院の許諾がある場合には，逮捕される（国会法33条）。また，会期前に逮捕された国会議員は，所属議院の要求があれば釈放しなければならない。会期中に国会議員の身柄が拘束されることで，国会議員および議院が活動できなくなることを防ぐためである。逮捕とは，刑事訴訟法上の逮捕に限定されず，広く公権力による身体の拘束を意味する。

第2に，免責特権がある（憲法51条）。国会議員が職務として行った行為については，法的責任を問われない。国会議員の職務活動の自由を確保するためである。このため，免責特権は，国会議事堂内の行為に限られず，議事堂外の国会議員の職務中の行為にも及ぶ。ただし，野次や暴力行為といった職務外の行為には免責特権は及ばない。免責されるのは，一般国民が負う法的責任であり，具体的には民事責任・刑事責任・公務員としての懲戒責任が問われない。これら以外の政党からの除名のような政治責任は免除されない。

第3に，歳費受領権がある（憲法49条）。国会議員は，歳費を受け取ることができる。無報酬だと，国会議員になれるのが経済的に裕福な者に限られてしまうので，歳費を受領する権利を与えることで，誰でも国会議員になれる道を開いている。ただし，裁判官と異なり，歳費を減額することは禁止されていない。

［参考］
第49条　両議院の議員は，法律の定めるところにより，国庫から相当額の歳費を受ける。
第50条　両議院の議員は，法律の定める場合を除いては，国会の会期中逮捕されず，会期前に逮捕された議員は，その議院の要求があれば，会期中これを釈放しなければならない。
第51条　両議院の議員は，議院で行つた演説，討論又は表決について，院外で責任を問はれない。

5
国会

問題 30 国会議員の特権 Check!☞□□□

国会議員の憲法上の特権に関する次の記述のうち，妥当なのはどれか。

（国家Ⅰ種 2001（平成 13）年度）

1. 国会議員に不逮捕特権が認められるのは国会の会期中に限られ，したがって国会閉会中に各議院の委員会が継続審議を行っている場合には議員の不逮捕特権は認められないが，衆議院の解散中に参議院の緊急集会が開催されている場合の参議院議員については，不逮捕特権が認められる。
2. 国会議員に不逮捕特権が認められない場合としては，議院の許諾があった場合のほかに現行犯の場合があり，院内で明らかに犯罪を犯した議員については，会期中であっても，警察官は，特別の手続を執ることなく，現行犯逮捕することが可能である。
3. 国会議員に免責特権が認められているのは，院内での言論の自由を確保し，国会の機能を十分に発揮させるためであるから，国会議員が国務大臣として行った演説，討論等についても免責特権が及ぶとするのが通説である。
4. 国会議員に免責特権が認められているのは，国民の代表者である議員が自由に職務を遂行することを保障するためであるから，住民が選挙により直接選出する地方議会議員についても，類推解釈により免責特権が認められるとするのが判例である。
5. 国会議員には免責特権が認められているから，国会議員が国会での演説，討論等の中で行った個別の国民の名誉又は信用を低下させる発言について，国が損害賠償責任を負うことはないとするのが判例である。

問題30の解説

1. **妥当である。** 国会議員の不逮捕特権が認められるのは，会期中である（憲法50条）。このため，閉会中には，不逮捕特権は認められない。ただし，参議院の緊急集会は国会を代行するものであるので，緊急集会中は会期中と同様に扱われ，このため不逮捕特権も認められることになる（国会法100条）。
2. **妥当でない。** 国会議員は会期中，原則として逮捕されない。ただし，院外における現行犯逮捕の場合および所属議院の許諾がある場合には，逮捕される（国会法33条）。もっとも，現行犯逮捕できるのは院外における現行犯に限られ，院内における現行犯の逮捕は，議院の自律権に委ねられることとなる。具体的には，議長の命令が必要となる（衆議院規則210条，参議院規則219条）。
3. **妥当でない。** 国会議員に免責特権が認められているのは，国会議員の自由な活動を確保するためである。このため，国会議員でもある国務大臣が，国務大臣として行った演説，討論等については，免責特権が及ばない。
4. **妥当でない。** 地方議会の議員に免責特権が認められるかについて，判例は，憲法上，国権の最高機関たる国会について，広範な議院自律権を認め，ことに，議員の発言について，憲法51条に，いわゆる免責特権を与えているからといって，その理をそのまま直ちに地方議会にあてはめ，地方議会についても，国会と同様の議会自治・議会自律の原則を認め，さらに，地方議会議員の発言についても，いわゆる免責特権を憲法上保障しているものと解すべき根拠はない，とした（**最大判昭和42.5.24刑集21巻4号505頁，地方議会議員免責特権事件**）。学説においても，免責特権という一般国民には認められない特権が認められる範囲を，憲法上の明文の根拠がないのに安易に拡大すべきでないとして，地方議会の議員には免責特権が認められないとするのが通説である。
5. **妥当でない。** 判例は，国会議員が国会で行った質疑等において，個別の国民の名誉や信用を低下させる発言があったとしても，これに

5
国会

よって当然に国家賠償法１条１項の規定にいう違法な行為があったものとして国の損害賠償責任が生ずるものではないとした一方，国会議員が，その職務とはかかわりなく違法または不当な目的をもって事実を摘示し，あるいは，虚偽であることを知りながらあえてその事実を摘示するなど，国会議員がその付与された権限の趣旨に明らかに背いてこれを行使したものと認め得るような特別の事情がある場合には，国の損害賠償責任が肯定される，とした（**最判平成 9.9.9 民集 51 巻 8 号 3850 頁，国会議員名誉毀損発言事件**）。

＊正解　1

●解法のポイント●

◆　国会議員の不逮捕特権は，緊急集会中にも認められる。

◆　院内における現行犯逮捕は，議長の命令が必要となる。

◆　国会議員でもある国務大臣の国務大臣としての発言には，免責特権が及ばない。

◆　地方議会の議員に，免責特権は認められない。

◆　国会議員の発言についても，国家賠償責任が生じる場合がある。

［参考］

〈国会法〉

第 33 条　各議院の議員は，院外における現行犯罪の場合を除いては，会期中その院の許諾がなければ逮捕されない。

第 100 条　参議院の緊急集会中，参議院の議員は，院外における現行犯罪の場合を除いては，参議院の許諾がなければ逮捕されない。

2　内閣は，参議院の緊急集会前に逮捕された参議院の議員があるときは，集会の期日の前日までに，参議院議長に，令状の写を添えてその氏名を通知しなければならない。

3　内閣は，参議院の緊急集会前に逮捕された参議院の議員について，緊急集会中に勾留期間の延長の裁判があつたときは，参議院議長にその旨を通知しなければならない。

4　参議院の緊急集会前に逮捕された参議院の議員は，参議院の要求があれば，緊急集会中これを釈放しなければならない。

5　議員が，参議院の緊急集会前に逮捕された議員の釈放の要求を発議するには，議員 20 人以上の連名で，その理由を附した要求書を参議院議長に提出しなければならない。

〈衆議院規則〉

第 210 条　議院内部において現行犯人があるときは，衛視又は警察官は，これを逮捕して議長の命令を請わなければならない。但し，議場においては，議長の命令がなければ逮捕することはできない。

〈参議院規則〉

第 219 条　議院内部において，現行犯人があるときは，衛視又は警察官は，これを拘束し，議長に報告してその命令を待たなければならない。但し，議場においては，議長の命令を待たないで，拘束することができない。

第５章　章末問題

問題１ 国　会

Check!☞□□□

国会に関するア～オの記述のうち，妥当なもののみを全て挙げているのはどれか。

（国家総合職 2017（平成 29）年度）

ア．予算の提出及び内閣総理大臣の指名については，一般に国民の関心が高いと考えられることから，議員の任期が参議院より短く，解散により議員の任期が短縮される可能性もある点で民意をより直接に代表すると考えられる衆議院において，先になされなければならない。

イ．衆議院で可決された法律案が参議院で否決された場合であっても，衆議院で出席議員の３分の２以上の多数で再び可決すれば，法律となる。条約の締結に必要な国会の承認についても，これと同様である。

ウ．衆議院及び参議院の本会議の議事は，憲法に特別の定めがある場合を除き，出席議員の過半数によって決定されるが，可否同数のときは，議長の決するところによる。

エ．国会の会期について，常会は，150 日間を原則としつつ一回に限り延長することができる。これに対し，臨時会は，具体的な日数や延長できる回数について明記した法令はないが，実際には，毎年一回召集することとされている常会の運営に支障を来さないように会期の設定が行われている。

オ．衆議院，参議院ともに本会議は公開が原則であるが，出席議員の３分の２以上の多数で議決したときは，秘密会を開くことができる。本会議を公開しない趣旨を徹底するため，秘密会については，その会議の記録も原則として公開されることはない。

1.　ア
2.　イ
3.　ウ
4.　イ，エ
5.　ウ，オ

問題 2 国　会

Check!☞□□□

国会に関する次の記述のうち，妥当なのはどれか。　（国家総合職 2018（平成 30）年度）

1.　日本国憲法下においては，国権の最高機関たる国会の権能は極めて大きいものとなっており，その主要な権能としては憲法改正の発議権，法律の議決権，条約の締結権，内閣総理大臣の指名権が挙げられる。他方で，衆議院解散権と違憲立法審査権により，国会の権能に対する抑制が働いている。
2.　国会の権能が広範に及ぶことから，憲法第 62 条が規定する衆参両議院の国政調査権の範囲は，国政に関連のない私的な事項を除き国政のほぼ全般にわたる。したがって，司法権や検察権との関係については一定の制限があるものの，その他の一般行政権に対しては，国政調査権についての制約はないと一般に解されている。
3.　参議院の緊急集会は，衆議院が解散された際に，特別会が召集されるまでの間に国会の開会を要求する緊急の事態が生じたときに，内閣の請求により天皇の召集を経て開かれるものであり，国会の権能を代行するものである。緊急集会でとられた措置はあくまで臨時のものであり，次の国会開会の後 10 日以内に衆議院の同意がない場合には，将来に向かってその効力を失うとされている。
4.　衆参両議院は，院内の秩序を乱した議員を懲罰することができる。ここでいう「院内」とは議事堂という建物の内部に限られず，議場外の行為でも，会議の運営に関連し，又は議員として行った行為で議院の品位を傷つけ，院内の秩序を乱したとされたものは懲罰の対象となるが，議場外の行為で会議の運営と関係のない個人的行為については，懲罰の対象とはならない。
5.　憲法第 60 条の規定により，予算について衆参両議院の議決が異なった場合には，必ず両院協議会が開かれることとなり，協議会でも意見が一致しない場合には衆議院の議決をもって国会の議決とされることとなるが，協議会で成案が得られた場合には，両議院の審議を経ずに，協議会の議決をもって国会の議決とされる。

記述問題　Check!☞□□□

参議院議員の選出方法については，その発足時から様々な構想があった。現在の参議院議員選挙制度は，全都道府県の区域を通じて選出する，非拘束名簿式の比例代表制（定員96名）と，各都道府県を選挙区として2人ないし10人を選出する選挙区制（定員146名）とを採用している。比例代表選挙と選挙区選挙との組合せという点では，衆議院議員の選出方法と類似した制度となっている。そこで参議院は，国会全体としてより多角的に民意を反映させることを目的として，衆議院とは抜本的に異なった議員の選出方法を検討する専門委員会を設置したと仮定する。同委員会が検討した多くの案の中には，次に骨子を示す三つの案も含まれていた。

【A案】　現行の非拘束名簿式比例代表選挙を廃止した上で，参議院を都道府県代表の議員から成る議院という性格に純化させ，かつ各都道府県の対等性を確保するために，各都道府県を選挙区として，それぞれ4名の議員を選出することとする。

【B案】　我が国の政治分野における女性の参画状況は，国際的に見て後れている。そこで，男女共同参画社会の実現の象徴及び原動力としての役割を期待して，A案を前提とした上で，さらに，各都道府県の選出議員を男女各2名とする。3年ごとの選挙で選出される議員の数も，各都道府県につき男女各1名とする。

【C案】　現行の非拘束名簿式比例代表選挙に替わり，かつて採用されていた全国を一選挙区とし，候補者個人名で投票する全国区制を再導入する。選挙区選挙は廃止し，議員は全て全国区選挙により選出されることとする。その上で，参議院は「良識の府」，「理性の府」であることが期待されていることに照らし，参議院議長の下に，有識者から成る候補者推薦委員会を設置し，全国区選挙の定員の3倍数の，見識ある候補者を推薦することとする。選挙には，被推薦者以外は立候補することができない。

しかしながら，これらA，B及びC案には，政策的な当否以前に，いずれも憲法上の疑義があるとの意見が出された。A，B及びC案のそれぞれに向けられた憲法上の疑義はいかなるものかをまず想定し，次にその疑義に対する提案者側からの憲法上の反論を示した上で，あなたの見解を述べなさい。なお，C案については，候補者推薦委員会の組織的な位置付けや委員の構成等に関しては，論ずる必要はない。

（国家総合職2014（平成26）年度）

（注）　選挙制度の内容は出題当時のもの。

第6章 内 閣

出題傾向

- 内閣は，２年に１回以上の頻度で出題される，**出題頻度の高い分野**である。
- なかでも**内閣総理大臣**に関する問題は，非常によく出題されている。特に，**閣議決定がない場合の内閣総理大臣の行政各部に対する指揮監督権に関する判決**の内容を問う問題は，よく出題されている。
- **内閣の国会に対する連帯責任**の内容を問う問題や，**内閣の総辞職**に関する問題もよく出題されている。
- **衆議院の実質的解散権に関する学説**の内容を問う問題も，ときどき出題されている。

■6.1　内閣の地位

アウトライン

内閣は，行政権を行使する機関である（憲法65条）。行政権とは，すべての国家作用のうち，立法権と司法権とを除いたものをいう（控除説）。行政活動は非常に多様であるため，行政権を積極的に定義することが困難であることから，控除説が通説となっている。

内閣の指揮監督を受けない独立行政委員会が，行政権を行使することが憲法上認められるのかが問題となる。独立行政員会は，政治的中立性が要求される行政作用について，内閣から独立した機関が担当することが望ましいという理由により設置されている。しかし，憲法では，行政権は内閣に属すると定められているので，行政権を内閣以外の機関に属させることができるかが問題となる。

まず，憲法65条は，すべての行政権は内閣に属さなければならないとしつつ，内閣の人事権や予算権が及んでいれば，内閣に属するといえるので，独立行政委員会にも内閣の人事権や予算権が及んでいるため，内閣に属しているといえるから合憲であるとする説がある。しかし，この説に対しては，裁判所にも内閣の人事権や予算権が及ぶので，裁判所も内閣に属することになると批判される。

このため，①憲法65条は，すべての行政権が内閣に属することを要求していないこと，②行政権を内閣以外の機関が行使することは権力分立原則にかなうこと，③内閣に代わって国会の統制が及んでいれば行政権に対する国民の統制が及んでいるので国民主権にかなっており，また，そもそも国会の統制になじまない行政作用については内閣の統制が及ばなくても問題ないこと，を理由として，独立行政委員会は合憲である，とするのが有力である。

［参考］
第65条　行政権は，内閣に属する。

問題31　内閣の地位

Check!☞□□□

次のA～Eの記述のうちから，独立行政委員会の合憲性を肯定する考え方の根拠となるものを選んだ場合に，妥当なもののみを挙げているのはどれか。

（国家Ⅰ種 1998（平成10）年度）

A. 憲法第41条が国会を「唯一の立法機関」と定め，また，第76条が「すべて司法権」を裁判所に属させているのに対し，第65条は「行政権は，内閣に属する。」としているにとどまる。

B. 憲法自身が，内閣から独立して職務を行う会計検査院の存在を認めている。

C. 内閣は，独立行政委員会による個々の職権行使についての指揮監督権を持っていないが，人事権・予算権を通じて，なお一定の監督権を有している。

D. 法律によって独立行政委員会を設置した場合，国会は，当該委員会の職務行為に関して，内閣の連帯責任を解除したものと考えてよい。したがって，法律によって設置されるものである限り，独立行政委員会は憲法に違反するものではない。

E. 行政権が内閣に属するというのは，それを通じて行政権の行使を国会の統制の下に置こうとする趣旨にすぎないから，内閣が独立行政委員会に対して全面的な監督権を有することは必ずしも必要ではない。

1. A，B，C
2. B，D，E
3. A，C，D
4. A，C，E
5. A，D，E

問題31の解説

A. **妥当である。**　憲法65条は，憲法41条や76条と異なり，内閣が唯一の行政機関とかすべての行政権が内閣に属するというような定め方をしていないので，すべての行政権を内閣に帰属させることを要求していないため，内閣に属さない独立行政委員会に行政権を帰属させることもできるとするというのは，独立行政委員会を合憲とする根拠となる。

B. **妥当でない。**　憲法自身が，内閣から独立して職務を行う会計検査院の存在を認めていることは，憲法自身が認めている場合にのみ内閣から独立した機関が行政権を行使できるのであり，憲法自身が認めていない内閣から独立した独立行政委員会が行政権を行使することはできないという，独立行政委員会を違憲とする根拠となる。

C. **妥当である。**　憲法65条はすべての行政権が内閣に属することを要求しているという説においても，内閣は，独立行政委員会による個々の職権行使についての指揮監督権を持っていないが，人事権・予算権を通じて，なお一定の監督権を有しているので，独立行政委員会は内閣の統制下にある機関であるから，憲法65条に違反しないと説明される。

D. **妥当でない。**　国民主権の要請により，独立行政委員会は内閣を通じた国会の統制下におかれない以上，国会の統制になじまないものを除き，国会の直接の統制下におかれる必要がある。このため単に法律により設置されたというだけで独立行政委員会を合憲とすることはできない。

E. **妥当である。**　行政権が内閣に属するというのは，国民主権の観点から，内閣を通じて行政権の行使を国会の統制の下に置こうとする趣旨にすぎないとすると，内閣が独立行政委員会に対して全面的な監督権を有することは必ずしも必要ではなく，国会の統制になじまないものを除き，国会の直接の統制下におかれていれば独立行政委員会は国民主権に反せず合憲であると主張される。

＊正解　4

●解法のポイント●

◆　憲法65条には，行政権の行使については内閣を通して国会の統制下に置くという趣旨があるので，国会の統制になじまないものを除き，国会の統制が及んでいることが独立行政委員会を合憲とする重要な根拠となる。

[参考]
第41条　国会は，国権の最高機関であつて，国の唯一の立法機関である。
第76条1項　すべて司法権は，最高裁判所及び法律の定めるところにより設置する下級裁判所に属する。

■6.2　内閣の権限

アウトライン

内閣は，一般行政事務のほか，法律の誠実な執行および国務の総理，外交関係の処理，条約の締結，官吏に関する事務の掌理，予算の作成および国会への提出，政令の制定，恩赦の決定，という事務を行う（憲法73条）。

内閣は，法律を誠実に執行しなければならず，自己の判断で法律の執行を停止することはできない。たとえば，内閣が法律を違憲と判断してその執行を停止することはできない。

内閣は，大使の交換など外交関係を処理し，条約を締結する。条約とは，国際法上の国家間における文書による合意をいう。ただし，事前に，時宜によっては事後に，国会の承認を必要とする。

内閣は，官吏に関する事務を掌理するが，ここにいう官吏とは，内閣に属する国家公務員を意味する。

内閣は，毎会計年度の予算を作成し，国会に提出して，その審議を受け議決を経なければならない（憲法86条）。

内閣は，政令を制定できるが，この政令は法律の委任に基づく委任命令と法律を執行するための細則である執行命令とに限られ，国会と無関係に制定される独立命令を制定することはできない。

内閣は，恩赦を決定する。恩赦とは，刑罰を軽減したり免除したりすることをいう。誤判を救済するためや例えば尊属殺人罪が違憲されるといった事情の変化により刑罰を科すことが妥当でなくなった場合に実施される。

こうした内閣に帰属する職権の行使は，閣議による（内閣法4条1項）。閣議とは内閣の全構成員による会議である。閣議は，内閣総理大臣が主宰する（内閣法4条2項前段）。内閣総理大臣は，内閣の重要政策に関する基本的な方針その他の案件を発議することができる（同条項

6
内閣

後段)。各大臣は，案件の如何を問わず，内閣総理大臣に提出して，閣議を求めることができる（同条3項)。閣議の議決は，慣習により，全会一致による。内閣は行政権の行使について連帯責任を負っているので（憲法66条3項)，内閣の意思決定である閣議の議決について内閣全員の意見の一致が要求されるからである。また，閣議は，慣習により非公開とされる。閣議では高度な政治判断が行われるからである。

［参考］
第66条3項　内閣は，行政権の行使について，国会に対し連帯して責任を負ふ。
第68条　内閣総理大臣は，国務大臣を任命する。但し，その過半数は，国会議員の中から選ばれなければならない。
2　内閣総理大臣は，任意に国務大臣を罷免することができる。
第73条　内閣は，他の一般行政事務の外，左の事務を行ふ。
一　法律を誠実に執行し，国務を総理すること。
二　外交関係を処理すること。
三　条約を締結すること。但し，事前に，時宜によつては事後に，国会の承認を経ることを必要とする。
四　法律の定める基準に従ひ，官吏に関する事務を掌理すること。
五　予算を作成して国会に提出すること。
六　この憲法及び法律の規定を実施するために，政令を制定すること。但し，政令には，特にその法律の委任がある場合を除いては，罰則を設けることができない。
七　大赦，特赦，減刑，刑の執行の免除及び復権を決定すること。
第86条　内閣は，毎会計年度の予算を作成し，国会に提出して，その審議を受け議決を経なければならない。
〈内閣法〉
第4条　内閣がその職権を行うのは，閣議によるものとする。
2　閣議は，内閣総理大臣がこれを主宰する。この場合において，内閣総理大臣は，内閣の重要政策に関する基本的な方針その他の案件を発議することができる。
3　各大臣は，案件の如何を問わず，内閣総理大臣に提出して，閣議を求めることができる。

問題 32 内閣の権限

Check!☞□□□

内閣の権限に関する次のア～エの記述のうち，妥当なもののみを全て挙げているのはどれか。

ア．閣議の議決は，慣習により，全会一致によるものとされているが，内閣総理大臣が閣議を主宰することや，各大臣が案件を内閣総理大臣に提出して閣議を求めることができることについては，内閣法に規定が置かれている。 (国家Ⅰ種 2007（平成 19）年度)

イ．内閣が法律案を国会に提出することは，立法作用そのものには含まれず，国会を「国の唯一の立法機関」とする憲法第 41 条には違反せず認められるが，内閣が憲法改正の原案としての議案を国会に提出することは，憲法を尊重・擁護する義務を課する憲法第 99 条に違反し認められないとされている。 (国家総合職 2012（平成 24）年度)

ウ．国務大臣を罷免する権能は，憲法上，内閣総理大臣の専権に属することから，内閣総理大臣が国務大臣を罷免するときは，閣議にかける必要はない。また，国務大臣の罷免は，内閣総理大臣の罷免行為によって確定し，内閣はこれに対し何ら関与できない以上，国務大臣の罷免に必要な天皇の認証についても，閣議にかける必要はないと一般に解されている。

(国家Ⅰ種 2010（平成 22）年度)

エ．内閣は，憲法第 99 条により憲法を尊重し擁護する義務を負うので，ある法律が閣議において違憲であるとの意見で一致した場合には，その法律の執行を停止することができ，また，その法律を廃止する法案を国会に提出することができる。 (国家Ⅰ種 2010（平成 22）年度)

1. ア
2. ウ
3. ア，イ
4. ア，ウ
5. イ，エ

6 内閣

問題 32 の解説

ア．**妥当である。** 内閣による職権行使は，内閣全体の会議である閣議の議決によってなされる（内閣法 4 条 1 項）。内閣法において，閣議は内閣総理大臣が主宰すること（同条 2 項），各大臣は，案件を内閣総理大臣に提出して，閣議を求めることができること（同条 3 項）が定められている。閣議の議決は，慣習により，全会一致による。内閣は行政権の行使について連帯責任を負っているので（憲法 66 条 3 項），内閣の意思決定である閣議の議決について内閣全員の意見の一致が要求されるからである。

イ．**妥当でない。** 内閣総理大臣は，内閣を代表して議案を国会に提出する（憲法 72 条）。この議案の中に法律案が含まれるかが問題となる。通説は，内閣による法律案は国会を拘束しないので内閣による法律案の提出は立法作用に含まれない，議院内閣制においては国会と内閣との協働が予定されている，ことなどを理由として，議案の中には法律案が含まれるとする。また，議案の中に憲法改正案が含まれるかが問題となる。肯定説は，法律案と同様内閣の憲法改正案に国会は拘束されないことや議院内閣制においては国会と内閣との協働が予定されている，ことなどを理由とする。否定説は，憲法改正は重大な行為であるから法律と同視することができないことや，憲法改正は国民が持つ憲法制定権力に基づくことから憲法改正の発議は国民の代表機関である国会にのみ認められたことからすれば（憲法 96 条 1 項），発議の一部である発案も国会議員のみが行える，ことなどを根拠とする。実務では肯定説が採用されており，内閣の答弁書によれば，内閣が憲法改正案を国会に提出することは，内閣は，憲法 72 条の規定により，議案を国会に提出することが認められていることから可能であるとしている（内閣答弁書第 100 号内閣参質 193 第 100 号，平成 29 年 5 月 16 日）。

ウ．**妥当でない。** 内閣総理大臣は，任意に国務大臣を罷免することができる（憲法 68 条 2 項）。これは内閣総理大臣の専権であるため，閣議の議決による必要はない。しかし，天皇による国務大臣の罷免の認証は，天皇の国事行為であり（憲法7条5号），すべての天皇の国事行為について，内閣の助言と承認を必要とするので（憲法3条），閣議の議決による必要がある。

エ．**妥当でない。**　内閣を構成する国務大臣は，憲法を尊重し擁護する義務を負う（憲法99条）。しかし，主権者である国民の代表機関である国会が憲法に適合するものとして法律を制定した以上，内閣はその判断を尊重すべきであるので，内閣が憲法違反を理由にその執行を停止することはできない。憲法73条1号の，内閣は法律を誠実に執行するとは，国会の判断を尊重して法律を執行することを意味する。

＊正解　1

●解法のポイント●

◆　閣議の議決は，慣習により全会一致による。
◆　内閣は，法律案も憲法改正案も国会に提出できる。
◆　国務大臣の罷免については閣議の議決は不要だが，国務大臣の罷免の天皇による認証については閣議の議決が必要となる。
◆　内閣は，憲法違反を理由に法律の執行を停止することはできない。

[参考]
第3条　天皇の国事に関するすべての行為には，内閣の助言と承認を必要とし，内閣が，その責任を負ふ。
第7条　天皇は，内閣の助言と承認により，国民のために，左の国事に関する行為を行ふ。
五　国務大臣及び法律の定めるその他の官吏の任免並びに全権委任状及び大使及び公使の信任状を認証すること。
第72条　内閣総理大臣は，内閣を代表して議案を国会に提出し，一般国務及び外交関係について国会に報告し，並びに行政各部を指揮監督する。
第96条1項　この憲法の改正は，各議院の総議員の3分の2以上の賛成で，国会が，これを発議し，国民に提案してその承認を経なければならない。この承認には，特別の国民投票又は国会の定める選挙の際行はれる投票において，その過半数の賛成を必要とする。
第99条　天皇又は摂政及び国務大臣，国会議員，裁判官その他の公務員は，この憲法を尊重し擁護する義務を負ふ。

■6.3　内閣総理大臣の地位および権限

アウトライン

内閣総理大臣は，内閣の首長であり（憲法66条1項），国務大臣の任免権（憲法68条）や行政各部の指揮監督権（憲法72条）など，強力なリーダーシップを持つ。内閣総理大臣に強力なリーダーシップが与えられているのは，内閣の一体性を確保するためである。明治憲法では，内閣総理大臣は他の大臣と対等であり，同輩中の首席という地位しかなかった（内閣官制2条）ため，内閣において大臣間の意見の不一致が生じた場合，内閣は総辞職するしかなかった。そのような事態を防ぐために，現在の憲法では，内閣総理大臣に強力なリーダーシップが与えられている。

内閣総理大臣は，国務大臣を任命し，任意に罷免することができる（憲法68条）。この国務大臣の任免権は内閣総理大臣の専権であるので，閣議にかける必要はない。

内閣総理大臣は，閣議にかけて決定した方針に基づいて，行政各部を指揮監督する（内閣法6条）。そこで，閣議にかけて決定した方針が存在しない場合に，内閣総理大臣が，行政各部を指揮監督することができるかが問題となる。判例は，内閣総理大臣は，閣議にかけて決定した方針が存在しない場合においても，内閣の明示の意思に反しない限り，行政各部に対して指示を与える権限を有する，とした（最判平成7.2.22刑集49巻2号1頁，ロッキード事件）。

内閣総理大臣は，法律および政令に連署する必要がある（憲法74条）。法律および政令の執行責任を明確にするためである。このため，連署がなくても，法律および政令は有効である。

内閣総理大臣は，国務大臣の訴追に対する同意権を持つ（憲法75条）。内閣総理大臣の同意がなければ，国務大臣は訴追されない。検察権により内閣の活動が妨害されることを防ぐためである。この国務大臣には，内閣総理大臣自身も含まれる。

問題 33　内閣総理大臣の地位および権限　Check!☞□□□

内閣総理大臣の地位および権限に関する次のア～オの記述のうち，妥当なもののみを全て挙げているのはどれか。

ア．内閣総理大臣は，国会議員の中から国会の議決で指名される。明治憲法下においては，内閣総理大臣は，「同輩中の首席」にすぎず，他の国務大臣と対等の地位にあるにすぎなかったが，日本国憲法は，内閣の首長としての地位を認め，それを裏付ける国務大臣の任免権等を与えている。

（国家総合職 2013（平成 25）年度）

イ．内閣総理大臣は，閣議にかけて決定した方針が存在しなくとも，内閣の明示の意思に反しない限り，行政各部に対し，その所掌事務について一定の方向で処理するよう指導，助言等の指示を与える権限を有するとするのが判例である。（国家Ⅰ種 1998（平成 10）年度）

ウ．内閣総理大臣は，任意に国務大臣を任命することができるが，内閣の統一性を維持するために，国務大臣を罷免しようとする場合には，閣議にかけてこれを罷免しなければならない。（国家Ⅰ種 1998（平成 10）年度）

エ．法律及び政令には，すべて主任の国務大臣が署名し，内閣総理大臣が連署することを必要とするから，内閣総理大臣の連署を欠いた法律については，形式的要件を欠き，効力の発生が停止されると解するのが通説である。

（国家Ⅰ種 1998（平成 10）年度）

オ．国務大臣は，その在任中，内閣総理大臣の同意がなければ訴追されないが，内閣総理大臣自身はここにいう国務大臣には含まれず，内閣総理大臣をその在任中に訴追することは可能であると解するのが通説である。

（国家Ⅰ種 1998（平成 10）年度）

1. ア，イ
2. ア，ウ
3. イ，エ
4. ウ，オ
5. エ，オ

問題 33 の解説

ア．**妥当である。** 内閣総理大臣は，国会議員の中から，国会の議決によって指名される（**憲法 67 条 1 項**）。明治憲法下では，各国務大臣が天皇を輔弼するとされていたので（大日本帝国憲法 55 条 1 項），各国務大臣は対等とされ，内閣総理大臣は同輩中の首席にすぎないとされていた（内閣官制 2 条）。このため閣内不一致により内閣が総辞職に追い込まれることが度々生じた。このため日本国憲法では，内閣総理大臣の地位が強化され，内閣総理大臣は内閣の首長とされ（憲法 66 条 1 項），国務大臣の任免権を持ち（憲法 68 条），行政各部を指揮監督できる（憲法 72 条）とされた。

イ．**妥当である。** 「内閣総理大臣は，閣議にかけて決定した方針に基いて，行政各部を指揮監督する。」（内閣法 6 条）。そこで，閣議にかけて決定した方針が存在しない場合に，内閣総理大臣が，行政各部を指揮監督することができるかが問題となる。これについて判例は，内閣総理大臣が行政各部に対し指揮監督権を行使するためには，閣議にかけて決定した方針が存在することを要するが，閣議にかけて決定した方針が存在しない場合においても，内閣総理大臣の地位および権限に照らすと，流動的で多様な行政需要に遅滞なく対応するため，内閣総理大臣は，少なくとも，内閣の明示の意思に反しない限り，行政各部に対し，随時，その所掌事務について一定の方向で処理するよう指導，助言等の指示を与える権限を有する，とした（**最判平成 7.2.22 刑集 49 巻 2 号 1 頁，ロッキード事件**）。

ウ．**妥当でない。** 内閣総理大臣は，国務大臣を任命し，任意に罷免することができる（憲法**68**条）。この国務大臣の任免権は内閣総理大臣の専権であるので，閣議にかける必要はない。

エ．**妥当でない。**　法律および政令には，すべて主任の国務大臣が署名し，内閣総理大臣が連署することを必要とする（憲法**74**条）。法律および政令の執行責任を明確にするためである。したがって，内閣総理大臣の連署がなくても，法律の効力には影響しない。

オ．**妥当でない。**　国務大臣は，その在任中，内閣総理大臣の同意がなければ，訴追されない（憲法**75条本文**）。検察権により内閣の活動が妨害されることを防ぐためである。この国務大臣には，内閣総理大臣が自身の訴追に対して同意を与えることはありえないから，そもそも内閣総理大臣が訴追されることはないとして内閣総理大臣は含まれないとする説がある。しかし，内閣総理大臣が自身の訴追に対して同意を与えることはありうることなどから，国務大臣には内閣総理大臣も含まれるとするのが通説である。

＊正解　1

●解法のポイント●

◆　内閣総理大臣は，明治憲法では同輩中の首席という弱い地位であったが，日本国憲法では内閣の首長という強い地位である。

◆　判例は，内閣総理大臣は，閣議にかけて決定した方針が存在しない場合でも，内閣の明示の意思に反しない限り，行政各部に対して指示を与える権限を有するとする。

◆　内閣総理大臣は，閣議にかけることなく国務大臣を罷免することができる。

◆　主任の国務大臣の署名，内閣総理大臣の連署のない法律および政令は有効である。

◆　国務大臣は，内閣総理大臣の同意がなければ訴追されないが，この国務大臣には内閣総理大臣も含まれる。

＊ 参考条文については213頁参照。

■6.4　内閣の責任および総辞職

アウトライン

内閣は，行政権の行使について，国会に対して連帯責任を負う（憲法66条3項）。憲法上は「国会に対して」と規定されているが，法的効果を持つ内閣不信任決議を衆議院が単独で行うように，各院が単独で内閣の責任を追及する。

内閣が負う責任は政治的責任であり，法的責任に限定されない。また，内閣は，連帯して責任を負うのであり，特定の国務大臣に責任を押し付けることはできない。逆に，各院は，特定の国務大臣の行動について内閣全体の責任を追及することができる。ただし，各院は，必ず内閣全体の責任を追及しなければならないというわけではなく，個々の国務大臣の責任を追及することも可能である。もっとも，内閣不信任決議は，内閣は10日以内に衆議院を解散しない限り総辞職をしなければならないという法的効果を持つが，個々の国務大臣に対する不信任決議は，そうした法的効果を持たない。

内閣総辞職とは，すべての内閣構成員が辞職することをいう。内閣は，以下の3つの場合に総辞職をしなければならない。

【内閣総辞職の場合】

① 衆議院が内閣不信任決議案を可決し，または内閣信任決議案を否決し，10日以内に内閣が衆議院を解散しなかった場合（憲法69条）
② 内閣総理大臣が欠けた場合（死亡，資格喪失，辞職，憲法70条前段）
③ 衆議院議員総選挙後に初めて国会の召集があった場合（憲法70条後段）

内閣は，国会，特に衆議院の信任により成立するので（憲法67条），衆議院から信任されていない，あるいは，衆議院の信任を失った場合には，総辞職をしなければならない（①・③の場合）。また，内閣は，内閣総理大臣によって組織されるのであるから（憲法68条1項），その内閣総理大臣が欠けた場合，内閣の存在根拠は失われることになるので，総辞職をしなければならない（②の場合）。

ただし，総辞職した内閣は，あらたな内閣総理大臣が任命されるまで，引き続きその職務を行う（憲法71条）。行政事務を継続させる必要があるからである。

問題34　内閣の責任および総辞職

Check!☞□□□

内閣の責任および総辞職に関する次のア～オの記述のうち，妥当なもののみをすべて挙げているのはどれか。

ア．憲法第69条は，内閣は，衆議院で不信任決議案が可決された場合には，10日以内に衆議院が解散されない限り，総辞職をしなければならないとしているが，衆議院で信任決議案が否決された場合には，内閣は，改めて不信任決議案が可決されない限り，衆議院の解散又は内閣総辞職をする必要はない。（国家総合職2015（平成27）年度）

イ．憲法は，内閣は国会に対して連帯して責任を負うと定めるが，個々の国務大臣が，個人的な理由から，あるいは，その所管事項に関し，単独責任を負うことが否定されているわけではない。したがって，衆議院は，内閣不信任決議のほかに，個々の国務大臣に対する不信任決議を行うこともできる。ただし，個々の国務大臣に対する不信任決議は，直接辞職を強制する法的効力を持たないと一般に解されている。（国家Ⅰ種2010（平成22）年度）

ウ．内閣総理大臣が，死亡した場合のほか，病気や一時的な生死不明の場合も，憲法上「内閣総理大臣が欠けた」場合に該当し，内閣は総辞職をしなければならない。（国家総合職2013（平成25）年度）

エ．衆議院の解散に伴う総選挙の結果，総選挙前の与党が，総選挙後も引き続き政権を担うことになった場合であっても，総選挙後に初めて国会が召集されたときは，内閣は総辞職をしなければならない。

（国家総合職2013（平成25）年度）

6
内閣

オ．日本国憲法は，内閣総理大臣が欠けたときは，内閣は，総辞職をしなければならず，この場合には，内閣は，あらたに内閣総理大臣が任命されるまで引き続きその職務を行うものとしている。さらに，内閣法は，内閣総理大臣に事故のあるとき，又は内閣総理大臣が欠けたときは，その予め指定する国務大臣が，臨時に，内閣総理大臣の職務を行うものとしている。

（国家Ⅰ種 2009（平成 21）年度）

1. ア，イ，ウ
2. ア，イ，エ
3. ア，ウ，オ
4. イ，エ，オ
5. ウ，エ，オ

問題 34 の解説

ア．**妥当でない。** 内閣は，衆議院で不信任の決議案が可決された場合だけでなく，信任の決議案が否決された場合にも，10 日以内に衆議院が解散されない限り，総辞職をしなければならない（憲法 69 条）。

イ．**妥当である。** 内閣は，行政権の行使について，国会に対して連帯責任を負う（憲法 66 条 3 項）。しかし，このことは個々の国務大臣の単独責任を否定するものではない。このため，衆議院が個々の国務大臣に対する不信任決議を行うことができる。ただし，この個々の国務大臣に対する不信任決議は，内閣不信任決議とは異なるので，法的な効果は生じない。

ウ．**妥当でない。** 内閣総理大臣が欠けたとき，内閣は総辞職をしなければならない（憲法 70 条）。内閣は，内閣総理大臣によって組織されるのであるから（憲法 68 条 1 項），その内閣総理大臣が欠けた場合，内閣の存在根拠は失われることになるからである。内閣総理大臣が欠けたときとは，内閣総理大臣が死亡したときや内閣総理大臣の資格要件である国会議員としての地位を失ったときである。病気などにより一時的に職務の遂行が不能になったときは含まれない。このようなときには，あらかじめ指定された国務大臣が，臨時に内閣総理大臣の職務を行う（内閣法9条）。

エ．**妥当である。**　衆議院議員総選挙の後に初めて国会の召集があったときは，内閣は，総辞職をしなければならない（憲法70条）。内閣は，国会，特に衆議院の信任により成立するが（憲法67条），衆議院議員総選挙により衆議院の構成が変わった以上，内閣はあらたに成立した衆議院の信任を得なければならないので，総選挙の結果にかかわりなく総辞職をしなければならない。

オ．**妥当である。**　内閣総理大臣が欠けたとき，内閣は総辞職をしなければならない（憲法70条）。しかし，行政事務を継続する必要があるので，総辞職をした内閣は，あらたに内閣総理大臣が任命されるまで引き続きその職務を行う（憲法71条）。そして，内閣法では，内閣総理大臣に事故のあるとき，又は内閣総理大臣が欠けたときは，その予め指定する国務大臣が，臨時に，内閣総理大臣の職務を行う，と定められている（内閣法9条）。

＊正解　4

●解法のポイント●

◆　内閣は，衆議院で信任の決議案が否決された場合にも，10日以内に衆議院が解散されない限り，総辞職をしなければならない。

◆　衆議院は，個々の国務大臣の単独責任を追及することはできるが，個々の大臣に対する不信任決議に法的効果はない。

◆　内閣は総辞職後もあらたな内閣総理大臣が任命されるまでは引き続きその職務を行う。

＊ 参考条文については213頁参照。

■6.5　衆議院の解散

アウトライン

衆議院の解散とは，衆議院議員の全員について，任期満了前に，議員の資格を失わせることをいう。

形式的には，天皇が国事行為として衆議院を解散する（憲法7条3号）。しかし，天皇は，国政に関する権能を有しないので（憲法4条1項），衆議院の解散の実質的決定権を持っていない。そこで，いつ，どの機関が衆議院の解散を決定することができるのかが問題となる。

憲法上は，衆議院で不信任の決議案を可決し，または信任の決議案を否決したとき，内閣は衆議院を解散できることが明記されている（憲法69条）。そこで，衆議院を解散できるのは，この憲法69条の場合に限定されるかが問題となる。

69条限定説は，衆議院において内閣不信任決議案が可決された場合または信任決議案が否決された場合にのみ，内閣は衆議院を解散できるとする。この説に対しては，民意を問い直す必要がある場合であっても，衆議院の多数派により不信任決議案が可決されない限り，衆議院が解散されず，解散後の衆議院議員総選挙による民意の問い直しができないという批判がなされる。このため多くの学説は，衆議院の解散は69条の場合に限定されないとする。しかし，その根拠については様々なものが主張されている。

第1が7条説であり，天皇が行う国事行為には，儀式を行うことのように本来的に名目的・儀礼的な行為であるものと，衆議院の解散のように本来的には政治的な行為であるものの内閣が助言と承認により実質的決定権を行使することにより名目的・儀礼的行為になるものがあり，内閣による助言と承認に憲法上の制限はないので，内閣は無制限に助言と承認により衆議院を解散することができるとする。実務は，7条説に基づいている。

第 2 が 65 条説であり，行政権とはすべての国家作用から立法作用と司法作用とを除いたものであるが，衆議院の解散は立法作用でも司法作用でもないので行政権に属するので，内閣は行政権行使の一環として衆議院を解散することができるとする。

第 3 が制度説であり，憲法は議院内閣制を採用しており，議院内閣制においては内閣が議会を抑制するための手段として議会の解散権を持つとする。

これらとは別に，衆議院による自律解散を認める説がある。これは，国会は国権の最高機関であるから（憲法 41 条），内閣が自由に衆議院を解散することはできないのであり，憲法 69 条に基づく場合に限り内閣は衆議院を解散できるが，その一方で国会は国民の代表機関であるから（憲法 43 条），衆議院が民意を問い直す必要があると判断した場合に衆議院自身の決議により衆議院を解散することもできるとする。

問題 35　衆議院の解散

Check!☞□□□

衆議院の解散に関する考え方として，次の五つの説がある。

（Ⅰ説）　衆議院の解散は憲法第 69 条の場合に限定される。

（Ⅱ説）　衆議院の解散は憲法第 69 条の場合に限定されず，憲法第 7 条第 3 号による解散も認められる。

（Ⅲ説）　衆議院の解散は憲法第 69 条の場合に限定されず，憲法第 65 条による解散も認められる。

（Ⅳ説）　衆議院の解散は憲法第 69 条の場合に限定されず，議院内閣制という憲法原理を根拠とした解散も認められる。

（Ⅴ説）　衆議院の解散は憲法第 69 条の場合に限定されず，衆議院自身の決議による自律的解散も認められる。

これらの説に関する次の記述のうち，妥当なのはどれか。

（国家Ⅰ種 2000（平成 21）年度）

1. Ⅰ説によっても，選挙の際に直接の争点とはならなかった重大な問題が生じ，任期満了を待たずにそのことに関する国民の意思を問う必要がある場合には，内閣に衆議院を解散することが認められる。
2. Ⅱ説は，内閣の実質的解散権を肯定するために憲法第7条を根拠として，そこに列挙された天皇の国事行為を本来的に名目的・儀礼的な行為であると考えず，天皇の実質的決定権を肯定する解釈を採るものであり，また，この説によると内閣に解散権の限界は存しないことになる。
3. Ⅲ説は，衆議院の解散は立法作用でも司法作用でもないため「行政」に属するから，憲法第65条により解散の実質的決定権は内閣に存するとするものであり，本説は通説・判例の採る見解である。
4. Ⅳ説は，内閣の解散権を肯定するために憲法原理である議院内閣制を根拠として，その本質を議会と内閣の均衡に求める見解である。
5. Ⅴ説は，国民主権や国会の最高機関性を根拠とするものであり，衆議院議員の多数が内閣と対立している場合，本説を採ると衆議院が不信任決議案を可決することはできなくなることから最も意義のある見解となる。

（参考）　憲法

第7条　天皇は，内閣の助言と承認により，国民のために，左の国事に関する行為を行ふ。

一～二　（略）

三　衆議院を解散すること。

四～十　（略）

第65条　行政権は，内閣に属する。

第69条　内閣は，衆議院で不信任の決議案を可決し，又は信任の決議案を否決したときは，10日以内に衆議院が解散されない限り，総辞職をしなければならない。

問題35の解説

1. **妥当でない。**　Ⅰ説は，衆議院において内閣不信任決議案が可決された場合または信任決議案が否決された場合にのみ，内閣は衆議院を解散できるとする説である。したがって，選挙の際に直接の争点とはならなかった重大な問題が生じ，任期満了を待たずにそのことに関する国民の意思を問う必要がある場合であっても，衆議院において内閣不信任決議案が可決されるまたは信任決議案が否決されるということがない限り，内閣は衆議院を解散することができない。

2.　**妥当でない。**　Ⅱ説は，天皇が行う国事行為には，儀式を行うことのように本来的に名目的・儀礼的な行為であるものと，衆議院の解散のように本来的には政治的な行為であるものの内閣が助言と承認により実質的決定権を行使することにより名目的・儀礼的行為になるものがあるとする。そして，内閣による助言と承認に憲法上の制限はないので，内閣は無制限に助言と承認により衆議院を解散することができるとする。この説において，衆議院の解散についての実質的決定権の持つのは内閣である。天皇は国政に関する権能を有しないので（憲法4条1項），衆議院の解散についての実質的決定権を持たない。

3.　**妥当でない。**　Ⅲ説は，行政権とはすべての国家作用から立法作用と司法作用とを除いたものであるが（控除説），衆議院の解散は立法作用でも司法作用でもないので行政権に属するので，内閣は行政権行使の一環として衆議院を解散することができるとする。しかし，この説に対しては，控除説における国家作用とは対国民作用であるので，衆議院の解散は含まれないなどの批判があり，学界では支持されていない。判例は，憲法7条に基づく衆議院の解散の合憲性が争われた事件において，わが憲法の三権分立の制度の下においても，司法権の行使についておのずからある限度の制約は免れないのであって，あらゆる国家行為が無制限に司法審査の対象となるものと即断すべきでなく，直接国家統治の基本に関する高度に政治性のある国家行為のごときはたとえそれが法律上の争訟となり，これに対する有効無効の判断が法律上可能である場合であっても，かかる国家行為は裁判所の審査権の外にあり，その判断は主権者たる国民に対して政治的責任を負うところの政府，国会等の政治部門の判断に委され，最終的には国民の政治判断に委ねられているものと解すべきである，としたうえで，衆議院の解散は，極めて政治性の高い国家統治の基本に関する行為であって，かくのごとき行為について，その法律上の有効無効を審査することは司法裁判所の権限の外にあるとして，衆議院の解散の実質的決定権について判断しなかった（最大判昭和35.6.8民集14巻7号1206頁，苫米地事件）。

4. 妥当である。　Ⅳ説は，憲法は議院内閣制を採用しており，議院内閣制においては内閣が議会を抑制するための手段として議会の解散権を持つとする。これは内閣と議会との抑制・均衡こそが議院内閣制の本質であると理解すること（均衡本質説）が前提となる。

5. 妥当でない。　Ⅴ説は，国会は国権の最高機関であるから（憲法41条），内閣が自由に衆議院を解散することはできないのであり，憲法69条に基づく場合に限り内閣は衆議院を解散できるが，その一方で国会は国民の代表機関であるから（憲法43条），衆議院が民意を問い直す必要があると判断した場合に衆議院自身の決議により衆議院を解散することもできるとする。この説に対しては，衆議院議員の多数が内閣と対立している場合，衆議院は内閣不信任決議を可決すればよいのであるから，衆議院の自律解散を認める意義に乏しいと批判される。

＊正解　4

●解法のポイント●

◆　69条限定説に対しては，民意を問い直す必要があっても，衆議院が内閣不信任決議案を可決しない限り，解散とその後の総選挙による民意の問い直しができないと批判される。

◆　天皇は衆議院の解散に関する実質的決定権を持っていない。

◆　65条説に対しては，控除説における国家作用に衆議院の解散を含めることはできないと批判される。

◆　衆議院自律解散説に対しては，衆議院の自律解散を認める意義に乏しいと批判される。

第6章　章末問題

問題1 内　閣

Check!☞□□□

内閣に関するア～オの記述のうち，妥当なもののみを全て挙げているのはどれか。

（国家総合職2017（平成29）年度）

ア．内閣総理大臣は，国会議員の中から国会の議決で指名され，天皇が任命する。これに対し，内閣総理大臣が指名し，天皇が任命する国務大臣については，その過半数は，国会議員の中から選ばれなければならないとされており，したがって，国会議員以外の者を国務大臣として指名することも認められている。

イ．内閣総理大臣は，任意に国務大臣を罷免することができるが，この罷免は内閣総理大臣の一身専属的な権限であることから，内閣総理大臣に事故のあるときに臨時に内閣総理大臣の職務を行う国務大臣であっても，他の国務大臣の罷免を行うことはできないと一般に解されている。

ウ．内閣は行政権の行使について国会に対して連帯して責任を負うものの，各国務大臣がその所管事項について単独の責任を負うことが否定されているわけではなく，国会が個別の国務大臣に対する不信任を決議することでその単独の責任を追及することは可能であるが，その不信任決議に法的効力はないと一般に解されている。

エ．内閣法では，内閣は閣議によりその職権を行い，また，閣議は内閣総理大臣が主宰するとされている。その上で，閣議の実際の運営では，閣議決定は全会一致によることとされ，また，閣議は非公開であり議事録も一切公開されることはないが，これらの取扱いはあくまで慣習によるものである。

オ．内閣総理大臣は，内閣を代表して行政各部を指揮監督するとされており，行政各部に対し，随時，その所掌事務について一定の方向で処理するよう指導，助言等の指示を与える権限を有するが，内閣法では「内閣総理大臣は，閣議にかけて決定した方針に基いて，行政各部を指揮監督する」と規定されていることから，こうした指導，助言等の指示については，内閣の意思に反しないことを明らかにするため，あくまで閣議にかけて決定した方針に基づいて行う必要があるとするのが判例である。

1. ア，イ
2. イ，ウ
3. ウ，オ
4. ア，エ，オ
5. イ，ウ，エ

問題2 内　閣 Check!☞□□□

内閣に関するア～オの記述のうち，妥当なもののみを全て挙げているのはどれか。

（国家総合職 2018（平成 30）年度）

ア．衆議院の解散権は，国務大臣の任免権と同様に，内閣総理大臣に一身専属的に与えられた権限であり，いかなる場合に衆議院を解散するかは内閣総理大臣の政治的責任で決すべきであるが，その濫用は慎まなければならないと一般に解されている。

イ．内閣は，国会の臨時会の召集を決定することができるとされており，いずれかの議院の総議員の 4 分の 1 以上の要求があれば，内閣はその召集を決定しなければならない。この場合，内閣は，原則として，その要求があった日から 30 日以内に臨時会を召集しなければならない。

ウ．憲法第 63 条は，内閣総理大臣その他の国務大臣は，両議院の一に議席を有すると有しないとにかかわらず，何時でも議案について発言するため議院に出席することができること，及び答弁又は説明のため出席を求められたときは，出席しなければならないことを規定している。

エ．内閣総理大臣が衆議院議員である場合において，衆議院が解散されたときは，内閣総理大臣は国会議員たる地位を失うことから，憲法第 70 条の「内閣総理大臣が欠けたとき」に当たるとして，解散の時点で内閣は総辞職するが，総辞職した内閣は，解散後の衆議院議員総選挙後の最初の国会において新たに内閣総理大臣が任命されるまで引き続きその職務を行う。

オ．憲法第 72 条は，内閣総理大臣は内閣を代表して行政各部を指揮監督することを規定しているが，いわゆる行政委員会は，政治的中立性が要求される事務を行うことから，内閣の指揮監督権から独立しており，同条に規定する「行政各部」には該当しない。

1. ア
2. イ
3. ウ
4. ア，オ
5. エ，オ

[参考（6.3, 6.4）]
第66条　内閣は，法律の定めるところにより，その首長たる内閣総理大臣及びその他の国務大臣でこれを組織する。
3　内閣は，行政権の行使について，国会に対し連帯して責任を負ふ。
第67条　内閣総理大臣は，国会議員の中から国会の議決で，これを指名する。この指名は，他のすべての案件に先だつて，これを行ふ。
2　衆議院と参議院とが異なつた指名の議決をした場合に，法律の定めるところにより，両議院の協議会を開いても意見が一致しないとき，又は衆議院が指名の議決をした後，国会休会中の期間を除いて10日以内に，参議院が，指名の議決をしないときは，衆議院の議決を国会の議決とする。
第68条　内閣総理大臣は，国務大臣を任命する。但し，その過半数は，国会議員の中から選ばれなければならない。
2　内閣総理大臣は，任意に国務大臣を罷免することができる。
第69条　内閣は，衆議院で不信任の決議案を可決し，又は信任の決議案を否決したときは，10日以内に衆議院が解散されない限り，総辞職をしなければならない。
第70条　内閣総理大臣が欠けたとき，又は衆議院議員総選挙の後に初めて国会の召集があつたときは，内閣は，総辞職をしなければならない。
第71条　前二条の場合には，内閣は，あらたに内閣総理大臣が任命されるまで引き続きその職務を行ふ。
第72条　内閣総理大臣は，内閣を代表して議案を国会に提出し，一般国務及び外交関係について国会に報告し，並びに行政各部を指揮監督する。
第74条　法律及び政令には，すべて主任の国務大臣が署名し，内閣総理大臣が連署することを必要とする。
第75条　国務大臣は，その在任中，内閣総理大臣の同意がなければ，訴追されない。但し，これがため，訴追の権利は，害されない。
〈内閣法〉
第6条　内閣総理大臣は，閣議にかけて決定した方針に基いて，行政各部を指揮監督する。
第9条　内閣総理大臣に事故のあるとき，又は内閣総理大臣が欠けたときは，その予め指定する国務大臣が，臨時に，内閣総理大臣の職務を行う。

第7章 裁判所

出題傾向

■裁判所は，**2年に1度以上の頻度で出題される，出題頻度の高い分野**である。

■**法律上の争訟該当性に関する判例**と**法律上の争訟に該当しながら司法権が及ばない場合に関する判例**の内容を問う問題は，よく出題されている。また，司法権の限界と関連して，**違憲審査権**についてもよく出題されている。

■これら以外には，**最高裁判所裁判官の国民審査**や**裁判官の独立**に関する問題が，比較的よく出題されている。

■7.1 司法権の意味および特別裁判所の禁止

アウトライン

すべて司法権は，最高裁判所および法律の定めるところにより設置する下級裁判所に属する（憲法76条1項）。

司法権とは，具体的な争訟について，法を適用し，宣言することによって，これを裁定する国家の作用をいう。具体的な争訟とは，裁判所法3条の「法律上の争訟」と同じ意味であり，法令を適用することによって解決し得べき権利義務に関する当事者間の紛争を意味する（最判昭和29.2.11民集8巻2号419頁，村議会決議無効確認請求訴訟）。つまり，ある紛争が「法律上の争訟」に該当するためには，具体的な権利義務または法律関係の存否に関する紛争であることと，法令を適用することによって解決できる紛争であることの2要件を充たさなければならない。

司法権の範囲について，明治憲法では，公権力行使の適法性を争う行政事件は行政裁判所の裁判に属するものとされ司法裁判所は受理できないと明記されていた（大日本帝国憲法61条）。このため，明治憲法では，私法上の権利義務に関する紛争である民事事件および刑罰権行使に関する紛争である刑事事件に対する裁判権のみが司法権に属するとされていた。しかし，現行憲法では，民事事件および刑事事件のみならず，行政事件に対する裁判権も司法権に属する。

明治憲法では，軍法会議や皇室裁判所など，通常の裁判所の系列から独立した特別裁判所を設置することが認められていた（大日本帝国憲法60条）。特別裁判所とは，特定の人あるいは事件を対象とする，最高裁判所を頂点とする通常裁判所の系列に属さない裁判所のことをいう。現行憲法では，平等原則および法解釈の統一性の要請により，特別裁判所を設置することが禁止されている（憲法76条2項前段）。特別裁判所の設置の禁止の憲法上の例外として，各院による議員の資格争訟の裁判（憲法55条）や国会が設置する弾劾裁判所による裁判官の罷免の裁判（憲法64条1項）がある。

特別裁判所の設置の禁止と同様，行政機関による終審裁判も憲法上禁止されている（憲法76条2項後段）。ただし，前審としての行政機関による裁判は憲法上禁止されていない。

[参考]

第15条1項　公務員を選定し，及びこれを罷免することは，国民固有の権利である。

第55条　両議院は，各々その議員の資格に関する争訟を裁判する。但し，議員の議席を失はせるには，出席議員の3分の2以上の多数による議決を必要とする。

第64条1項　国会は，罷免の訴追を受けた裁判官を裁判するため，両議院の議員で組織する弾劾裁判所を設ける。

第76条　すべて司法権は，最高裁判所及び法律の定めるところにより設置する下級裁判所に属する。

2　特別裁判所は，これを設置することができない。行政機関は，終審として裁判を行ふことができない。

3　すべて裁判官は，その良心に従ひ独立してその職権を行ひ，この憲法及び法律にのみ拘束される。

〈裁判所法〉

第3条（裁判所の権限）**1項**　裁判所は，日本国憲法に特別の定のある場合を除いて一切の法律上の争訟を裁判し，その他法律において特に定める権限を有する。

問題 36 司法権の意味および特別裁判所の禁止 Check!☞□□□

司法権の意味および特別裁判所の禁止に関する次のア～エの記述のうち，妥当なもののみを全て挙げているのはどれか。

ア．明治憲法は行政事件の裁判権は司法権に含まれないことを明示し，これを行政裁判所に与えていた一方，日本国憲法は行政裁判所に関する何らの規定も置いていないが，行政事件の裁判権は本来行政権の作用に属するという立場から，司法権には属しないと一般に解されている。

(国家総合職 2014（平成 26）年度)

イ．司法権は，当事者間の具体的な権利義務ないし法律関係の存否に関する紛争につき，法の客観的な意味と解されるところに従って当該紛争を解決確定する作用であると解され，訴訟が具体的な権利義務ないし法律関係に関する紛争の形式をとっている限りは，裁判所法第３条にいう「法律上の争訟」に当たり，司法審査の対象となる。 (国家Ⅰ種 2007（平成 19）年度)

ウ．憲法は特別裁判所を設置することを禁止しているが，現在の家庭裁判所は，家事事件及び少年事件には通常の民事事件及び刑事事件にはない特殊性が認められ，また，家事事件及び少年事件の審理に特化した裁判所を設置することに特段の弊害は認められないことにかんがみ，特に特別裁判所の禁止の例外として設置されているものである。

(国家Ⅰ種 2011（平成 23）年度)

エ．弾劾裁判の制度は，司法権がすべて裁判所に属するという原則に対して憲法自体が設けた例外であり，弾劾裁判所で罷免の裁判を受けた裁判官は，これに不服があっても，罷免の裁判に対してさらに通常の裁判所に訴訟を提起することはできないと解されている。 (国家Ⅰ種 2011（平成 23）年度)

1. イ
2. エ
3. ア，ウ
4. イ，エ
5. ウ，エ

問題 36 の解説

ア．**妥当でない。**　明治憲法では，行政事件は行政裁判所の裁判に属するものとされ司法裁判所は受理できないと明記されていた（大日本帝国憲法 61 条）。このため，明治憲法では，民事事件および刑事事件に対する裁判権のみが司法権に属するとされていた。現行憲法では，民事事件および刑事事件のみならず，行政事件に対する裁判権も司法権に属する。行政機関による終審裁判が禁止されていること（憲法 76 条 2 項後段）や処分に対する違憲審査権が認められていること（憲法 81 条）などがその根拠である。

イ．**妥当でない。**　司法権とは，具体的な争訟について，法を適用し，宣言することによって，これを裁定する国家の作用をいう。具体的な争訟とは，裁判所法 3 条の「法律上の争訟」と同じ意味であり，法令を適用することによって解決し得べき権利義務に関する当事者間の紛争を意味する（**最判昭和 29.2.11** 民集 8 巻 2 号 419 頁，**村議会決議無効確認請求訴訟**）。つまり，ある紛争が「法律上の争訟」に該当するためには，具体的な権利義務または法律関係の存否に関する紛争であることと，法令を適用することによって解決できる紛争であることの 2 要件を充たさなければならない。このためある訴訟が具体的な権利義務ないし法律関係に関する紛争の形式をとっていたとしても，法令の適用による終局的な解決が不可能ものは，法律上の争訟に該当しないことになる（**最判昭和 56.4.7** 民集 35 巻 3 号 443 頁，**板まんだら訴訟**）。

ウ．**妥当でない。**　憲法では，特別裁判所を設置することが禁止されている（憲法 76 条 2 項前段）。特別裁判所とは，特定の人あるいは事件を対象とする，最高裁判所を頂点とする通常裁判所の系列に属さない裁判所のことをいう。特別裁判所を認めることは，平等原則に反するし，法解釈の統一性からも問題があるので，憲法ではその設置が禁止されている。家庭裁判所は，少年事件および家事事件という特定の人あるいは事件を対象とする裁判所ではあるが，通常裁判所の系列に属するので，憲法上設置が禁止されている特別裁判所に該当しない（**最大判昭和 31.5.30 刑集 10 巻 5 号 756 頁，児童福祉法違反事件**）。

エ．**妥当である。** すべて司法権は，最高裁判所および法律の定めるところにより設置する下級裁判所に属する（憲法 **76 条 1 項**）。しかし，その例外として，罷免の訴追を受けた裁判官の裁判は，両議院の議員で組織される弾劾裁判所においてなされる（憲法 **64 条 1 項**）。裁判官の地位は国民の信託に基づくものであるから（憲法**前文第 1 段**），国民の信託に違反した裁判官を国民は罷免する権利を持つ（憲法 **15 条 1 項**）。そこで，国民の代表機関である国会が弾劾裁判所を設置し，その裁判により国民の信託に違反した裁判官を罷免することとした。この裁判官の弾劾裁判は，弾劾裁判所の専権事項であるので，通常の司法裁判所が関与することができない。このため，弾劾裁判所の罷免の裁判に不服があっても，その不服を理由として通常の司法裁判所に対して提訴することはできない。

＊正解　2

●解法のポイント●

◆　現行憲法では，司法権には行政事件に対する裁判権も含まれる。

◆　ある紛争が「法律上の争訟」に該当するためには，具体的な権利義務または法律関係の存否に関する紛争であることと，法令を適用することによって解決できる紛争であることの 2 要件を充たさなければならない。

◆　家庭裁判所は，憲法上設置することが禁止されている特別裁判所に該当しない。

■7.2　司法権の限界

アウトライン

裁判所の司法権が及ぶ法律上の争訟とは，法令を適用することによって解決し得べき権利義務に関する当事者間の紛争を意味する（最判昭和29.2.11民集8巻2号419頁，村議会決議無効確認請求訴訟）。このため，ある紛争が法律上の争訟に該当しない場合には，当該紛争に対して裁判所の司法権は及ばない。

具体的には，第1に，警察予備隊の合憲性を争う（最大判昭和27.10.8民集6巻9号783頁，警察予備隊事件）というような，抽象的な法令の解釈または効力に関する紛争に対しては，裁判所の司法権は及ばない。

第2に，国家試験の合否判定（最判昭和41.2.8民集20巻2号196頁，技術士国家試験合否判定訴訟）や信仰の価値・宗教上の教義に関する判断が不可欠な紛争（最判昭和56.4.7民集35巻3号443頁，板まんだら訴訟）のような，法令を適用することによって解決できない紛争に対しても，裁判所の司法権は及ばない。

また，ある紛争が法律上の争訟に該当する場合であっても，裁判所の司法権が及ばない場合がある。

具体的には，外交特権や国家に対する裁判権の免除など，国際法により裁判所の司法権が制限される場合がある。

また，議員の資格争訟の裁判（憲法55条）や裁判官の弾劾裁判（憲法64条1項）のように，憲法の明文の規定により裁判所の司法権が及ばないものがある。

さらに，憲法の解釈により，以下のような場合に裁判所の司法権が及ばない。

第1に，法律制定の議事手続（最大判昭和37.3.7民集16巻3号445頁，警察法改正無効訴訟）など議院の自律権に関する問題に対しては裁判所の司法権は及ばない。

第2に，裁量行為に対しては，著しく合理性を欠き明らかに裁量の逸脱・濫用と見ざるをえないような場合を除き，裁判所の司法権は及ばない（最大判昭和57.7.7民集36巻7号1235頁，堀木訴訟など）。

第3に，地方議会における出席停止処分（最大判昭和35.10.19民集14巻12号2633頁，地方議会出席停止処分取消訴訟）や大学における単位授与行為（最判昭和52.3.15民集31巻2号234頁，富山大学単位不認定違法確認訴訟），政党による除名処分（最判昭和63.12.20集民155号405頁，共産党袴田事件）などの自律的団体の内部事項に対しては，それが一般市民法秩序と直接の関係を有しない内部的な問題にとどまる限り，裁判所の司法権は及ばない。しかし，団体の内部事項の問題であっても，地方議会における除名処分（最大判昭和35.3.9民集14巻3号355頁，地方議会除名処分取消訴訟。ただし，訴えの利益の喪失を理由に請求棄却）や大学の専攻科修了認定（最判昭和52.3.15民集31巻2号280頁，富山大学専攻科修了不認定違法確認訴訟）のように一般市民法秩序と直接の関係を有する問題に対しては，裁判所の司法権が及ぶ。

第4に，衆議院の解散（最大判昭和35.6.8民集14巻7号1206頁，苫米地事件）のような，高度の政治性を有する国家の行為に対しては，裁判所の司法権は及ばない。ただし，高度の政治性を有する条約について判例は，一見極めて明白に違憲無効であると認められない限りは，裁判所の司法審査権の範囲外としており，裁判所の司法権が及ぶ場合もあるとしている（最大判昭和34.12.16刑集13巻13号3225頁，砂川事件）。

［参考］
第55条　両議院は，各々その議員の資格に関する争訟を裁判する。但し，議員の議席を失はせるには，出席議員の3分の2以上の多数による議決を必要とする。
第64条1項　国会は，罷免の訴追を受けた裁判官を裁判するため，両議院の議員で組織する弾劾裁判所を設ける。

問題 37　司法権の限界　Check!☞□□□

司法権に関するア～オの記述のうち，判例に照らし，妥当なもののみを全て挙げているのはどれか。
(国家総合職 2016（平成 28）年度)

ア．大学は，国公立であると私立であるとを問わず，基本的には一般市民社会とは異なる特殊な部分社会を形成しているため，大学における法律上の係争は，一般市民法秩序と直接の関係を有するものであることを肯認するに足りる特段の事情がない限り，司法審査の対象とならないが，単位授与（認定）行為は，一般に大学からの卒業という一般市民法秩序への学生の参加の側面に関わるものであるため，純然たる大学内部の問題として大学の自主的，自律的な判断に委ねられるべきものとはいえず，原則として司法審査の対象となる。

イ．信仰の対象の価値又は宗教上の教義に関する判断が，訴訟の帰すうを左右する必要不可欠のものであり，紛争の核心となっている場合であっても，当該訴訟が，金銭の給付を求める請求であって，宗教上の論争そのものを目的とするものではないときは，法律上の争訟に該当し，裁判所の審判の対象となる。

ウ．衆参両院において議決を経たものとされ適法な手続によって公布されている法律については，原則として，裁判所は両院の自主性を尊重すべく法律制定の議事手続に関する事実関係を審理してその有効無効を判断すべきではないが，警察法等国民の権利義務に重大な影響を及ぼす法律についてはこの限りではない。

エ．日米安全保障条約は，主権国としての我が国の存立の基礎に極めて重大な関係を持つ高度の政治性を有するものというべきであって，その内容が違憲か否かの法的判断は，純司法的機能をその使命とする司法裁判所の審査には，原則としてなじまない性質のものであり，一見極めて明白に違憲無効であると認められない限りは，裁判所の司法審査権の範囲外のものである。

オ．衆議院の解散のような直接国家統治の基本に関する高度に政治性のある国家行為は，たとえそれが法律上の争訟となり，これに対する有効無効の判断が法律上可能である場合であっても，かかる国家行為は，裁判所の審査権の外にある。この司法権に対する制約は，結局，三権分立の原理に由来し，当該国家行為の高度の政治性，裁判所の司法機関としての性格，裁判に必然的に随伴する手続上の制約等に鑑み，特定の明文による規定はないが，司法権の憲法上の本質に内在する制約と理解すべきである。

1. ア，ウ
2. ア，オ
3. イ，エ
4. イ，オ
5. エ，オ

問題 37 の解説

ア．**妥当でない。** 判例は，大学は，国公立であると私立であるとを問わず，学生の教育と学術の研究とを目的とする教育研究施設であって，その設置目的を達成するために必要な諸事項については，法令に格別の規定がない場合でも，学則等によりこれを規定し，実施することのできる自律的，包括的な権能を有し，一般市民社会とは異なる特殊な部分社会を形成しているのであるから，このような特殊な部分社会である大学における法律上の係争のすべてが当然に裁判所の司法審査の対象になるものではなく，一般市民法秩序と直接の関係を有しない内部的な問題は司法審査の対象から除かれる，とした（**最判昭和52.3.15 民集 31 巻 2 号 234 頁，富山大学単位不認定違法確認訴訟**）。そのうえで，単位の授与（認定）という行為は，学生が授業科目を履修し試験に合格したことを確認する教育上の措置であり，卒業の要件をなすものではあるが，当然に一般市民法秩序と直接の関係を有するものでないことは明らかであるので，他にそれが一般市民法秩序と直接の関係を有するものであることを肯認するに足りる特段の事情のない限り，純然たる大学内部の問題として大学の自主的，自律的な判断に委ねられるべきものであって，裁判所の司法審査の対象にはならない，とした（同判決）。

イ．**妥当でない。**　いわゆる「板まんだら」を安置するための正本堂建立の建設費用として教団に寄付をした信者が，当該板まんだらが偽物であることなどを理由に錯誤無効を原因とする寄付金の不当利得返還請求訴訟を教団に対して提起した事件において，判例は，本件訴訟は，具体的な権利義務ないし法律関係に関する紛争の形式をとっており，その結果信仰の対象の価値または宗教上の教義に関する判断は請求の当否を決するについての前提問題であるにとどまるものとされてはいるが，本件訴訟の帰すうを左右する必要不可欠のものと認められ，また，本件訴訟の争点および当事者の主張立証も当該判断に関するものがその核心となっていると認められることからすれば，結局本件訴訟は，その実質において法令の適用による終局的な解決の不可能なものであって，裁判所法3条にいう法律上の争訟にあたらない，とした（**最判昭和56.4.7民集35巻3号443頁，板まんだら訴訟**）。

ウ．**妥当でない。**　昭和29年に成立した新警察法が，同法を議決した参議院の議決が無効であるので無効であると主張された事件において，判例は，新警察法は両院において議決を経たものとされ適法な手続によって公布されている以上，裁判所は両院の自主性を尊重すべく同法制定の議事手続に関する事実を審理してその有効無効を判断すべきでないので，参議院の議決が無効であるという理由で同法を無効とすることはできない，とした（**最大判昭和37.3.7民集16巻3号445頁，警察法改正無効訴訟**）。

エ．**妥当である。**　判例は，日米安全保障条約は，主権国としてのわが国の存立の基礎に極めて重大な関係をもつ高度の政治性を有するものというべきであって，その内容が違憲なりや否やの法的判断は，その条約を締結した内閣およびこれを承認した国会の高度の政治的ないし自由裁量的判断と表裏をなす点がすくなくないため，その違憲なりや否やの法的判断は，純司法的機能をその使命とする司法裁判所の審査には，原則としてなじまない性質のものであり，したがって，一見極めて明白に違憲無効であると認められない限りは，裁判所の司法審査権の範囲外のものであって，それは第一次的には，条約の締結権を有する内閣およびこれに対して承認権を有する国会の判断に従うべく，終局的には，主権を有する国民の政治的批判に委ねられるべきものである，とした（**最大判昭和 34.12.16 刑集 13 巻 13 号 3225 頁，砂川事件**）。

オ．**妥当である。**　判例は，直接国家統治の基本に関する高度に政治性のある国家行為のごときはたとえそれが法律上の争訟となり，これに対する有効無効の判断が法律上可能である場合であっても，かかる国家行為は裁判所の審査権の外にあり，その判断は主権者たる国民に対して政治的責任を負うところの政府，国会等の政治部門の判断に委され，最終的には国民の政治判断に委ねられているものと解すべきであり，この司法権に対する制約は，三権分立の原理に由来し，当該国家行為の高度の政治性，裁判所の司法機関としての性格，裁判に必然的に随伴する手続上の制約等にかんがみ，特定の明文による規定はないけれども，司法権の憲法上の本質に内在する制約と理解すべきものである，とした（**最大判昭和 35.6.8 民集 14 巻 7 号 1206 頁，苫米地事件**）。そのうえで，衆議院の解散は，極めて政治性の高い国家統治の基本に関する行為であって，かくのごとき行為について，その法律上の有効無効を審査することは司法裁判所の権限の外にある，とした（同判決）。

＊正解　5

●解法のポイント●

◆　大学における単位授与行為は，原則として司法審査の対象とならない。

◆　具体的な権利義務ないし法律関係に関する紛争であっても，信仰の対象の価値または宗教上の教義に関する判断が不可欠な場合には，法律上の争訟に該当しない。

◆　法律制定の議事手続は，司法審査の対象とならない。

■7.3　裁判の公開

アウトライン

裁判の対審および判決は，公開法廷で行われなければならない（憲法82条1項）。裁判を公開することで，裁判を国民の監視下に置くことにより，不公正な裁判が行われることを防ぐためである。なお，対審とは，裁判の当事者が裁判官の前で主張を述べることをいう。判決とは，裁判官が裁判となった紛争に対する判断を示すことをいう。

ただし，公開することが公序良俗に反する場合，裁判官の全員一致により，対審を非公開にすることができる（憲法82条2項本文）。ただし，非公開にできるのは対審のみであり，判決は必ず公開しなければならない。

また，政治犯罪，出版犯罪，憲法第3章で保障する国民の権利が問題となっている事件は，対審も必ず公開しなければならない（憲法82条2項但書）。これらの事件は，国家に有利な判決が出やすいので，対審についても必ず公開することとしている。

裁判を公開するとは，具体的には人々が裁判を傍聴することができることを意味する。ただし，判例は，憲法82条1項は，各人が裁判所に対して傍聴することを権利として要求できることまでを認めたものではない（最大判平成元.3.8民集43巻2号89頁，法廷メモ訴訟）とした。このため，同規定は，傍聴人に対して法廷においてメモを取ることを権利として保障しているものでもないとした（同判決）。ただし，傍聴人のメモを取る行為が公正かつ円滑な訴訟の運営を妨げることは通常あり得ないので，特段の事情のない限り，これを傍聴人に自由に任されるべきであるとした（同判決）。

また，公判廷における写真撮影の許可制について判例は，公判廷における写真撮影は，その行われる時，場所等のいかんによっては，公判廷における審判の秩序を乱し被告人その他訴訟関係人の正当な利益を不当に害するという好ましくない結果を生ずる恐れがあるので，公判廷における写真撮影の許可を裁判所の裁量に委ねることは合憲であるとした（最大決昭和 33.2.17 刑集 12 巻 2 号 253 頁，法廷写真撮影事件）。

公開を要する裁判について判例は，終局的に事実を確定し当事者の主張する権利義務の存否を確定するような純然たる訴訟事件については，憲法所定の例外の場合を除き，公開の法廷における対審および判決によってなされなければならないとした（最大決昭和 35.7.6 民集 14 巻 9 号 1657 頁，金銭債務臨時調停法事件）。したがって，純然たる訴訟事件以外の事件については，公開の法廷における対審および判決による必要はないことになる。具体的には判例は，夫婦の同居その他夫婦間の協力扶助に関する処分の審判（最大決昭和 40.6.30 民集 19 巻 4 号 1089 頁，夫婦協力扶助審判非公開事件）や過料を科す作用（最大決昭和 41.12.27 民集 20 巻 10 号 2279 頁，過料裁判非公開事件）は公開の法廷における対審および判決による必要はないとした。

［参考］
第 21 条　集会，結社及び言論，出版その他一切の表現の自由は，これを保障する。
2　検閲は，これをしてはならない。通信の秘密は，これを侵してはならない。
第 32 条　何人も，裁判所において裁判を受ける権利を奪はれない。
第 82 条　裁判の対審及び判決は，公開法廷でこれを行ふ。
2　裁判所が，裁判官の全員一致で，公の秩序又は善良の風俗を害する虞があると決した場合には，対審は，公開しないでこれを行ふことができる。但し，政治犯罪，出版に関する犯罪又はこの憲法第三章で保障する国民の権利が問題となつてゐる事件の対審は，常にこれを公開しなければならない。

問題 38　裁判の公開　Check!☞□□□

裁判の公開に関する次の記述のうち，判例に照らし，妥当なのはどれか。

（国家Ⅱ種 2000（平成 12）年度）

1.　憲法第 82 条第 1 項により裁判の公開が制度として保障されていることに伴い，各人は，裁判を傍聴することができるので，各人は裁判所に対して傍聴することを権利として要求することができ，傍聴人は法廷においてメモを取ることを権利として保障されている。

2.　民事上の秩序罰としての過料を科する作用は，その実質においては，一種の行政処分としての性質を有するものであるから，法律上，裁判所がこれを科することにしている場合でも，公開の法廷における対審及び判決による必要はないが，過料の裁判に対する不服申立ての手続は，最終的には純然たる訴訟事件として処理すべきものであり，公開の法廷における対審及び判決による必要がある。

3.　刑事裁判の公正を担保するために，国民は刑事確定訴訟記録を閲覧する権利を有しているから，この利益を保護するために，憲法第82条第1項は，国民に対して個別的・具体的権利として刑事確定訴訟記録の閲覧を請求する権利を認めている。

4.　家事審判法第9条第1項乙類第1号の夫婦同居の義務に関する審判は，夫婦同居の義務等の実体的権利義務自体を確定する趣旨のものではなく，これら実体的権利義務の存することを前提として，その具体的内容を定める処分であり，その前提たる同居義務等自体については公開の法廷における対審及び判決を求める途が閉ざされているわけではないから，公開の法廷における対審及び判決による必要はない。

5.　憲法が裁判の対審及び判決を公開法廷で行うことを規定しているのは，手続を一般に公開してその審判が公正に行われていることを保障するためであるから，公判廷における写真撮影，録音及び放送の許可を裁判所の裁量にゆだねることは，憲法に違反する。

（参考）　憲法

第82条①　裁判の対審及び判決は，公開法廷でこれを行ふ。

家事審判法

第9条①　家庭裁判所は，左の事項について審判を行う。

乙類　一　民法第752条の規定による夫婦の同居その他の夫婦間の協力扶助に関する処分

問題 38 の解説

1. **妥当でない。** 判例は，憲法 82 条 1 項により，裁判の公開が制度として保障されていることに伴い，各人は，裁判を傍聴することができることとなるが，同規定は，各人が裁判所に対して傍聴することを権利として要求できることまでを認めたものでないことはもとより，傍聴人に対して法廷においてメモを取ることを権利として保障しているものでない，とした（**最大判平成元.3.8** 民集 43 巻 2 号 89 頁，**法廷メモ訴訟**）。
2. **妥当でない。** 判例は，民事上の秩序罰としての過料を科する作用は，国家のいわゆる後見的民事監督の作用であり，その実質においては，一種の行政処分としての性質を有するものであるから，もともと純然たる訴訟事件としての性質の認められる刑事制裁を科する作用とは異なるので，憲法 82 条，32 条の定めるところにより，公開の法廷における対審および判決によって行なわれなければならないものではなく，過料を科せられた者の不服申立の手続についても，非訟事件手続法の定めるところにより，公正な不服申立の手続が保障されていることにかんがみ，公開・対審の原則を認めなかったからといって，憲法 82 条，32 条に違反するものではない，とした（**最大決昭和 41.12.27** 民集 20 巻 10 号 2279 頁，**過料裁判非公開事件**）。
3. **妥当でない。** 判例は，憲法 21 条，82 条は刑事確定訴訟記録の閲覧を権利として要求できることまでを認めたものでない，とした（**最決平成 2.2.16** 集刑 254 号 113 頁，**刑事確定訴訟記録閲覧請求訴訟**）。
4. **妥当である。** 判例は，夫婦の同居その他夫婦間の協力扶助に関する審判は，夫婦同居の義務等の実体的権利義務自体を確定する趣旨のものではなく，これら実体的権利義務の存することを前提として，例えば夫婦の同居についていえば，その同居の時期，場所，態様等について具体的内容を定める処分であり，また必要に応じてこれに基づき給付を命ずる処分であり，かかる裁判は本質的に非訟事件の裁判であって，公開の法廷における対審および判決によってなすことを要しないものである，とした（**最大決昭和 40.6.30** 民集 19 巻 4 号 1089 頁，

夫婦協力扶助審判非公開事件）。また，審判確定後は，審判の形成的効力については争いえないところであるが，その前提たる同居義務等自体については公開の法廷における対審および判決を求める途が閉ざされているわけではないので，家事審判法（事件当時）に関する規定は憲法82条，32条に抵触しない，とした（同判決）。

5.　**妥当でない。**　判例は，憲法が裁判の対審および判決を公開法廷で行うことを規定しているのは，手続を一般に公開してその審判が公正に行われることを保障する趣旨にほかならないのであるから，たとい公判廷の状況を一般に報道するための取材活動であっても，その活動が公判廷における審判の秩序を乱し被告人その他訴訟関係人の正当な利益を不当に害するがごときものは，もとより許されないところであり，公判廷における写真の撮影等は，その行われる時，場所等のいかんによっては，前記のような好ましくない結果を生ずる恐れがあるので，写真撮影の許可等を裁判所の裁量に委ね，その許可に従わないかぎりこれらの行為をすることができないとした刑事訴訟規則215条は，憲法に違反するものではない，とした（**最大決昭和33.2.17**刑集12巻2号253頁，**法廷写真撮影事件**）。

＊正解　4

●解法のポイント●

◆　憲法上，傍聴人が法廷においてメモを取る権利は保障されていない。

◆　民事上の秩序罰としての過料を科する作用およびその不服申立手続は，公開の法廷における対審および判決によって行なわれなければならないものではない。

◆　憲法上，刑事確定訴訟記録を閲覧する権利は保障されていない。

◆　夫婦の同居その他夫婦間の協力扶助に関する審判は，公開の法廷における対審および判決によって行なわれなければならないものではない。

■7.4　司法権の独立

アウトライン

司法権の独立とは，司法権が外部からの干渉を受けることなく独立して行使されることを意味する。裁判が公正に行われ人権が保障されるためには，裁判が外部からの干渉を受けずに独立して行われることが不可欠である。このため司法権について特に強くその独立性が確保されている。

司法権の独立の中核は，裁判官の職権の独立である。裁判官の職権の独立とは，裁判官が外部から干渉を受けることなく独立して裁判を行うことができることをいう。すべての裁判官は，その良心に従って独立してその職権を行うのであり，憲法および法律にのみ拘束される（憲法76条3項)。裁判官は独立してその職権を行うので，裁判所の外部からだけでなく裁判所の内部においても独立して職権を行う。たとえば，裁判所の上司からの指示も受けない。なお，ここでいう良心とは，裁判官個人の正義感ではない。法を適切に適用して裁判を行うという裁判官としての職業倫理を意味する。

裁判官が独立してその職権を行うためには，裁判官の身分が安定していることが不可欠である。このため裁判官については，以下のような手厚い身分保障がなされている。

第1に，行政機関が裁判官に対して懲戒処分を課すことが禁止されている（憲法78条後段)。行政機関だけでなく，国会による懲戒処分も禁止される。

第2に，裁判官が罷免されるのは，原則として，裁判により心身の故障により職務をとることができないと決定された場合と，弾劾裁判所において罷免判決を受けた場合の2つの場合に限られる（憲法78条前段)。ただし，最高裁判所の裁判官については，国民審査で投票者の多数が罷免すべきとした場合にも罷免される（憲法79条2・3項)。

第3に，裁判官は，定期に相当額の報酬を受ける（憲法79条6項前段，80条2項前段）。この報酬を減額することはできない（憲法79条6項後段，80条2項後段）。

裁判官の独立を確保するためには，裁判官が所属する裁判所自体も独立していることが必要となる。具体的には，最高裁判所による下級裁判所裁判官指名権（憲法80条1項）や規則制定権（憲法77条1項）などが認められている。

問題39　司法権の独立　Check!☞□□□

司法権の独立に関する次のア～エの記述のうち，妥当なもののみを全て挙げているのはどれか。

ア．最高裁判所は，その長たる裁判官（最高裁判所長官）及びその他の裁判官（最高裁判所判事）によって構成されるところ，最高裁判所判事の人数については，法律で定めることとされている。また，最高裁判所長官は，内閣の指名に基づいて天皇が任命するが，最高裁判所判事については，最高裁判所長官の指名した者の名簿によって内閣が任命するとされており，これによって内閣による恣意的な最高裁判所判事の任命を防ぎ，司法権の独立が図られている。（国家Ⅰ種2011（平成23）年度）

イ．最高裁判所の裁判官の国民審査は，実質的にはいわゆる解職の制度であり，積極的に罷免を可とするものと，そうでないものとの二つに分かれるのであって，罷免の可否について不明の者の投票を罷免を可とするものではない票に数えることは，憲法に反するものではないとするのが判例である。（国家Ⅰ種2011（平成23）年度）

ウ．憲法上，最高裁判所の裁判官及び下級裁判所の裁判官の身分保障については，差異が設けられており，下級裁判所の裁判官は，裁判により，心身の故障のために職務を執ることができないと決定された場合には罷免されるが，最高裁判所の裁判官の罷免は国民審査にゆだねられ，裁判により罷

免されることはない。　（国家Ⅰ種 2011（平成 23）年度）

エ．憲法第 76 条第 3 項の「裁判官の良心」については，憲法第 19 条で保障されている個人的・主観的な意味での良心ではなく客観的な「裁判官としての良心」であると解する説と，およそ一人の良心は一つだけのはずであり主観的・個人的な意味での良心であると解する説とが存在するが，判例は，後者の立場を採り，個人的な良心と法の命ずるところが食い違った場合に個人的な良心を法に優先させることは，憲法上許容されるとしている。

（国家Ⅰ種 2001（平成 13）年度）

1. ア
2. イ
3. ア，ウ
4. イ，エ
5. ウ，エ

問題 39 の解説

ア．**妥当でない。**　最高裁判所は，その長たる裁判官（最高裁判所長官）および法律の定める員数のその他の裁判官（最高裁判所判事）で構成される（憲法 79 条 1 項）。現行法では，最高裁判所判事の員数は 14 人と定められている（裁判所法 5 条 3 項）。最高裁判所長官は，内閣の指名に基づいて天皇が任命する（憲法 6 条 2 項）。最高裁判所判事は，内閣が任命する（憲法 79 条 1 項）。内閣と裁判所との均衡のためである。

イ．**妥当である。**　判例は，最高裁判所裁判官任命に関する国民審査の制度はその実質において解職の制度であり，このことは憲法 79 条 3 項の規定にあらわれているとした（最大判昭和 27.2.20 民集 6 巻 2 号 122 頁，最高裁判所裁判官国民審査事件）。このため最高裁判所裁判官の国民審査は，投票を積極的に罷免を可とするものと，そうでないものとの 2 つに分け，前者が後者より多数であるか否かを知ろうとするものであるから，罷免する方がいいか悪いかわからない者は，積極的に「罷免を可とするもの」に属しないことはもちろんだから，そういう者の投票は後者の方に入るのが当然である，とした（同判決）。

ウ．**妥当でない。**　裁判官は，裁判により，心身の故障のために職務を執ることができないと決定された場合を除いては，公の弾劾によらなければ罷免されない（**憲法78条前段**）。裁判官の身分を保障するためである。ここにいう裁判官とはすべての裁判官であり，下級裁判所の裁判官だけでなく，最高裁判所の裁判官も含まれる。

エ．**妥当でない。**　**憲法76条3項**では，「すべて裁判官は，その良心に従ひ独立してその職権を行ひ，この憲法及び法律にのみ拘束される。」と定められている。この「良心」の意味について，客観的な裁判官としての良心とする説と，主観的な裁判官個人としての良心とする説がある。判例は，裁判官は有効な法の範囲内において，自ら是なりと信ずる処に従って裁判をすれば，それで憲法のいう良心に従った裁判といえると述べ（**最大判昭和23.12.15** 刑集2巻13号1783頁，**有毒飲食物等取締令事件**），あくまで裁判官は法の範囲内で裁判をすべきとしており，個人的な良心と法の命ずるところが食い違った場合には，法を優先させるべきである，とした（同判決）。

＊正解　2

●解法のポイント●

◆　最高裁判所長官は内閣が指名し，最高裁判所判事は内閣が任命する。

◆　すべての裁判官は，裁判により，心身の故障のために職務を執ることができないと決定された場合には，罷免される。

◆　憲法76条3項の良心とは，客観的な裁判官としての良心を意味する。

＊ 参考条文については238頁参照。

■7.5　違憲審査権

アウトライン

違憲審査権とは，国家の行為が憲法に反するかどうかを審査する権限のことをいう。

憲法は最高法規であり，憲法に反する国家の行為はすべて無効である（憲法98条1項）。しかし，実際に憲法に反する国家の行為がなされた場合に，その行為を無効とする手続きがなければ，憲法が最高法規であることの意味が失われる。同様に，国家の行為により人権が侵害された場合に，その人権侵害を救済する手続きがなければ，憲法が人権を保障することの意味が失われる。このように憲法最高法規性および人権保障を確保するために，違憲審査権が存在する。

違憲審査権は，最高裁判所だけでなく下級裁判所も行使できる。裁判官は憲法および法律に拘束され，憲法を尊重し擁護する義務を負っているので，具体的争訟事件に法令を適用して裁判するにあたり，その法令が憲法に適合するか否かを判断することは，憲法によって裁判官に課された職務と職権であって，このことは最高裁判所の裁判官であると下級裁判所の裁判官であるとを問わないからである（**最大判昭和25.2.1刑集4巻2号73頁，食糧管理法違反事件**）。

裁判所は，どのような場合に違憲審査権を行使できるかが問題となる。具体的な事件と無関係に抽象的に法令の違憲審査ができるとする説（抽象的審査制説）もあるが通説・判例は，具体的な事件を解決する際に，その解決に必要な範囲で違憲審査権を行使できるとする（**最大判昭和27.10.8民集6巻9号783頁，警察予備隊事件。付随的審査制説**）。司法権は，具体的な争訟を解決する作用だからである。

憲法81条は，違憲審査権の行使対象として「一切の法律，命令，規則又は処分」を挙げているが，これらは例示にすぎず，すべての国家の行為が違憲審査権の行使対象となる。たとえば，地方公共団体が定めた法である条例や，国家間の約束である条約も違憲審査権の行使対象となる。

判決において違憲とされた法律の効力について，当該法律は廃止されるとする説（一般的効力説）もあるが，通説は，当該法律は，その判決が出された事件においてのみ適用されなくなるにとどまり，法律そのものは廃止されず存続するとしている（個別的効力説）。法律を廃止するというのも立法権の行使であり，立法権を持つのは国会のみであるので（憲法 41 条），国会のみが法律を廃止できるのであり，裁判所は法律を廃止できないからである。

問題 40 違憲審査権

Check!☞□□□

違憲審査権に関する次のア～エの記述のうち，妥当なもののみを全て挙げているのはどれか。

ア．憲法第 81 条は，最高裁判所が違憲審査権を有する終審裁判所であることを明らかにした規定であって，下級裁判所が違憲審査権を有することを否定する趣旨をもっているものではなく，下級裁判所も憲法適否の判断を行うことができる。 （国家総合職 2013（平成 25）年度）

イ．司法権を発動するためには，具体的な訴訟事件が提起されていることが必要であり，裁判所は，具体的な訴訟事件が提起されていないのに将来を予想して憲法及びその他の法律命令等の解釈に対し存在する疑義論争に関し抽象的な判断を下すといった権限を有していない。

（国家総合職 2013（平成 25）年度）

ウ．日本国憲法においては，司法権を行使する前提として対象となる事件が「法律上の争訟」であることが必要であり，裁判所の違憲審査権は通常の訴訟手続の中でその訴訟の解決に必要な限りにおいてのみ行使されるという付随的審査制を採用していると解するのが通説であるが，いわゆる客観訴訟において違憲審査権が行使される場合があり，例えば，法律上の争訟

性を欠くとされる住民訴訟において，最高裁判所は違憲審査権を行使している。　(国家Ⅰ種 2001（平成 13）年度)

エ．最高裁判所によって違憲と判断された法律については，その適用が問題となった事件についてのみその適用を排除されるにとどまると解する説と，当該事件についてのみでなく一般的にその効力を失うと解する説とがあるが，判例は，憲法第 98 条第 1 項が「この憲法…の条規に反する法律…の全部又は一部は，その効力を有しない。」と定めていることを根拠に，最高裁判所によって違憲と判断された法律は一般的にその効力を失うとしている。　(国家Ⅰ種 2001（平成 13）年度)

1. ア，イ
2. ア，ウ
3. ウ，エ
4. ア，イ，ウ
5. イ，ウ，エ

問題 40 の解説

ア．**妥当である。**　判例は，裁判官は憲法および法律に拘束され，憲法を尊重し擁護する義務を負っているので，具体的争訟事件に法令を適用して裁判するにあたり，その法令が憲法に適合するか否かを判断することは，憲法によって裁判官に課された職務と職権であって，このことは最高裁判所の裁判官であると下級裁判所の裁判官であるとを問わないとする（**最大判昭和 25.2.1 刑集 4 巻 2 号 73 頁，食糧管理法違反事件**）。また，判例は，憲法 81 条は，最高裁判所が違憲審査権を有する終審裁判所であることを明らかにした規定であって，下級裁判所が違憲審査権を有することを否定する趣旨をもっているものではない，とした（同判決）。

イ．**妥当である。**　判例は，わが裁判所が現行の制度上与えられているのは司法権を行う権限であり，そして司法権が発動するためには具体的な争訟事件が提起されることを必要とするので，わが裁判所は具体的な争訟事件が提起されないのに将来を予想して憲法およびその他の法律命令等の解釈に対し存在する疑義論争に関し抽象的な判断を下すごとき権限を行い得るものではない，とした（**最大判昭和27.10.8民集6巻9号783頁，警察予備隊事件**）。

ウ．**妥当である。**　わが国の違憲審査制は，付随的違憲審査制であるとするのが通説・判例である（**最大判昭和27.10.8民集6巻9号783頁，警察予備隊事件**）。裁判所は，法律上の争訟に対して司法権を行使できる。訴訟のうち，個人の権利義務に関する訴訟である主観訴訟は，法律上の争訟に該当し，裁判所が司法権を行使できる。しかし，住民訴訟（地方自治法242条の2）のような個人の権利義務と無関係に客観的な法秩序維持を目的とする訴訟である客観訴訟は法律上の争訟に該当しない。このため，客観訴訟に対して裁判所は司法権を行使できないのであり，法律において特に定める権限（裁判所法3条）として，法律に定める場合（行政事件訴訟法42条）にのみ裁判を行うことができる。客観訴訟において裁判所が違憲審査権を行使することは，抽象的な法令審査であるので，付随的違憲審査制からは許されないのではないかが問題となる。この問題については，具体的な国の行為の適法性を争うのであれば，抽象的な法令審査とはいえないので，司法権の範囲に含まれるとする説が有力である。最高裁判所も，たとえば**玉串料訴訟**（**最大判平成9.4.2民集51巻4号1673頁**）のような住民訴訟において違憲審査権を行使している。

エ．**妥当でない。**　判決において違憲とされた法律の効力について，通説は，当該法律は，その判決が出された事件においてのみ適用されなくなるにとどまり，法律そのものは廃止されず存続するとしている（個別的効力説）。法律を廃止するというのも立法権の行使であり，立法権を持つのは国会のみであるので（**憲法41条**），国会のみが法律を廃止できるのであり，裁判所は法律を廃止できないからである。実務においても，法令違憲判決が出された法律については，国会が改廃手続をとっている。また，現時点において，一般的効力説を採用した判例は存在しない。

＊正解　4

●解法のポイント●

◆ 違憲審査権は，下級裁判所も行使できる。
◆ わが国の違憲審査制は，付随的違憲審査制である。
◆ 客観訴訟においても，裁判所は違憲審査権を行使できる。
◆ 法令違憲判決が出された法律の効力について言及した判例は存在しない。

［参考（7.4, 7.5）］
第6条2項　天皇は，内閣の指名に基いて，最高裁判所の長たる裁判官を任命する。
第41条　国会は，国権の最高機関であつて，国の唯一の立法機関である。
第76条3項　すべて裁判官は，その良心に従ひ独立してその職権を行ひ，この憲法及び法律にのみ拘束される。
第77条1項　最高裁判所は，訴訟に関する手続，弁護士，裁判所の内部規律及び司法事務処理に関する事項について，規則を定める権限を有する。
第78条　裁判官は，裁判により，心身の故障のために職務を執ることができないと決定された場合を除いては，公の弾劾によらなければ罷免されない。裁判官の懲戒処分は，行政機関がこれを行ふことはできない。
第79条　最高裁判所は，その長たる裁判官及び法律の定める員数のその他の裁判官でこれを構成し，その長たる裁判官以外の裁判官は，内閣でこれを任命する。
2　最高裁判所の裁判官の任命は，その任命後初めて行はれる衆議院議員総選挙の際国民の審査に付し，その後10年を経過した後初めて行はれる衆議院議員総選挙の際更に審査に付し，その後も同様とする。
3　前項の場合において，投票者の多数が裁判官の罷免を可とするときは，その裁判官は，罷免される。
6　最高裁判所の裁判官は，すべて定期に相当額の報酬を受ける。この報酬は，在任中，これを減額することができない。
第80条　下級裁判所の裁判官は，最高裁判所の指名した者の名簿によつて，内閣でこれを任命する。その裁判官は，任期を10年とし，再任されることができる。但し，法律の定める年齢に達した時には退官する。
2　下級裁判所の裁判官は，すべて定期に相当額の報酬を受ける。この報酬は，在任中，これを減額することができない。
第81条　最高裁判所は，一切の法律，命令，規則又は処分が憲法に適合するかしないかを決定する権限を有する終審裁判所である。
第98条1項　この憲法は，国の最高法規であつて，その条規に反する法律，命令，詔勅及び国務に関するその他の行為の全部又は一部は，その効力を有しない。
〈裁判所法〉
第5条（裁判官）3項　最高裁判所判事の員数は，14人とし，下級裁判所の裁判官の員数は，別に法律でこれを定める。

第７章　章末問題

問題１　司 法 権　　Check!☞□□□

司法権に関するア～オの記述のうち，妥当なもののみを全て挙げているのはどれか。

（国家総合職 2018（平成 30）年度）

ア．司法権とは，具体的な争訟について，法を適用し，宣言することによって，これを裁定する国家の作用であり，裁判所において，紛争当事者間に法律関係に関する具体的な利害の対立がないにもかかわらず抽象的に法令の解釈又は効力について争うことはできないと一般に解されている。

イ．国民には裁判の傍聴の自由が認められており，裁判の公開の保障は，傍聴人のメモを取る権利の保障を含むとして，傍聴人のメモを取る行為が公正かつ円滑な訴訟の運営を妨げない限り，傍聴人がメモを取ることを禁止することは許されないとするのが判例である。

ウ．最高裁判所の裁判官の国民審査は，現行法上，罷免を可とすべき裁判官及び不可とすべき裁判官にそれぞれ印を付すという投票方法によっているが，これは，同制度の趣旨が，内閣による裁判官の恣意的な任命を防止し，その任命を確定させるための事後審査を行う権利を国民に保障するものであると一般に解されていることを踏まえたものである。

エ．警察法の審議に当たり，法律の成立手続の違憲性が問われた事案において，最高裁判所は，同法が国会の両院において議決を経たものとされ適法な手続によって公布されている以上，裁判所は両院の自主性を尊重すべきであり，同法制定の議事手続の有効無効を判断すべきでないと判示した。

オ．裁判が公正に行われ人権の保障が確保されるためには，裁判を担当する裁判官が外部からの圧力や干渉を受けずに職責を果たすことが必要であり，裁判官は，国民審査及び公の弾劾による場合を除いては，罷免されない。

1. ア
2. ア，エ
3. イ，ウ
4. ウ，オ
5. ア，エ，オ

7
裁判所

問題 2　違憲審査権　Check!☞□□□

違憲審査権に関するア～オの記述のうち，判例に照らし，妥当なもののみを全て挙げているのはどれか。（国家総合職 2017（平成 29）年度）

ア．裁判所が司法権を発動するためには，具体的な争訟事件が提起されることが必要であり，裁判所は，具体的な争訟事件が提起されないのに将来を予想して憲法及びその他の法律命令等の解釈に対し存在する疑義論争に関し抽象的な判断を下すといった権限を有していない。

イ．憲法第 81 条は，最高裁判所が一切の法律，命令，規則又は処分が憲法に適合するかしないかを決定する権限を有すると規定しており，これらに条約は含まれていないことから，条約は違憲審査の対象とはならない。

ウ．裁判所の判決は，憲法第 81 条の「一切の法律，命令，規則又は処分」にいう「処分」に含まれ，違憲審査の対象となる。

エ．衆議院の解散が，その依拠する憲法の条章について適用を誤ったが故に無効であるかどうか，あるいは，衆議院の解散を行うに当たり憲法上必要とされる内閣の助言と承認に瑕疵があったが故に無効であるかどうかといった問題は，それが一見して極めて明白に違憲無効であると認められない限り，裁判所の違憲審査の対象とはならない。

オ．憲法第 81 条は，最高裁判所が一切の法律，命令，規則又は処分が憲法に適合するかしないかを決定する権限を有すると規定していることから，下級裁判所が違憲審査を行うことは認められない。

1. ア，ウ
2. ア，エ
3. イ，オ
4. ア，ウ，エ
5. イ，エ，オ

第8章 財　政

出題傾向

■財政は，**3～4 年に 1 回程度の頻度**で出題される，あまり出題頻度の高くない分野である。

■そのなかで，比較的よく出題されるのは**租税法律主義**についてであり，特に**国民健康保険料と租税法律主義に関する判決の内容**を問う問題がよく出題されている。

■これ以外には，**予算の法的性格に関する学説の内容**を問う問題や**予備費の支出**に関する問題，**特別会計**に関する問題が，ときどき出題されている。

■8.1　租税法律主義

アウトライン

財政民主主義とは，財政の処理は国会の議決に基づいて行われなければならないことをいう（憲法 83 条)。財政は政治の方向性を決める重要な問題であるので，国会を通じて主権者である国民の同意を得なければならないからである。また，財政は国民の負担を必要とするので，国会を通じて国民の同意を得なければならないからである。

財政民主主義の租税面での具体化が，租税法律主義である。租税法律主義とは，租税を課すためには，法律に基づかなければならないことをいう（憲法 84 条)。租税は国民に負担を課すものであるので，租税を課すためには，国会を通じて国民の同意を得なければならないからである。

租税とは，特定の給付に対する反対給付としてでなく，国がその経費にあてるために，国民から強制的に徴収する金銭のことをいう。ただし，租税でなくても，手数料や負担金のように国が国民から強制的に徴収する金銭については，国民に負担を課す場合は国会の同意を得なければならないという憲法84条の趣旨から，国会の議決を必要とする。

旧通達において非課税とされていた物品に対して，通達の変更により課税することが，通達は法律でないことから，租税法律主義に反するかが問題となる。判例は，課税がたまたま通達を機縁として行われたものであっても，通達の内容が法の正しい解釈に合致するものである以上，課税処分は法の根拠に基づく処分であり，合憲である，とした（最判昭和33.3.28民集12巻4号624頁，パチンコ球遊器訴訟）。

問題41 租税法律主義

Check!☞□□□

憲法第84条に関するア～オの記述のうち，妥当なもののみを全て挙げているのはどれか。

（国家総合職2012（平成24）年度）

ア．国又は地方公共団体が，課税権に基づき，特別の給付に対する反対給付としてではなく，一定の要件に該当する全ての者に対して課する金銭給付は，その形式のいかんにかかわらず，憲法第84条に規定する租税に当たるというべきところ，市町村が行う国民健康保険の保険料は，被保険者において保険給付を受け得ることに対する反対給付として徴収されるものではあるものの，国民健康保険事業に要する経費の多くは公的資金によって賄われており，これによって保険料と保険給付を受け得る地位との牽連性が断ち切られていること，国民健康保険は強制加入とされ，保険料が強制徴収されることに鑑みれば，国民健康保険の保険料は憲法第84条に規定する租税に当たり，同条の規定が直接に適用されるとするのが判例である。

イ．公共組合である農業共済組合が組合員に対して賦課徴収する共済掛金及び賦課金については，同組合は，国の農業災害対策の一つである農業災害補償制度の運営を担当する組織として設立が認められたものであり，農作物共済に関しては同組合への当然加入制が採られ，共済掛金及び賦課金が強制徴収され，賦課徴収の強制の度合いにおいては租税に類似する性質を有するものであるから，憲法第84条の趣旨が及ぶと解すべきところ，農業災害補償法は，農作物共済に係る共済掛金及び賦課金の具体的な決定を農業共済組合の定款又は総会若しくは総代会の議決に委ねており，かかる法の規定は，その賦課に関する規律として合理性を有するものとはいえないから，憲法第84条の趣旨に反するとするのが判例である。

ウ．法律上は課税できるにもかかわらず，実際上は非課税として取り扱われてきたパチンコ球遊器に対する課税処分は，たまたまそれが通達を機縁として行われたものであっても，通達の内容が法の正しい解釈に合致するものである以上，法の根拠に基づく処分と解することができるとするのが判例である。

エ．憲法第84条により法律に基づいて定めることとされる事項は，租税の創設，改廃はもとより，納税義務者，課税物件，課税標準，税率等の課税の実体的要件も含まれるが，税の賦課徴収の手続的要件については，税の効率的かつ柔軟な賦課徴収を担保するという観点から，法律に基づいて定めることを要しないとするのが判例である。

オ．形式的には租税ではないとしても，国民に対し，一方的・強制的に賦課徴収する金銭は，実質的に租税と同視し得るものであるから，道路占用料などの負担金，国公立美術館入場料などの手数料，電気・ガス料金などの公益事業の料金は，いずれも憲法第84条にいう「租税」に含まれ，これらは全て法律で定めなければならないと一般に解されている。

1. イ
2. ウ
3. ア，イ
4. ア，ウ
5. エ，オ

（参考） 日本国憲法

第84条　あらたに租税を課し，又は現行の租税を変更するには，法律又は法律の定める条件によることを必要とする。

問題41の解説

ア．**妥当でない。**　判例は，国または地方公共団体が，課税権に基づき，その経費に充てるための資金を調達する目的をもって，特別の給付に対する反対給付としてでなく，一定の要件に該当するすべての者に対して課する金銭給付は，その形式のいかんにかかわらず，憲法84条に規定する租税にあたる，とした（**最大判平成18.3.1民集60巻2号587頁**，**国民健康保険条例訴訟**）。そのうえで判例は，市町村が行う国民健康保険の保険料は，これと異なり，被保険者において保険給付を受け得ることに対する反対給付として徴収されるものであり，国民健康保険事業に要する経費の約3分の2は公的資金によって賄われているが，これによって，保険料と保険給付を受け得る地位とのけん連性が断ち切られるものではなく，また，国民健康保険が強制加入とされ，保険料が強制徴収されるのは，保険給付を受ける被保険者をなるべく保険事故を生ずべき者の全部とし，保険事故により生ずる個人の経済的損害を加入者相互において分担すべきであるとする社会保険としての国民健康保険の目的および性質に由来するものというべきであるので，国民健康保険料に憲法84条の規定が直接に適用されることはない，とした（同判決）。

イ．**妥当でない。**　判例は，公共組合である農業共済組合が組合員に対して賦課徴収する共済掛金及び賦課金は，国または地方公共団体が課税権に基づいて課する租税ではないから，これに憲法**84条**の規定が直接に適用されることはない，とした（**最判平成18.3.28集民219号981頁**，**農業共済掛金事件**）。もっとも，判例は，農業共済組合は，国の農業災害対策の1つである農業災害補償制度の運営を担当する組織として設立が認められたものであり，農作物共済に関しては農業共済組合への当然加入制が採られ，共済掛金および賦課金が強制徴収され，賦課徴収の強制の度合いにおいては租税に類似する性質を有するものであるから，これに憲法84条の趣旨が及ぶと解すべきであるが，その賦課について法律によりどのような規律がされるべきかは，賦課徴収の強制の度合いのほか，農作物共済に係る農業災害補償制度の目的，特質等をも総合考慮して判断する必要がある，とした（同判決）。そして，法は，共済事故により生ずる個人の経済的損害を組合員相互において分担することを目的とする農作物共済に係る共済掛金および賦課金の具体的な決定を農業共済組合の定款または総会もしくは総代会の議決にゆだねているが，これは，当該決定を農業共済組合の自治にゆだね，その組合員による民主的な統制の下に置くものとしたものであって，その賦課に関する規律として合理性を有するものということができるので，こうした共済掛金および賦課金の賦課に関する法の規定は，憲法84条の趣旨に反しない，とした（同判決）。

ウ．**妥当である。**　旧物品税法において遊戯具が課税物品とされていたが，パチンコ球遊器は物品税の課税対象とされてこなかった。しかし，パチンコ球遊器は遊戯具に含まれるので物品税の課税対象となるという通達が出されたことにより，パチンコ球遊器も物品税の課税対象となった。このことが租税法律主義に違反するのではないかが問題となった。この問題について判例は，社会観念上普通に遊戯具とされているパチンコ球遊器が物品税法上の「遊戯具」のうちに含まれないと解することは困難であるとしたうえで，本件の課税がたまたま通達を機縁として行われたものであっても，通達の内容が法の正しい解釈に合致するものである以上，本件課税処分は法の根拠に基づく処分であるので，本件課税処分は無効ではない，とした（**最判昭和33.3.28民集12巻4号624頁，パチンコ球遊器訴訟**）。

エ．**妥当でない。**　判例は，民主政治の下では国民は国会におけるその代表者を通して，自ら国費を負担することが根本原則であって，国民はその総意を反映する租税立法に基づいて自主的に納税の義務を負うものとされ（憲法30条参照），その反面においてあらたに租税を課しまたは現行の租税を変更するには法律または法律の定める条件によることが必要とされているのであるから（**憲法84条**），日本国憲法の下では，租税を創設し，改廃するのはもとより，納税義務者，課税標準，徴税の手続はすべて法律に基づいて定められなければならないと同時に法律に基づいて定めるところに委せられていると解すべきである，とした（**最大判昭和30.3.23**民集9巻3号336頁，**固定資産税賦課取消請求訴訟**）。

オ．**妥当でない。**　租税とは，特定の給付に対する反対給付としてでなく，国がその経費にあてるために，国民から強制的に徴収する金銭のことをいう。手数料や負担金は，特定の給付に対する反対給付として徴収される金銭であるので，憲法84条の租税に該当しないため，これらの徴収について法律で定める必要はないと一般には解されている。ただし，租税でなくても，国が国民から強制的に徴収する金銭については，国民に負担を課す場合は国会の同意を得なければならないという憲法84条の趣旨から，国会の議決を必要とすると，一般には解されている。判例も，**憲法84条**は，国民に対して義務を課しまたは権利を制限するには法律の根拠を要するという法原則を租税について厳格化した形で明文化したものであるので，国，地方公共団体等が賦課徴収する租税以外の公課であっても，その性質に応じて，法律または法律の範囲内で制定された条例によって適正な規律がされるべきものと解すべきであり，**憲法84条**に規定する租税ではないという理由だけから，そのすべてが当然に同条に現れた法原則のらち外にあると判断することは相当ではなく，租税以外の公課であっても，賦課徴収の強制の度合い等の点において租税に類似する性質を有するものについては，**憲法84条**の趣旨が及ぶと解すべきである，とした（**最大判平成18.3.1**民集60巻2号587頁，**国民健康保険条例訴訟**）。ただし，判例は，そのような場合であっても，租税以外の公課は，租税とその性質が共通する点や異なる点があり，また，賦課徴収の目的に応じて多種多様であるから，賦課要件が法律または条例にどの程度明確に定められるべきかなどその規律のあり方については，当該公課の性質，賦課徴収の目的，その強制の度合い等を総合考慮して判断すべきものである，とした（同判決）。

＊正解　2

●解法のポイント●

◆　国民健康保険料は，憲法84条の租税に該当しない。

◆　農作物共済の掛金および賦課金の具体的な決定を農業共済組合の定款または総会もしくは総代会の議決に委ねることは，憲法84条の趣旨に反しない。

◆　通達を機縁とする課税は，通達の内容が法の正しい解釈に合致するものであれば，法に基づく課税であるので有効である。

◆　租税法律主義は課税要件および課税手続の法定および適正を要求する。

◆　手数料や負担金は，憲法84条の租税に該当しないので，法律で定める必要はない。

［参考］
第30条　国民は，法律の定めるところにより，納税の義務を負ふ。
第83条　国の財政を処理する権限は，国会の議決に基いて，これを行使しなければならない。
第84条　あらたに租税を課し，又は現行の租税を変更するには，法律又は法律の定める条件によることを必要とする。

■8.2　予算の法的性質

アウトライン

予算とは，一会計年度の歳入と歳出の見積もりを内容とする財政行為の準則のことをいう。内閣は，毎会計年度の予算を作成し，国会に提出して，その審議を受け議決を経なければならない（憲法 86 条）。財政民主主義の歳出面での具体化である。

予算の法的性質については，以下の説が主張されている。

第 1 が，予算は行政の計画であるとする予算行政説である。この説によれば，予算は法規範性を持たないことになる。第 2 が，予算は行政を法的に拘束する法律であるとする予算法律説である。第 3 が，予算は法律とは異なるが行政を法的に拘束する法の一形式であるとする予算法形式説である。

予算行政説に対しては，予算の法的拘束力を認めないため，財政民主主義に反すると批判される。予算法律説に対しては，予算は国民を拘束するものではないこと，予算は一会計年度の間しか効力を持たないこと，予算の制定手続きが法律と異なることなどから，予算は法律とは異なると批判される。このため，予算法形式説が通説となっている。

予算提案権が内閣の専権であることから（憲法 86 条・73 条 5 号），予算を国会が修正できるかが問題となる。

減額修正について，予算行政説は，予算の減額修正は制限されるとする。予算法形式説および予算法律説は，国会は自由に予算の減額修正をすることができるとする。

増額修正について，予算行政説は，国会が予算の増額修正をすることはできないとする。予算法形式説では，国会が予算の増額修正をすることができることには異論がないものの，国会は予算の同一性を損なうような増額修正をすることはできないとする説から，国会は自由に増額修正をすることができるとする説まで存在する。予算法律説は，国会は自由に予算の増額修正をすることができるとする。

予算が成立したが，予算の支出の根拠となる法律が成立していない場合，予算行政説および予算法形式説は，内閣は予算を執行することができないとする。ただし，予算法形式説は，内閣は予算を執行する義務を負うので，予算を執行するために必要な法律案を国会に提出して当該法律の成立を促す義務を負うとする。予算法律説は，内閣は予算という法律に基づいて予算を執行できるとする。

支出を義務付ける法律が成立している場合であっても，予算が成立していない場合，どの説も，内閣は支出をすることができないとする。しかし，内閣は法律を誠実に執行する義務を負うので（憲法 73 条 1 号），内閣は支出に必要な補正予算を国会に提出したり予備費から支出するなどの対応を行う義務を負うことになる。

［参考］
第 73 条　内閣は，他の一般行政事務の外，左の事務を行ふ。
一　法律を誠実に執行し，国務を総理すること。
五　予算を作成して国会に提出すること。
第 83 条　国の財政を処理する権限は，国会の議決に基いて，これを行使しなければならない。
第 86 条　内閣は，毎会計年度の予算を作成し，国会に提出して，その審議を受け議決を経なければならない。

問題 42 予算の法的性質

Check!☞□□□

予算の法的性質について，次の三つの説がある。

（Ⅰ説） 予算は法的性格を持たない，議会に対する内閣の意思表示である。

（Ⅱ説） 予算は法律ではないが，法的性格を持った国法の一形式である。

（Ⅲ説） 予算は法律と同等の法的性格を持つものである。

これらの説に関する次の記述のうち，妥当なのはどれか。

（国家Ⅰ種 1999（平成 11）年度）

1. Ⅰ説に対しては，予算には独自の議決手続が定められていること及び予算は国家機関のみを拘束し直接国民を拘束するものではないことを根拠とする批判が成り立つ。
2. いずれの説も内閣が提出した予算を国会が増額修正することを認めるが，増額修正できる範囲については，Ⅰ説が最も広く，Ⅲ説が最も狭い。
3. 内閣が提出した予算を国会が減額修正できるか否かについては，Ⅱ説及びⅢ説によれば，内閣の予算提案権と国会の予算審議権との調整の問題として取り扱われ，国会は予算の同一性を損なわない範囲で減額修正が可能である。
4. 予算の支出の根拠となる法律が成立していない場合であっても，Ⅰ説及びⅡ説によれば，その予算自体が成立していれば，内閣はその予算を執行することができる。
5. 予算は成立していないがその支出を義務付ける法律が成立している場合，Ⅰ説によれば，内閣は直ちにはその支出を行うことはできず，その支出を行うためには補正予算等により法律と予算の不一致の解消が図られる必要がある。

問題42の解説

1.　**妥当でない。**　Ⅰ説（予算行政説）は，予算は法的性格を持たない，議会に対する内閣の意思表示にすぎないとする説であるが，この説の根拠として，予算は国家機関のみを拘束するものなので，国民を直接拘束する法規範ではないことが挙げられる。つまり，「予算は国家機関のみを拘束し直接国民を拘束するものではない」ということは，Ⅰ説を支持する根拠であり，Ⅰ説を批判する根拠ではない。

2.　**妥当でない。**　Ⅰ説によれば，国会は予算発案権を持たないため，国会が予算の増額修正をすることはできないことになる。Ⅱ説（予算法形式説）においては，国会が財政処理の最高議決機関であることから（憲法83条），国会が予算を増額修正できること自体については異論がないものの，予算提案権が内閣に専属していることから（憲法86条），国会は予算の同一性を損なうような増額修正はできないとする説から，予算は国会の全面的な審議の対象となるので，国会は自由に増額修正できるとする説まで存在する。Ⅲ説（予算法律説）によれば，予算は法律であるので，国会は予算を自由に修正できることになるので，増額修正も自由に行うことができることになる。このように国会による予算の増額修正ができる範囲については，Ⅰ説が最も狭く，Ⅲ説が最も広い。

3.　**妥当でない。**　Ⅱ説およびⅢ説によれば，国会は予算を自由に減額修正できる。内閣の予算提案権を積極的に侵害するわけではないからである。なお，Ⅰ説によれば，予算の減額修正も制限されることになる。

4.　**妥当でない。**　Ⅰ説およびⅡ説によれば，予算の支出の根拠となる法律が成立していない場合，法律が存在しない以上内閣は予算を執行することができない。ただし，Ⅱ説によれば，内閣は予算を執行する義務を負うので，予算を執行するために必要な法律案を国会に提出して当該法律の成立を促す義務を負うことになる。なお，Ⅲ説によれば，内閣は予算という法律に基づいて予算を執行できるとされるが，これに対しては予算法律説からも国会の財政統制権を弱めるという批判がある。

5. **妥当である。** Ⅰ説・Ⅱ説・Ⅲ説のどの説によっても，支出を義務付ける法律が成立している場合であっても，予算が成立していない場合，内閣は支出をすることができない。国の財政を処理する権限は，国会の議決に基づかなければならないからである（憲法83条）。しかし，内閣は法律を誠実に執行する義務を負うので（憲法73条1号），内閣は支出に必要な補正予算を国会に提出したり予備費から支出するなどの対応を行う義務を負うことになる。

＊正解　5

●解法のポイント●

◆　予算は国家機関のみを拘束するものなので，国民を直接拘束する法規範ではないことということは，予算法律説を支持する根拠である。

◆　国会が予算を増額修正できる範囲について，予算行政説が最も狭く，予算法律説が最も広い。

◆　予算法形式説および予算行政説によれば，国会は自由に予算を減額修正できる。

◆　予算行政説および予算法形式説によれば，予算の支出の根拠となる法律が成立していない場合，内閣は予算を執行できない。

◆　支出を義務付ける法律が成立している場合であっても，予算が成立していない場合，内閣は支出をすることができない。

■8.3　予算および決算

アウトライン

内閣は，毎会計年度の予算を作成し，国会に提出して，その審議を受け議決を経なければならない（憲法86条）。しかし，会計年度が始まる前に，予算が成立しない場合がある。明治憲法では，予算が成立しなかった場合，政府は前年度の予算を施行できるとされていた（大日本帝国憲法71条）。日本国憲法ではそのようなことは認められておらず，内閣は，一会計年度のうち一定期間にかかる暫定予算を作成し，これを国会に提出することができるとされており（財政法30条1項），国会の議決に基づかない支出を認めていない。財政立憲主義を徹底するためである。

予備費とは，予見できない予算不足に充当するために計上する費用のことをいう。内閣は，国会の議決に基づいて予備費を設けることができ，内閣の責任で予備費を支出することができる（憲法87条1項）。ただし，予備費の支出については，内閣は，事後に国会の承諾を得なければならない（同条2項）。もっとも，予備費の支出について国会の事後承諾が得られなかった場合でも，当該支出が無効となるわけではない。支出が無効になると，支出を受けた国民が不利益を被ることになるからである。

決算とは，一会計年度における歳入および歳出の実績のことをいう。内閣は，決算を作成し，毎年会計検査院の検査を受け，次の年度にその検査報告とともに国会に報告しなければならない（憲法90条1項）。内閣が適正に支出したかどうかを国会が監督するためである。ただし，決算については，国会の議決は要求されていない。

＊ 参考条文については259頁参照。

問題43 予算および決算

Check!☞□□□

予算及び決算に関するア～オの記述のうち，妥当なもののみを全て挙げているのはどれか。

（国家一般職2014（平成26）年度）

ア．予算が様々な事情により新会計年度の開始までに成立しなかった場合は，暫定予算によることとなる。暫定予算は，本予算が成立するまで予算に空白を生じさせないための暫定的な措置にすぎないことから，内閣は，暫定予算を国会の議決を経ることなく支出することができ，同予算に基づき支出されたものは，後に成立した本予算に基づき支出されたものとみなされる。

イ．国の会計は，一般会計のほかに，特定の歳入をもって特定の歳出に充て一般の歳入歳出と区分して経理する必要がある場合に特別会計を設置することが認められており，この特別会計の予算については，毎会計年度国会の議決を経る必要がないなど一般会計の予算と異なる取扱いとすることが認められている。

ウ．予見し難い予算の不足に充てるため，国会の議決に基づいて設けられる予備費は，内閣の責任において支出することができるが，内閣は，その支出について，事後に国会の承諾を得なければならない。

エ．明治憲法においては，予算の議決権を有する国会は，内閣が提出した原案に対して廃案削減を行う減額修正のみならず，新たな款項を設けたりその金額を増額したりする増額修正も認められていたが，日本国憲法においては，予算発案権を内閣に専属せしめている趣旨から国会の増額修正は認められないと一般に解されている。

オ．内閣は，一会計年度における財務の実績を示す確定的計数を内容とする決算を毎年会計検査院に送付し，その検査を受けることとされ，その後，検査を経た決算を会計検査院の検査報告とともに国会へ提出することとされている。

1. ア，オ
2. ウ，エ
3. ウ，オ
4. ア，イ，エ
5. イ，ウ，オ

問題 43 の解説

ア．**妥当でない。**　予算が新会計年度の開始までに成立しなかった場合，内閣は，一会計年度のうち一定期間にかかる暫定予算を作成し，これを国会に提出することができる（財政法 30 条 1 項）。暫定予算も予算であるから，国会の審議を受け議決を経なければならない（憲法 86 条）。国の財政を処理する権限は，国会の議決に基づいて行使されなければならないからである（憲法 83 条）。暫定予算は，当該年度の予算が成立したときに失効し，暫定予算に基づく支出またはこれに基づく債務の負担は，当該年度の予算に基づいてなしたものとみなされる（財政法 30 条 2 項）。

イ．**妥当でない。**　国の会計には一般会計と特別会計とがある（財政法 13 条 1 項），一般会計とは特別会計以外のものをいうが，特別会計とは，国が特定の事業を行う場合，特定の資金を保有してその運用を行う場合その他特定の歳入をもって特定の歳出にあて一般の歳入歳出と区分して経理する必要があるものをいう（同条 2 項）。特別会計の予算も予算であるから，一般会計の予算と同様，内閣は毎会計年度，各特別会計の予算を作成し，一般会計の予算とともに，国会に提出しなければならず（憲法 86 条・特別会計に関する法律 5 条 1 項），その審議を受け議決を経なければならない（憲法同条）。

ウ．**妥当である。**　予見し難い予算の不足に充てるため，国会の議決に基づいて予備費を設け，内閣の責任でこれを支出することができる（憲法 87 条 1 項）。予備費の支出について，事前の国会の承諾は必要としないが，事後に国会の承諾を得なければならない（同条 2 項）。

国会の承諾が得られた場合，内閣の責任は解除されることになる。国会の承諾が得られなかった場合，内閣の政治責任が生じるにとどまり，支出は有効である。

エ．**妥当でない。**　明治憲法では，天皇大権に基づく既定の歳出および法律上政府に義務付けられた歳出については，政府の同意なしに帝国議会が廃除または削除することができないとされていた（大日本帝国憲法 67 条）。また，帝国議会に予算の提案権がないことから，予算の増額修正はできないとされていた。これに対して日本国憲法では，国会が財政処理の最高議決機関である一方（憲法 83 条），予算提案権が内閣に専属していることから（憲法 86 条），国会は同一性を損なわない範囲で予算を増額修正できるとするのが通説である。

オ．**妥当である。**　決算とは，一会計年度における国の歳入および歳出の実績を示す確定的計数書のことをいう。国の収入支出の決算は，すべて毎年会計検査院がこれを検査し，内閣は，次の年度に，その検査報告とともに，これを国会に提出しなければならない（憲法 90 条 1 項）。

＊正解　3

●解法のポイント●

◆　内閣は，暫定予算についても，国会の議決を経なければならない。

◆　内閣は，特別会計の予算についても，毎会計年度作成し国会に提出しなければならない。

◆　内閣は，予備費の支出について，事後に国会の承諾を得なければならない。

◆　明治憲法では，帝国議会による予算の減額修正は制限され，増額修正はできないとされていたが，日本国憲法では，国会は同一性を害さない範囲で予算を増額修正できるとするのが通説である。

◆　決算は，毎年会計検査院が検査し，内閣は，次の年度に，決算をその検査報告とともに国会に提出しなければならない。

第 8 章　章末問題

問題 1　財　政　　Check!☞□□□

財政に関するア～エの記述のうち，妥当なもののみを全て挙げているのはどれか。

（国家総合職 2015（平成 27）年度）

ア．新たに租税を課し，又は現行の租税を変更するには，法律又は法律の定める条件によることが必要とされていることから，租税を創設し，改廃することはもとより，納税義務者，課税標準は法律に基づいて定めなければならないが，徴税の手続については，租税の確実な賦課徴収を図る観点から，法律に基づいて定めることは要しないとするのが判例である。

イ．国又は地方公共団体が，課税権に基づき，その経費に充てるための資金を調達する目的をもって，特別の給付に対する反対給付としてでなく，一定の要件に該当する全ての者に対して課する金銭給付は，その形式のいかんにかかわらず，憲法第 84 条に規定する租税に当たるというべきであるところ，市町村が行う国民健康保険の保険料は，被保険者において保険給付を受け得ることに対する反対給付として徴収されるものであり，憲法第 84 条の規定が直接に適用されることはないが，市町村が行う国民健康保険は，保険料を徴収する方式のものであっても，強制加入とされ，保険料が強制徴収され，賦課徴収の強制の度合いにおいては租税に類似する性質を有するものであるから，憲法第 84 条の趣旨が及ぶとするのが判例である。

ウ．法律上は課税できる物品であるにもかかわらず，実際上は非課税として取り扱われてきた物品に対する課税処分について，それがたまたま通達を機縁として行われたものであっても，通達の内容が法の正しい解釈に合致するものである以上，法の根拠に基づく課税処分であるとするのが判例である。

エ．予備費は，予見し難い予算の不足に充てるため，国会の議決に基づいて設けられ，内閣の責任で支出することができるとされており，予備費を設けることについて既に国会の議決を得ていることから，内閣は，予備費の支出について事後に国会の承諾を得ることまでは求められておらず，報告を行うことで足りる。

1. ア
2. イ，ウ
3. ア，イ，ウ
4. イ，ウ，エ
5. ア，イ，ウ，エ

記述問題 Check!☞□□□

次の架空の新聞記事を読み，以下の設問(1)〜(3)について答えなさい。

（国家Ⅰ種 2011（平成 23）年度）

所得税制改革論議もいよいよ大詰めを迎えているが，政府は，収入のいかんにかかわらず税率を一定とする「定率税」の方式を導入する意向であることが，このほど政府関係者の話でわかった。所得税の税率は所得の多寡にかかわらず一律 25 パーセントとし，あわせて税制上の優遇措置や各種の補助金を例外なく削減する，という案が有力だとみられる。

この案の背景には，従来の累進課税によって高所得者の可処分所得が不当に狭められているという批判に加え，複雑で不透明な税制上の優遇措置や各種補助金によって発生した「見えない特権」が，低所得者層の間にも新たな不平等を生んでいる，という指摘がある。衆議院で安定多数を占める政府与党は，すでにこの提案に賛成する方向であり，この秋にも，定率税の考え方に基づく新「所得税法」案が，衆議院で可決される見通しである。

しかし，かねてより定率税の考え方には，消費増をあて込んだ「金持ち優遇の経済政策」との批判が根強い。また，具体的な税率の設定をめぐっても，課税最低限が撤廃されることに伴い，新たに課税対象となる低所得者層への配慮から，税率 25 パーセントでは高すぎるとの意見がある。その一方で，少なくとも一時的には税収が減少することが避けられないのではないかとの懸念もある。いずれにせよ，野党の強い反発が予想される。

○○大学××教授（財政学）の話　実際の所得に応じた比例的な税制である「定率税」によって，税の抜本的な簡素化・透明化・平等化を図るべきだ。現状では，税制が必要以上に入り組んでいるため，実際の所得の捕捉が難しく，制度の抜け穴を利用した節税・脱税行為も絶えない。定率税を採用すれば，脱税などの租税回避行動が確実に減少するし，外国の富裕層が日本をいわゆるタックス・ヘイヴンとみなして移ってくることも期待されるから，むしろ税収増につながる可能性もある。

(1) 日本国憲法における租税法律主義について論述せよ。

(2) 新「所得税法」案が衆議院を通過した場合，その後どのような手続を経ることで，正式に法律になり得るか。参議院で与党が多数を占めているか否かなど，場合を分けて論述せよ。

(3) 上記新聞記事で報道された新「所得税法」案の内容について，法案に反対する立場からは，どのような憲法上の主張が可能かについて論述せよ。

[参考（8.3)]
第83条　国の財政を処理する権限は，国会の議決に基いて，これを行使しなければならない。
第86条　内閣は，毎会計年度の予算を作成し，国会に提出して，その審議を受け議決を経なければならない。
第87条　予見し難い予算の不足に充てるため，国会の議決に基いて予備費を設け，内閣の責任でこれを支出することができる。
2　すべて予備費の支出については，内閣は，事後に国会の承諾を得なければならない。
第90条1項　国の収入支出の決算は，すべて毎年会計検査院がこれを検査し，内閣は，次の年度に，その検査報告とともに，これを国会に提出しなければならない。
〈財政法〉
第13条　国の会計を分つて一般会計及び特別会計とする。
2　国が特定の事業を行う場合，特定の資金を保有してその運用を行う場合その他特定の歳入を以て特定の歳出に充て一般の歳入歳出と区分して経理する必要がある場合に限り，法律を以て，特別会計を設置するものとする。
第30条　内閣は，必要に応じて，一会計年度のうちの一定期間に係る暫定予算を作成し，これを国会に提出することができる。
2　暫定予算は，当該年度の予算が成立したときは，失効するものとし，暫定予算に基く支出又はこれに基く債務の負担があるときは，これを当該年度の予算に基いてなしたものとみなす。
〈特別会計に関する法律〉
（予算の作成及び提出）
第5条1項　内閣は，毎会計年度，各特別会計の予算を作成し，一般会計の予算とともに，国会に提出しなければならない。

第9章 地方自治

出題傾向

- **地方自治**は，**4年に1回くらいの頻度**で出題される，あまり出題頻度の高くない分野である。
- そのなかでも**条例制定権**に関する問題は，よく出題されている。特に，**条例による罰則の可否に関する判決の内容**を問う問題がよく出題されている。
- これ以外には，**町村総会の合憲性，国会議員の特権が地方議会議員にも認められるか**，といった問題がときどき出題されている。

■9.1 地方自治

アウトライン

地方自治とは，地方の政治が地方の住民の意思に基づいて行われることをいう。地方自治が存在する第1の理由として，民主主義の実現がある。民主主義とは，簡単に言えば自分たちのことは自分たちで決めるということであり，地方についていえば，地方の政治はその地方に住む住民が決めるということになる。

第2の理由として，権力分立の実現がある。権力を国家と地方とに分けることにより，国家の権力濫用を防ぐという意味がある。

憲法92条は，「地方公共団体の組織および運営に関する事項は，地方自治の本旨に基づいて定める」としている。そこで，この「地方自治の本旨」とは何かが問題となる。前述したように，地方自治は，民主主義と権力分立の実現を目的としている。したがって，地方自治の本旨とは，この民主主義と権力分立が地方において実現されることを意味するのであり，具体的には地方における民主主義の実現である住民自治と，権力分立の実現である団体自治とを意味することになる。

住民自治とは，地方自治は，その地方に居住する住民の意思に基づいて行われなければならないことを意味する。民主主義の地方における実現である。

地方公共団体の長および議会の議員の住民による直接選挙（憲法93条2項）が，住民自治の現れである。

団体自治とは，地方自治は，国から独立した団体によりその意思と責任の下に行われなければならないことを意味する。権力分立の地方における実現である。

地方公共団体の行政執行権および条例制定権（憲法94条）が，団体自治の現れである。

地方自治制度の法的性質について，学説上以下のような争いがある。

第1が固有権説であり，地方公共団体は，固有の権利として自治権を持つとする説である。しかし，この説に対しては，地方公共団体が固有の権利を持つ根拠を説明できないという批判がある。

第2が承認説であり，地方公共団体は，国が承認した範囲内で自治権を持つとする説である。しかし，この説に対しては，法律により自治権の範囲を自由に決定できることとなり，憲法上地方自治を認めた意味がなくなると批判される。

第3が制度的保障説であり，歴史的・伝統的・理念的に認められる地方自治を制度として保障しているとする説である。このため地方自治の本旨を法律によって侵すことはできないとする。この制度的保障説が現在の通説である。

地方公共団体には，普通地方公共団体と特別地方公共団体とがある（地方自治法1条の3第1項）。普通地方公共団体とは，都道府県および市町村をいう（同条2項）。特別地方公共団体とは，特別区，地方公共団体の組合，財産区をいう（同条３項）。このうち，憲法上の地方公共団体にあたるのは，普通地方公共団体である。

特別区が，憲法上の地方公共団体に該当するかどうかについて，判例は該当しないとした（**最大判昭和38.3.27刑集17巻2号121頁，特別区長公選制廃止事件**）。判例は，憲法上の地方公共団体といい得るためには，単に法律で地方公共団体として取り扱われているということだけでは足らず，事実上住民が経済的文化的に密接な共同生活を営み，共同体意識をもっているという社会的基盤が存在し，沿革的にみても，また現実の行政の上においても，相当程度の自主立法権，自主行政権，自主財政権等地方自治の基本的権能を附与された地域団体であることを必要とするが，特別区は，東京都という市の性格をも併有した独立地方公共団体の一部として，その自治権には重大な制約が加えられているので，憲法上の地方公共団体に該当しないとした。

地方公共団体の主要な機関として，地方公共団体の長と議会がある。いずれも住民の直接選挙により選ばれる。長と議会のいずれも住民の直接選挙によって選ばれることにより，首長と議会との均衡と調和を図りながら，地方自治を運営するという首長主義を採用している。

ただし，町村は，条例で，議会を置かず，選挙権を有する者の総会を設けることができる（地方自治法94条）。町村総会を設けることは，議会を設置することを義務付けた憲法93条１項に違反しないとするのが通説である。町村総会は，議事機関であり，有権者全員により組織されるので，有権者の直接選挙により選ばれた議員により組織される議会よりも，住民自治に適合するといえるからである。

［参考］
〈地方自治法〉
第１条の３　地方公共団体は，普通地方公共団体及び特別地方公共団体とする。
２　普通地方公共団体は，都道府県及び市町村とする。
３　特別地方公共団体は，特別区，地方公共団体の組合及び財産区とする。
第94条　町村は，条例で，第89条の規定にかかわらず，議会を置かず，選挙権を有する者の総会を設けることができる。

問題 44　地方自治　Check!☞□□□

地方自治に関する次のア～オの記述のうち，妥当なもののみを全て挙げているのはどれか。

ア．憲法第 93 条第 2 項は，地方自治が国から独立した団体に委ねられ，団体自らの意思と責任の下でなされるという「団体自治」の原則が具体化されたものであると一般に解されている。　（国家総合職 2016（平成 28）年度）

イ．地方公共団体の課税権について，地方公共団体が地方自治の本旨に従ってその事務を実効的に行うためには，その財政運営についてのいわゆる自主財政権ひいては財源確保のための課税権が認められるべきであるが，憲法による地方自治の保障は制度的保障であって，憲法は特定の地方公共団体に具体的税目について課税権を認めたものではないことから，仮に地方公共団体の課税権を全く否定するような内容の法律が制定されても違憲とはいえないとするのが判例である。　（国家Ｉ種 2009（平成 21）年度）

ウ．東京都の特別区は，憲法第 93 条第 2 項にいう地方公共団体と認められることから，法律によって区長の公選制を廃止することは，同項に違反するとするのが判例である。　（国家総合職 2016（平成 28）年度）

エ．憲法第 93 条第 1 項は，地方公共団体には，法律の定めるところにより，その議事機関として議会を設置することを定めるが，町村が，条例で，議会を置かず，選挙権を有する者の総会を設けることとしても，同項には違反しない。　（国家総合職 2016（平成 28）年度）

オ．憲法上，国会に広範な議院自律権が認められており，ことに議員の発言にいわゆる免責特権を与えているからといって，その理をそのまま直ちに地方議会にあてはめ，地方議会にも国会と同様の議会自治・議会自律の原則を認め，さらに地方議会議員の発言についても，いわゆる免責特権を憲法上保障しているものと解すべき根拠はないとするのが判例である。

（国家Ｉ種 2009（平成 21）年度）

1. ア，ウ
2. ア，オ
3. イ，ウ
4. イ，エ
5. エ，オ

問題 44 の解説

ア．**妥当でない。** 憲法 93 条 2 項では，「地方公共団体の長，その議会の議員及び法律の定めるその他の吏員は，その地方公共団体の住民が，直接これを選挙する。」と定められている。これは，住民が地方公共団体の長や地方議会の議員を直接選挙することにより，住民が有する地方公共団体の統治権を長や議員などに信託するという住民自治の具体化である。

イ．**妥当でない。** 地方自治は国から独立した団体によりその意思と責任の下で行われなければならないという団体自治の具体化として，地方公共団体は自主財政権およびその財源確保の手段としての自主課税権を持つ。このため，憲法 94 条の地方公共団体の行政執行権には自主課税権も含まれるとするのが通説である。判例も，普通地方公共団体は，地方自治の本旨に従い，その財産を管理し，事務を処理し，及び行政を執行する権能を有するものであり（憲法 92 条，94 条），その本旨に従ってこれらを行うためにはその財源を自ら調達する権能を有することが必要であることからすると，普通地方公共団体は，地方自治の不可欠の要素として，その区域内における当該普通地方公共団体の役務の提供等を受ける個人または法人に対して国とは別途に課税権の主体となることが憲法上予定されているものと解される，とした（最判平成 25.3.21 民集 67 巻 3 号 438 頁，神奈川県臨時特例企業税条例事件）。また，福岡地方裁判所は，地方公共団体の組織および運営に関する事項を定める法律は，地方公共団体の自治権を保障するものでなければならず，地方公共団体がその住民に対し，国から一応独立の統治権を有するものである以上，事務の遂行を実効あらしめるためには，その財政運営についての自主財政権ひいては財源確保の手段としての課税権も憲法は認めているというべきであるので，憲法94条の「行政の執行」には租税の賦課・徴収を含むものと解されるから，地方公共団体の課税権をまったく否定しまたはこれに準ずる内容の法律は違憲無効である，とした（**福岡地判昭和55.6.5『判例時報』966号**（1980年）3頁，**大牟田市電気ガス税訴訟**）。

ウ．**妥当でない。**　判例は，憲法93条2項の地方公共団体といいうるためには，単に法律で地方公共団体として取り扱われているということだけでは足らず，事実上住民が経済的文化的に密接な共同生活を営み，共同体意識をもっているという社会的基盤が存在し，沿革的にみても，また現実の行政の上においても，相当程度の自主立法権，自主行政権，自主財政権等地方自治の基本的権能を附与された地域団体であることを必要とする，とした（**最大判昭和38.3.27刑集17巻2号121頁，特別区長公選制廃止事件**）。そのうえで，特別区は，地方自治法などの法律によってその自治権に重大な制約が加えられ，東京都という市の性格をも併有した独立地方公共団体の一部を形成しているという実体から，憲法93条2項の地方公共団体と認めることはできないので，改正地方自治法が区長の公選制を廃止し，これに代えて，区長は特別区の議会の議員の選挙権を有する者で年齢25年以上のものの中から特別区の議会が都知事の同意を得て選任するという方法を採用したからといって，それは立法政策の問題にほかならず，憲法93条2項に違反するものということはできない，とした（同判決）。

エ．**妥当である。**　憲法93条1項では，地方公共団体には，法律の定めるところにより，その議事機関として議会を設置することが義務付けられている。しかし，地方自治法では，町村は，条例で，議会を置かず，選挙権を有する者の総会を設けることができると定められている（地方自治法94条）。この議会の代わりに町村総会を設けることが，議会を設置することを義務付けた憲法93条1項に違反しないかが問題となるが，通説は，違反しないとする。町村総会は，憲法93条1

9
地方自治

項の議事機関であり，有権者全員により組織されるので，有権者の直接選挙により選ばれた議員により組織される議会よりも，より直接的に住民の意思が反映されるので，住民自治に適合するといえるからである。

オ．**妥当である。** 判例は，憲法上，国権の最高機関たる国会について，広範な議院自律権を認め，ことに，議員の発言について，憲法51条に，いわゆる免責特権を与えているからといって，その理をそのまま直ちに地方議会にあてはめ，地方議会についても，国会と同様の議会自治・議会自律の原則を認め，さらに，地方議会議員の発言についても，いわゆる免責特権を憲法上保障しているものと解すべき根拠はない，とした（**最大判昭和42.5.24刑集21巻4号505頁，地方議会議員免責特権事件**）。

＊正解　5

●解法のポイント●

◆　憲法93条2項の地方公共団体の長等の住民による直接公選制は，住民自治の具体化である。

◆　地方公共団体は，自主課税権を持つ。

◆　特別区は憲法93条2項の地方公共団体ではない。

◆　町村総会は憲法94条の地方公共団体における議会設置義務に違反しない。

◆　地方議会の議員に免責特権は認められない。

[参考]
第92条　地方公共団体の組織及び運営に関する事項は，地方自治の本旨に基いて，法律でこれを定める。
第93条　地方公共団体には，法律の定めるところにより，その議事機関として議会を設置する。
2　地方公共団体の長，その議会の議員及び法律の定めるその他の吏員は，その地方公共団体の住民が，直接これを選挙する。
第94条　地方公共団体は，その財産を管理し，事務を処理し，及び行政を執行する権能を有し，法律の範囲内で条例を制定することができる。

■9.2　条例制定権

アウトライン

条例とは，地方公共団体が自主的に定めた法のことをいう。

地方公共団体は，自主的に地方公共団体に関する法を定めることができる（憲法94条）。団体自治の表れである。ただし，地方公共団体は，あくまでその地方公共団体の事務に関してのみ条例を制定できる。また，地方公共団体は，法令に違反しない限りで条例を制定できる（憲法94条，地方自治法14条1項）。

条例が法令に違反するかどうかは，両者の対象事項と規定文言を対比するのみでなく，それぞれの趣旨，目的，内容および効果を比較し，両者の間に矛盾抵触があるかどうかによって決定される（最大判昭和50.9.10刑集29巻8号489頁，徳島市公安条例事件）。

具体的には，規律する法令がない事項について，法令がないことの趣旨が当該事項についていかなる規制をも施すことなく放置すべきであるというものであるときは，これについて規律する条例は法令違反となる。しかし，法令がないことの趣旨が，当該事項について規制を施すことはできるが，全国的に一律に同一内容の規制を施す必要はなく，それぞれの普通地方公共団体において，その地方の実情に応じて，別段の規制を施すことを容認するというものであるときは，これについて規律する条例は法令違反とならない。

規律する法令がある事項について条例を制定した場合，条例の目的が法令とは別の目的であり，条例の適用によって法律の目的と効果をなんら阻害することがないときは，当該条例は法令に違反しない。また，法令と条例とが両者が同一の目的であっても，法令の趣旨が全国的に一律に同一内容の規制を施すものではなく，それぞれの普通地方公共団体において，その地方の実情に応じて，別段の規制を施すことを容認するものであるときは，当該条例は法令違反とならない。

憲法上，法律で定めるとされている事項について，条例で定めることができるかが問題となる。

具体的には，憲法29条2項は，財産権の内容は，公共の福祉に適合するように，法律で定めると規定している。このため，財産権を条例によって制限することができるかが問題となる。通説は，条例は地方議会によって制定されるという民主的基盤を持つ規範であるので，法律と類似する性質を持つものであるから，条例によって財産権を制限することもできる，とする。

また，憲法31条は，法律の定める手続によれなければ刑罰を科すことができないと規定していることから，条例に基づいて罰則を科すことができるかが問題となる。判例は，条例は，公選の議員をもって組織する地方公共団体の議会の議決を経て制定される自治立法であって，国民の公選した議員をもって組織する国会の議決を経て制定される法律に類するものであるから，条例によって刑罰を定める場合には，法律の授権が相当な程度に具体的であり，限定されておればたりる，とした（最大判昭和37.5.30刑集16巻5号577頁，大阪市売春取締条例事件）。

さらに，憲法84条は，租税を課すためには法律によらなければならないと規定していることから，条例に基づいて課税することができるかが問題となる。通説は，憲法94条の行政執行権には課税権も含まれるのであり，条例は地方議会によって制定されるという民主的基盤を持つ規範であるので，法律と類似する性質を持つものであるから，条例によって課税することもできる，とする。判例も，普通地方公共団体は，地方自治の本旨に従い，その財産を管理し，事務を処理し，および行政を執行する権能を有するものであり（憲法92条，94条），その本旨に従ってこれらを行うためにはその財源を自ら調達する権能を有することが必要であることからすると，普通地方公共団体は，地方自治の不可欠の要素として，その区域内における当該普通地方公共団体の役務の提供等を受ける個人または法人に対して国とは別途に課税権の主体となることが憲法上予定されているものと解される，とした（最判平成25.3.21民集67巻3号438頁，神奈川県臨時特例企業税条例事件）。ただし，判例は，憲法は，普通地方公共団体の課税権の具体的内容について規定しておらず，普通地方公共団体の組織及び運営に関する事項は法律でこれを定めるものとし（憲法92条），普通地方公共団体は法律の範囲内で条例を制定することができるものとしていること（憲法94条），さらに，租税の賦課については国民の税負担全体の程度や国と地方の間ないし普通地方公共団体相互間の財源の配分等の観点からの調整が必要であることに照らせば，普通地方公共団体が課することができる租税の税目，課税客体，課税標準，税率その他の事項については，憲法上，租税法律主義（憲法84条）の原則の下で，法律において地方自治の本旨を踏まえてその準則を定めることが予定されており，これらの事項について法律において準則が定められた場合には，普通地方公共団体の課税権は，これに従ってその範囲内で行使されなければならない，とした（同判決）。

問題45　条例制定権

Check!☞□□□

条例制定権に関する次の記述のうち，妥当なのはどれか。

（国家Ⅰ種2000（平成12）年度）

1.　憲法第94条によれば，地方公共団体はその自治権に基づいて自主法である条例を制定することができるが，この条例制定権は，地方公共団体の自然権的・固有権的な基本権の保障のあらわれであるから，国家法である法律によって地方公共団体の条例制定権を限定する定めをおくことは許されないと解するのが通説である。
2.　憲法第94条によれば，地方公共団体は自主立法権能として条例を制定することができるが，同条は，地方自治という歴史的・伝統的制度を制度的に保障する趣旨から地方公共団体に条例制定権を付与したものであるから，条例を制定する権能を有する地方公共団体とは，普通地方公共団体である都道府県，市町村に限られる。
3.　憲法第29条第2項が財産権の内容については法律で定める旨規定して

いるのは，財産権はその性格上，全国的な取引の対象となるもので，一地方の利害を超えて全国民の利害にかかわるものであることから，財産権の内容についての規制は法律に留保され，条例で規制することは許されない趣旨であるとするのが判例である。

4. 条例が国の法令に違反する場合には効力を有しないが，特定事項についてこれを規律する国の法令と条例が併存する場合には，後者が前者とは別の目的に基づく規律を意図するものであり，かつ，その適用によって前者の規定する目的と効果を何ら阻害することがないときに限り，当該条例は国の法令に違反せず有効であるとするのが判例である。

5. 条例は，公選の議員をもって組織する地方公共団体の議会の議決を経て制定される自治立法であって，行政府の制定する命令等とは性質を異にし，むしろ国民の公選した議員をもって組織する国会の議決を経て制定される法律に類するものであるから，条例によって刑罰を定める場合には，法律の授権が相当な程度に具体的であり，限定されていれば足りるとするのが判例である。

問題45の解説

1. **妥当でない。** 地方公共団体は，自主的に地方公共団体に関する法である条例を定めることができる（憲法94条）。地方公共団体の条例制定権の根拠については，地方公共団体は固有の権利として自治権を持つので，憲法92条の地方自治の本旨に基づいて条例制定権を持つとする説もあるが，通説は，憲法41条において，国会が国の唯一の立法機関と定めらているが，憲法92条において定められた地方自治の本旨を実現するため，その例外として憲法94条により地方公共団体の条例制定権が認められている，とする。判例も，地方公共団体の制定する条例は，憲法が特に民主主義政治組織の欠くべからざる構成として保障する地方自治の本旨に基づき（92条），直接憲法94条により法律の範囲内において制定する権能を認められた自治立法にほかならない，とした（**最大判昭和37.5.30刑集16巻5号577頁，大阪市売**

春取締条例事件)。ただし，地方公共団体は，法律の範囲内で条例を制定できる（憲法94条)。このため法律により地方公共団体の条例制定権を限定する定めをおくことも許される。実際，地方自治法14条1項において，普通地方公共団体は，法令に違反しない限りにおいて，地域における事務およびその他の事務で法律またはこれに基づく政令により処理することとされるものに関し，条例を制定できるという，地方公共団体の条例制定権を限定する定めがおかれている。

2.　**妥当でない。**　地方公共団体は，憲法94条に基づいて条例制定権を持つ。この憲法94条の地方公共団体は，憲法92条の地方公共団体と同じ意味であり，地方自治法における普通地方公共団体である都道府県および市町村（1条の3第2項）を意味するというのが通説である。このため普通地方公共団体は，憲法94条に基づいて条例制定権を持つ。しかし，特別地方公共団体である特別区および地方公共団体の組合（地方自治法1条の3第3項）も，地方自治法により条例制定権が与えられている（特別区について地方自治法283条1項，地方公共団体の組合について同法292条)。

3.　**妥当でない。**　憲法29条2項では，財産権の内容は，公共の福祉に適合するように，法律で定めると規定されていることから，法律ではない条例によって財産権を制限することができるかが問題となる。通説は，条例は地方議会によって制定されるという民主的基盤を持つ規範であるので，法律と類似する性質を持つものであるから，条例によって財産権を制限することもできるとする。判例は，ため池の破損または決かいの原因となるため池の堤とうの使用行為を禁止した条例について，ため池の破損，決かいの原因となるため池の堤とうの使用行為は，憲法でも，民法でも適法な財産権の行使として保障されていないものであって，憲法，民法の保障する財産権の行使の埒外にあるものであるので，これらの行為を条例をもって禁止，処罰しても憲法および法律に牴触またはこれを逸脱するものとはいえない，とした（最大判昭和38.6.26刑集17巻5号521頁，奈良県ため池条例事件)。つまり，判例は，当該条例は財産権ではないものを禁止していると判断し，財産権を条例で制限することができるかどうかについては回答しなかった。

4. **妥当でない。** 判例は，国の法令と条例とが同一の目的に出たものであっても，国の法令が必ずしもその規定によって全国的に一律に同一内容の規制を施す趣旨ではなく，それぞれの普通地方公共団体において，その地方の実情に応じて，別段の規制を施すことを容認する趣旨であると解されるときは，国の法令と条例との間にはなんらの矛盾牴触はなく，条例が国の法令に違反する問題は生じえない，とした（**最大判昭和50.9.10**刑集29巻8号489頁，**徳島市公安条例事件**）。

5. **妥当である。** 判例は，**憲法31条**はかならずしも刑罰がすべて法律そのもので定められなければならないとするものでなく，法律の授権によってそれ以下の法令によって定めることもできると解すべきで，このことは**憲法73条6号但書**によっても明らかであるが，法律の授権が不特定な一般的の白紙委任的なものであってはならないことは，いうまでもないとしたうえで，条例は，法律以下の法令といっても，公選の議員をもって組織する地方公共団体の議会の議決を経て制定される自治立法であって，行政府の制定する命令等とは性質を異にし，むしろ国民の公選した議員をもって組織する国会の議決を経て制定される法律に類するものであるから，条例によって刑罰を定める場合には，法律の授権が相当な程度に具体的であり，限定されておればたりる，とした（**最大判昭和37.5.30**刑集16巻5号577頁，**大阪市売春取締条例事件**）。

＊正解　5

●解法のポイント●

◆　法律によって，地方公共団体の条例制定権を制限することはできる。

◆　特別地方公共団体である特別区および地方公共団体の組合も，条例を制定できる。

◆　判例は，条例による財産権の制限の可否について明言していない。

◆　判例は，国の法令と条例とが同一の目的であっても，そうした条例が国の法令に違反しない場合があるとした。

◆　判例は，条例によって刑罰を定める場合には，法律の授権が相当な程度に具体的であり，限定されておればたりるとした。

［参考］

第29条2項　財産権の内容は，公共の福祉に適合するやうに，法律でこれを定める。

第31条　何人も，法律の定める手続によらなければ，その生命若しくは自由を奪はれ，又はその他の刑罰を科せられない。

第41条　国会は，国権の最高機関であつて，国の唯一の立法機関である。

第73条　内閣は，他の一般行政事務の外，左の事務を行ふ。

六　この憲法及び法律の規定を実施するために，政令を制定すること。但し，政令には，特にその法律の委任がある場合を除いては，罰則を設けることができない。

第84条　あらたに租税を課し，又は現行の租税を変更するには，法律又は法律の定める条件によることを必要とする。

第92条　地方公共団体の組織及び運営に関する事項は，地方自治の本旨に基いて，法律でこれを定める。

第94条　地方公共団体は，その財産を管理し，事務を処理し，及び行政を執行する権能を有し，法律の範囲内で条例を制定することができる。

〈地方自治法〉

第1条の3　地方公共団体は，普通地方公共団体及び特別地方公共団体とする。

2　普通地方公共団体は，都道府県及び市町村とする。

3　特別地方公共団体は，特別区，地方公共団体の組合及び財産区とする。

第14条1項　普通地方公共団体は，法令に違反しない限りにおいて第2条第2項の事務に関し，条例を制定することができる。

第94条　町村は，条例で，第89条の規定にかかわらず，議会を置かず，選挙権を有する者の総会を設けることができる。

（市に関する規定の適用）

第283条1項　この法律又は政令で特別の定めをするものを除くほか，第二編及び第四編中市に関する規定は，特別区にこれを適用する。

（普通地方公共団体に関する規定の準用）

第292条　地方公共団体の組合については，法律又はこれに基づく政令に特別の定めがあるものを除くほか，都道府県の加入するものにあつては都道府県に関する規定，市及び特別区の加入するもので都道府県の加入しないものにあつては市に関する規定，その他のものにあつては町村に関する規定を準用する。

第9章　章末問題

問題1　地方自治

Check!☞□□□

地方自治に関する次の記述のうち，妥当なのはどれか。

（国家Ⅰ種 2004（平成 16）年度）

1. 地方自治の保障の性質については複数の学説が存在するが，それらの一つである承認説によれば，地方公共団体の持つ前国家的・固有権的基本権を国家が承認し，特に公法上の制度として地方自治を保障したと解されるから，国の立法政策によって地方自治制度の本質的内容を変更することは許されない。
2. 地方公共団体の議会において制定される条例の効力は，原則として当該地方公共団体の住民にのみ生じるのであり，法令又は条例に別段の定めがある場合に初めて属地的にその効力が生じるとするのが判例である。
3. 憲法第 94 条は地方公共団体の条例制定権を規定しているが，同条にいう「条例」は，地方公共団体の議会が制定する条例のみを指し，長や各種委員会が制定する規則は含まれないとする点で学説は一致している。
4. 条例は，公選の議員によって構成される地方公共団体の議会の議決を経て制定される自治立法であるから，行政府の制定する命令等とは性質を異にしており，法律の個別的委任又は一般的委任がなくとも，当然に罰則を設け得るとするのが判例である。
5. 憲法上，地方議会について国会と同様の議会自治・議会自律の原則を認めることはできず，地方議会議員の発言についていわゆる免責特権が保障されていると解することはできないとするのが判例である。

第 3 編

憲法の各種問題

第10章 憲法の各種問題

出題傾向

- この分野は，**3〜4 年に 1 回程度**しか出題されないあまり出題頻度の高くない分野である。
- しかしながら，**憲法改正**に関する問題は比較的よく出題されている。特に，平成 19 年に日本国憲法の改正手続に関する法律が制定されて以来，この法律の内容を問う問題がときどき出題されている。**改正法の内容**まで問われることがあるので，注意が必要である。
- これ以外には，**条約および確立された国際法規**に関する問題が，ときどき出題される。**国会における条約承認手続**や**司法権の限界**など，他の分野を勉強していればカバーできる問題がほとんどである。
- ただ，それでカバーできない問題として，**政治犯罪人不引渡し原則が国際慣習法として確立しているか**が問題となった判決に関する問題が，たまに出題される。

■10.1　前　文

アウトライン

前文では，憲法の基本原則などが明示されている。

第Ⅰ段では，「自由のもたらす恵沢を確保」するという基本的人権の尊重の原理，「戦争の惨禍が起こることのないように決意」するという平和主義，「主権が国民に存することを宣言」するという国民主権，国民が「この憲法を確定する」という憲法の民定性,「国政は, 国民の厳粛な信託によるものであつて, その権威は国民に由来し, その権力は国民の代表者がこれを行使し, その福利は国民がこれを享受する」という間接民主制の採用, 間接民主制原理「に反する一切の憲法, 法令および詔勅を排除する」という憲法改正の限界の存在, が宣言されている。

第 2 段では,「平和を愛する諸国民の公正と信義に信頼して, われらの安全と生存を保持しようと決意した」という平和主義,「恐怖と欠乏から免かれ, 平和のうちに生存する権利」という平和的生存権を全世界の国民が持つこと, が宣言されている。

第 3 段では,「いづれの国家も, 自国のことのみに専念して他国を無視してはならない」という国際協調主義を採用することが宣言されている。

第 4 段では,「日本国民は, 国家の名誉にかけ, 全力をあげてこの崇高な理想と目的を達成することを誓ふ」という, 理想と目的の達成の誓約が宣言されている。

前文の法的性質については, 前文も日本国憲法の一部である以上, 本文と同じ法的性質を持つ, つまり法規範であるとするのが通説である。このため, 前文を改正するためには, 憲法改正手続に基づく必要がある。

しかし, 前文は, 裁判所によって実現される法規範である裁判規範ではないとするのが通説である。その理由としては, 前文の内容が抽象的であること, 憲法の中には, 組織規範のように裁判規範とはならない規範が存在すること, 前文の内容は本文の各条項により実現されているので, 前文は本文の各条項の解釈基準とはなるが裁判所によって実現されるのは本文の各条項であり前文ではないこと, 本文の各条項に欠缺が存在する場合には前文が直接適用される可能性があるが, そうした欠缺は存在しないこと, が挙げられている。

問題46 前　文　Check!☞□□□

次の文章は，日本国憲法の前文及びその解説である。空欄A〜Iに入る言葉を語群ア〜シから選んで入れた場合に，一度も使用されない言葉のみをすべて挙げているのはどれか。

（国家Ⅱ種2004（平成16）年度）

［前文］

「日本国民は，正当に選挙された国会における代表者を通じて行動し，われらとわれらの子孫のために，諸国民との協和による成果と，わが国全土にわたつて自由のもたらす恵沢を確保し，政府の行為によって再び［　A　］の惨禍が起ることのないやうにすることを決意し，ここに主権が国民に存することを宣言し，この憲法を確定する。そもそも国政は，国民の厳粛な［　B　］によるものであつて，その［　C　］は国民に由来し，その，［　D　］は国民の代表者がこれを行使し，その福利は国民がこれを享受する。これは人類普遍の原理であり，この憲法は，かかる原理に基くものである。われらは，これに反する一切の憲法，法令及び詔勅を排除する。

日本国民は，恒久の平和を念願し，人間相互の関係を支配する崇高な理想を深く自覚するのであつて，平和を愛する諸国民の公正と信義に信頼して，われらの安全と［　E　］を保持しようと決意した。われらは，平和を維持し，専制と隷従，圧迫と偏狭を地上から永遠に除去しようと努めてゐる国際社会において，名誉ある地位を占めたいと思ふ。われらは，全世界の国民が，ひとしく恐怖と欠乏から免かれ，平和のうちに［　E　］する権利を有することを確認する。

われらは，いづれの国家も，自国のことのみに専念して他国を無視してはならないのであつて，［　F　］道徳の法則は，普遍的なものであり，この法則に従ふことは，自国の主権を維持し，他国と［　G　］関係に立たうとする各国の責務であると信ずる。

日本国民は，国家の名誉にかけ，全力をあげてこの崇高な理想と目的を達成することを誓ふ。」

［解説］

我が国では，前文は全くの［ F ］的宣言ではないが，本文の条項のように具体的な法規範を定めたものではなく，その点で規範的意味は薄く，それ自身［ H ］規範として違憲審査の準則とはなり得ないと解する見解が有力である。

その理由としては，通常，①前文の内容が一般条項的な［ I ］的なものであること，②法規性を有するからといって，憲法には，統治の組織規範のような必ずしも［ H ］規範でないものも相当あること，③前文の内容は各条文に具体化されているので，前文は各条文の解釈の基準にはなるが，裁判所において判断の基準となるのは具体性を持った各条文であること，④憲法条文に欠缺がある場合には前文が直接適用されるかという問題があるが，具体的に欠缺があるとは考えられないから，実際にはその問題の起こる余地はないこと，などが挙げられる。

［語群］

ア．生存　　イ．権力　　ウ．政治　　エ．対等　　オ．具体
カ．抽象　　キ．裁判　　ク．信託　　ケ．倫理　　コ．権威
サ．同盟　　シ．戦争

1. ア，エ，ク
2. イ，オ，ケ
3. ウ，カ，ク
4. エ，キ，コ
5. オ，ケ，サ

問題 46 の解説

まず，空欄 A～G には，以下の言葉が入る。A：戦争（シ），B：信託（ク），C：権威（コ），D：権力（イ），E：生存（ア），F：政治（ウ），G：対等（エ）。

前文の法的性質については，前文も日本国憲法の一部である以上，本文と同じ法的性質を持つ，つまり法規範であるとするのが通説である。

しかし，前文は，裁判所によって実現される法規範である裁判規範ではないとするのが通説である。その理由としては，前文の内容が抽象的であること，憲法の中には裁判規範とはならない規範が存在すること，前文の内容は本文の各条項により実現されていること，前文が直接適用されるような欠缺は本文に存在しないこと，が挙げられている。

以上のことから，空欄 H には「裁判」（キ），空欄 I には「抽象」（カ）が入る。

＊正解　5

●解法のポイント●

- ◆ 前文第 1 段では，人権保障，平和主義，国民主権，民定憲法，間接民主制が宣言されている。
- ◆ 前文第 2 段では，全世界の国民が平和的生存権を有することが宣言されている。
- ◆ 前文第 3 段では，国際協調主義を採用することが宣言されている。
- ◆ 前文第 4 段では，理想と目的の達成の誓約が宣言されている。
- ◆ 前文については，内容の抽象性などから，裁判規範性はないとするのが通説である。

■ 10. 2　平和主義

アウトライン

憲法前文において，日本国民は，「政府の行為によつて再び戦争の惨禍が起ることのないやうにすることを決意し」（第 1 段），「平和を愛する諸国民の公正と信義に信頼して，われらの安全と生存を保持しようと決意し」，「全世界の国民が，ひとしく恐怖と欠乏から免かれ，平和のうちに生存する権利を有することを確認する」（第 2 段）と宣言し，平和主義を憲法の基本原理の 1 つとしている。

この憲法前文で述べられたいわゆる平和的生存権が具体的権利といえるかが問題となる。長沼事件の札幌地方裁判所判決は，平和的生存権を具体的権利として認めた（札幌地判昭和 48.9.7『判例時報』712 号（1973 年）24 頁）。しかし，札幌高等裁判所判決は，平和的生存権を具体的権利として認めなかった（札幌高判昭和 51.8.5 行政事件裁判例集昭和 48（行コ）2)。最高裁判所判決は，この問題について判断しなかった（最判昭和 57.9.9 民集 36 巻 9 号 1679 頁）。

憲法前文の平和主義を具体化したのが，憲法 9 条である。憲法 9 条 1 項では，国権の発動たる戦争，武力による威嚇，武力の行使を，国際紛争を解決する手段として永久に放棄した。憲法 9 条 2 項では，陸海空軍その他の戦力の保持を禁止し，国の交戦権を認めないこととした。

憲法 9 条 1 項に関しては，自衛戦争も放棄したかどうかが問題となる。政府見解は，憲法 9 条 1 項は，独立国家に固有の自衛権までも否定する趣旨のものではなく，自衛のための必要最小限度の武力を行使することは認められるとしており，自衛戦争は放棄していないという立場をとっている（内閣答弁書昭和 55.12.5 内閣衆質 93 第 11 号）。

憲法 9 条 2 項に関しては，自衛隊が保持を禁止された戦力に該当するかどうかが問題となる。

長沼事件の札幌地方裁判所判決は，自衛隊は保持を禁止された戦力に該当するとした（札幌地判昭和48.9.7『判例時報』712号（1973年）24頁)。しかし，同事件の札幌高等裁判所判決は，自衛隊が戦力に該当するかどうかは統治行為に関する判断であり，自衛隊が一見極めて明白に違憲であるとは言えないので，司法審査の対象とならないとした（札幌高判昭和51.8.5行政事件裁判例集昭和48（行コ）2)。政府見解は，憲法9条2項は，戦力の保持を禁止しているが，自衛のための必要最小限度の実力を保持することまで禁止する趣旨のものではなく，自衛隊は，わが国を防衛するための必要最小限度の実力組織であるから憲法に違反するものではない，としている（内閣答弁書昭和55.12.5内閣衆質93第11号)。

憲法9条2項において否認された交戦権とは，中立国の船舶を臨検・拿捕する権利など国際法上交戦国に認められる権利のことをいう。

[参考]
第9条　日本国民は，正義と秩序を基調とする国際平和を誠実に希求し，国権の発動たる戦争と，武力による威嚇又は武力の行使は，国際紛争を解決する手段としては，永久にこれを放棄する。
2　前項の目的を達するため，陸海空軍その他の戦力は，これを保持しない。国の交戦権は，これを認めない。

問題 47　平和主義　Check!☞□□□

次の年表は，憲法第９条に関連する主な判決等をまとめたものである。

年代	警察予備隊事件	砂川事件	恵庭事件	長沼事件	百里基地事件	（参考）内外の情勢等
昭和20年代	昭 27.10.8 最高裁判決					・昭 25　朝鮮戦争勃発，警察予備隊発足 ・昭 26　サンフランシスコ平和条約・日米安保条約調印 ・昭 27　保安隊発足
昭和30年代		昭 34.3.30 第一審判決 昭 34.12.16 最高裁判決				・昭 30　保守合同 ・昭 31　日本が国連に加盟 ・昭 35　新日米安保条約調印 ・昭 39　東京オリンピック開催
昭和40年代			昭 42.3.29 第一審判決	昭 48.9.7 第一審判決		・昭 47　沖縄が日本に復帰 ・昭 48　ベトナム戦争終結
昭和50年代				昭 51.8.5 第二審判決 昭 57.9.9 最高裁判決	昭 52.2.17 第一審判決 昭 56.7.7 第二審判決	・昭 51　防衛費を当面対 GNP 比 1％以内と決定 ・昭 53　日中平和友好条約調印 ・昭 55　自衛隊が環太平洋合同演習に初参加 ・昭 56　防衛庁が有事法制研究の中間報告を発表
昭和60年代等					平元.6.20 最高裁判決	・昭 62　防衛費予算が対 GNP 比 1％を超える ・平元　ベルリンの壁崩壊 ・平 3　湾岸戦争勃発，ソ連解体

次のア～キは，上記年表で取り上げられている各事件のいずれかについての判決に関する記述であるが，各事件とそれに関する記述の組合せとして妥当なのはどれか。 （国家Ⅰ種 2002（平成 14）年度）

ア．第一審判決では，平和的生存権を権利として認めるとともに，自衛隊を憲法の禁止する戦力に該当するとしたが，第二審判決では，平和的生存権を否定するとともに，高度の政治性を有する国家行為については主権者である国民の判断にゆだねられるべきであって司法審査権の範囲外であると付加的に論じた。

イ．第一審判決では，犯罪の構成要件に該当しないとして被告人を無罪としたが，自衛隊についての憲法判断は回避した。

ウ．第一審判決では，憲法第 9 条は自衛のための戦力保持も禁止しており，在日米軍もこの戦力に該当するとした。

エ．最高裁判決では，平和的生存権を抽象的な概念とし，それ自体が，具体的訴訟における私法上の行為の効力についての独立した判断基準にはなり得ないとした。

オ．最高裁判決では，憲法第 81 条の違憲立法審査権について，具体的な争訟事件が提起されることを要し，法令の合憲性を抽象的に判断する権限を裁判所は有していないとして，原告の訴えを却下した。

カ．最高裁判決では，憲法第 9 条の私法上の行為への直接適用を否定した。

キ．最高裁判決では，日米安全保障条約は我が国の存立の基礎に極めて重大な関係を持つ高度の政治性を有するものというべきであり，一見極めて明白に違憲無効であると認められない限りは司法審査権の範囲外であるとして，いわゆる統治行為論を展開した。

	（警察予備隊事件）	（砂川事件）	（恵庭事件）	（長沼事件）	（百里基地事件）
1.	キ	ウ	イ	ア，カ	エ，オ
2.	オ，キ	ウ	イ	ア，エ	カ
3.	オ	ウ，キ	イ	ア	エ，カ
4.	オ，キ	エ	ウ	イ	ア，カ
5.	オ	キ	イ	ウ，エ	ア，カ

問題 47 の解説

警察予備隊事件は，警察予備隊の設置ならびに維持に関する一切の行為が，憲法 **9 条**に違反し無効であることの確認を求めた訴訟である。この事件で，最高裁判所は，わが裁判所が現行の制度上与えられているのは司法権を行う権限であり，司法権が発動するためには具体的な争訟事件が提起されることを必要とするので，わが裁判所は具体的な争訟事件が提起されないのに将来を予想して憲法およびその他の法律命令等の解釈に対し存在する疑義論争に関し抽象的な判断を下すごとき権限を行い得るものではない，とした（**最大判昭和 27.10.8** 民集 6 巻 9 号 783 頁）。その理由として判例は，最高裁判所は法律命令等に関し違憲審査権を有するが，この権限は司法権の範囲内において行使されるものであり，この点においては最高裁判所と下級裁判所との間に異るところはない，とした（同判決）。

以上のことから，警察予備隊事件に関する記述としては，オが該当する。

砂川事件は，日米安全保障条約が憲法 **9 条 2 項**前段の戦力不保持義務に違反するので，その 3 条に基づく行政協定に伴う刑事特別法も憲法 31 条に違反し無効ではないかが争われた事件である。この事件で，第 1 審の東京地方裁判所は，憲法 9 条は，侵略的戦争はもちろんのこと，自衛のための戦力を用いる戦争および自衛のための戦力の保持をも許さないとするものであるが，アメリカ合衆国軍隊の駐留は，わが国の要請とそれに対する施設，区域の提供，費用の分担その他の協力があってはじめて可能となるものであるから，合衆国軍隊の駐留は一面わが国政府の行為によるものということを妨げないので，わが国が外部からの武力攻撃に対する自衛に使用する目的で合衆国軍隊の駐留を許容していることは，指揮権の有無，合衆国軍隊の出動義務の有無にかかわらず，日本国憲法 9 条 2 項前段によって禁止されている陸海空軍その他の戦力の保持に該当するものといわざるを得ず，結局わが国内に駐留する合衆国軍隊は憲法上その存在を許すべからざるものといわざるを得ないので，刑事特別法も憲法 31 条に違反し無効である，とした（**東京地判昭和 34.3.30**『判例時報』180号（1959年）2頁）。

これに対して最高裁判所は，憲法9条2項において戦力の不保持を規定したのは，わが国がいわゆる戦力を保持し，自らその主体となってこれに指揮権，管理権を行使することにより，同条1項において永久に放棄することを定めたいわゆる侵略戦争を引き起こすがごときことのないようにするためであると解するのを相当とするので，同条2項がいわゆる自衛のための戦力の保持をも禁じたものであるか否かは別として，同条項がその保持を禁止した戦力とは，わが国がその主体となってこれに指揮権，管理権を行使し得る戦力をいうものであり，結局わが国自体の戦力を指し，外国の軍隊は，たとえそれがわが国に駐留するとしても，ここにいう戦力には該当しない，とした（最大判昭和34.12.16刑集13巻13号3225頁）。そして，日米安全保障条約は，主権国としてのわが国の存立の基礎に極めて重大な関係をもつ高度の政治性を有するものというべきであって，その内容が違憲なりや否やの法的判断は，その条約を締結した内閣およびこれを承認した国会の高度の政治的ないし自由裁量的判断と表裏をなす点がすくなくないので，その違憲なりや否やの法的判断は，純司法的機能をその使命とする司法裁判所の審査には，原則としてなじまない性質のものであり，一見極めて明白に違憲無効であると認められない限りは，裁判所の司法審査権の範囲外のものであって，それは第1次的には，条約の締結権を有する内閣およびこれに対して承認権を有する国会の判断に従うべく，終局的には，主権を有する国民の政治的批判に委ねられるべきものである，とした（同判決）。そのうえで，アメリカ合衆国軍隊は外国軍隊であって，わが国自体の戦力ではなく，その駐留の目的は，もっぱらわが国およびわが国を含めた極東の平和と安全を維持し，再び戦争の惨禍が起らないようにすることに存し，わが国がその駐留を許容したのは，わが国の防衛力の不足を，平和を愛好する諸国民の公正と信義に信頼して補なおうとしたものにほかならないので，かようなアメリカ合衆国軍隊の駐留は，憲法9条，98条2項および前文の趣旨に適合こそすれ，これらの条章に反して違憲無効であることが一見極めて明白であるとは，到底認められず，このことは，憲法

9条2項が，自衛のための戦力の保持をも許さない趣旨のものであると否とにかかわらないので，第1審判決が，アメリカ合衆国軍隊の駐留が憲法9条2項前段に違反し許すべからざるものと判断したのは，裁判所の司法審査権の範囲を逸脱し同条項および憲法前文の解釈を誤ったものであり，したがって，これを前提として本件刑事特別法を違憲無効としたことも失当であるとして，第1審判決を破棄し，事件を東京地方裁判所に差し戻した（同判決）。

以上のことから，砂川事件に関する記述としては，ウとキが該当する。

恵庭事件とは，自衛隊の演習の騒音による被害を受けた被告人が，自衛隊の連絡用通信線を切断したことから，自衛隊法121条の処罰対象である自衛隊の使用する「その他の防衛の用に供する物」を損壊したに該当するとして起訴されたところ，被告人は自衛隊法が憲法9条に違反するので無効であるから無罪であると主張した事件である。

第1審の札幌地方裁判所は，被告人が切断した通信線は，自衛隊法121条において処罰の対象となっている「その他の防衛の用に供する物」を損壊した場合に該当しないとしたうえで，裁判所が一定の立法なりその他の国家行為について違憲審査権を行使しうるのは，具体的な法律上の争訟の裁判においてのみであるとともに，具体的争訟の裁判に必要な限度に限られ，刑事事件に即していうならば，事件の裁判の主文の判断に直接かつ絶対必要な場合にだけ，立法その他の国家行為の憲法適否に関する審査決定をなすべきことを意味するので，被告人の行為について，自衛隊法121条の構成要件に該当しないとの結論に達した以上，もはや，自衛隊法の合憲性について判断を行う必要がないのみならず，これを行うべきでもないとして，被告人に対して無罪判決を下した（**札幌地判昭和42.3.29**『判例時報』476号（1967年）25頁）。これに対して検察が控訴しなかったので，第1審の無罪判決が確定した。

以上のことから，恵庭事件に関する記述としては，イが該当する。

長沼事件は，自衛隊ミサイル基地設置のための保安林指定解除処分の取消しを当該保安林がある地域の住民が求めた事件である。

第1審の札幌地方裁判所は，保安林制度は，憲法の基本原理である民主主義，基本的人権尊重主義，平和主義の実現のために地域住民の「平和のうちに生存する権利」（憲法前文）すなわち平和的生存権を保護しようとしているものと解するのが正当であるから，もしなんらかの森林法上の処分により地域住民の平和的生存権が侵害され，また侵害される危険がある限り，その地域住民にはその処分の瑕疵を争う法律上の利益があるとして，前文の平和的生存権を具体的権利として認めた（**札幌地判昭和 48.9.7**『判例時報』712 号（1973 年）24 頁）。そして，同裁判所は，憲法 **9** 条 **2** 項の「陸海空軍」は，「外敵に対する実力的な戦闘行動を目的とする人的，物的手段としての組織体」であり，「その他の戦力」は，陸海空軍以外の軍隊か，または，軍という名称を持たなくとも，これに準じ，または，これに匹敵する実力をもち，必要ある場合には，戦争目的に転化できる人的，物的手段としての組織体をいう，とした（同判決）。そのうえで，自衛隊の編成，規模，装備，能力からすると，自衛隊は明らか「外敵に対する実力的な戦闘行動を目的とする人的，物的手段としての組織体」と認められるので，軍隊であり，それゆえに陸，海，空各自衛隊は，憲法 9 条 2 項によってその保持を禁ぜられている「陸海空軍」という戦力に該当するものといわなければならず，自衛隊法その他これに関連する法規は，いずれも同様に，憲法 9 条 2 項に違反し，憲法 98 条によりその効力を有しえない，とした（同判決）。

第 2 審の札幌高等裁判所は，保安林指定処分に伴う直接的影響が及ぶものとして配慮されたものと認め得る個々人の生活利益は，没個性的に一般化し得ない利益として，当該処分による個別的，具体的法的利益と認めるのが相当であるとして，地域住民の原告適格を認めたが，前文の平和的生存権は，裁判規範として，なんら現実的，個別的内容をもつものとして具体化されているものではないし，憲法 **9** 条および憲法第 3 章の規定に具体化されているとはいえないとして，平和的生存権の具体的権利性を認めなかった（**札幌高判昭和 51.8.5** 行政事件裁判例集昭和 48（行コ）2)。そして，保安林指定解除処分による地域住民の生命，身体の安全を侵害される不利益は，洪水防止施設により補填，代替され，地域住民は当該解除処分の取消を求める訴えの利益を失ったので，地域住民による訴えは不適法であるとして却下した（同判決）。さらに，自衛隊法等の制定およびこれに基づく自衛隊の設置，運営は，統治事項に関する行為であって，一見極めて明白に違憲，違法と認められるものでない限り，司法審査の対象でないとしたうえで，憲法 **9 条**が保持を一義的，明確に禁止するのは侵略戦争のための軍備ないし戦力だけであるが，自衛隊が一見極めて明白に侵略的なものであるとは言い得ないので，自衛隊の存在等が憲法 9 条に違反するか否かの問題は，統治行為に関する判断であり，国会および内閣の政治行為として究極的には国民全体の政治的批判に委ねられるべきものであり，これを裁判所が判断すべきものではないとした（同判決）。

最高裁判所は，基本的には札幌高等裁判所の判決を正当とし，保安林の指定が違法に解除され，それによって自己の利益を害された場合には，当該解除処分に対する取消しの訴えを提起する原告適格を有する者といえるが，洪水防止施設によりそうした利益侵害の状態はなくなったと認められるのであるから，地域住民の保安林指定解除処分の取消しを求める訴えの利益は失われたものというべきであり，本件訴えは不適法として却下を免れないとした札幌高等裁判所の判断は，正当として是認することができるとした（**最判昭和 57.9.9** 民集 36 巻 9 号 1679 頁）。また，平和的生存権については，結論に影響ないとして判断しなかった。

以上のことから，長沼事件に関する記述としては，アが該当する。

百里基地事件とは，自衛隊の基地用地としての土地所有者と国との間の土地の売買契約が憲法 **9 条**に違反し無効ではないかが問題となった事件である。

最高裁判所は，憲法 **98 条 1 項**は，憲法が国の最高法規であること，すなわち，憲法が成文法の国法形式として最も強い形式的効力を有し，憲法に違反するその余の法形式の全部または一部はその違反する限度において法規範としての本来の効力を有しないことを定めた規定であるから，**同条項**にいう「国務に関するその他の行為」とは，**同条項**に列挙された法律，命令，詔勅と同一の性質を有する国の行為，言い換えれば，公権力を行使して法規範を定立する国の行為を意味し，したがって，行政処分，裁判などの国の行為は，個別的・具体的ながらも公権力を行使して法規範を定立する国の行為であるから，かかる法規範を定立する限りにおいて国務に関する行為に該当するものというべきであるが，国の行為であっても，私人と対等の立場で行う国の行為は，法規範の定立を伴わないから憲法 98 条 1 項にいう「国務に関するその他の行為」に該当しないとしたうえで，本件売買契約は，国が行った行為ではあるが，私人と対等の立場で行った私法上の行為であり，法規範の定立を伴わないことが明らかであるから，憲法 98 条 1 項にいう「国務に関するその他の行為」には該当しないとした（**最判平成元.6.20** 民集 43 巻 6 号 385 頁）。そして，憲法 9 条は，その憲法規範として有する性格上，私法上の行為の効力を直接規律することを目的とした規定ではなく，人権規定と同様，私法上の行為に対しては直接適用されるものではないと解するのが相当であり，国が一方当事者として関与した行為であっても，たとえば，行政活動上必要となる物品を調達する契約，公共施設に必要な土地の取得または国有財産の売払いのためにする契約などのように，国が行政の主体としてでなく私人と対等の立場に立って，私人との間で個々的に締結する私法上の契約は，当該契約がその成立の経緯および内容において実質的にみて公権力の発動たる行為となんら変わりがないといえるような特段の事情のない限り，憲法 9 条の直接適用を受けず，私人間の利害関係の公平な調整を目的とする私法の適用を受けるにすぎないとしたうえで，本件売買契約は，行為の形式をみると，私法上の契約として行われており，また，行為の実質をみても，国が基地予定地内の土地所有者らを相手方とし，なんら公権力を行使することなく純粋に私人と対等の立場に立って，個別的な事情を踏まえて交渉を重ねた結果締結された一連の売買契約の 1 つであって，前述したような特段の事情は認められず，したがって，本件売買契約は，私的自治の原則に則って成立した純粋な財産上の取引であるということができ，本件売買契約に憲法 9 条が直接適用される余地はない，とした（同判決）。さらに，自衛隊のために国と私人との間で，売買契約その他の私法上の契約を締結することは，社会的に許容されない反社会的な行為であるとの認識が，社会の一般的な観念として確立していたということはできないので，自衛隊の基地建設を目的ないし動機として締結された本件売買契約が，その私法上の契約としての効力を否定されるような行為であったとはいえないし，また，平和主義ないし平和的生存権として主張する平和とは理念ないし目的としての抽象的概念であるから，憲法 9 条をはなれてこれとは別に，民法 90 条にいう「公の秩序」の内容の一部を形成することはなく，したがって私法上の行為の効力の判断基準とはならないものというべきであるから，本件売買契約は公序良俗違反にはならない，とした（同判決)。

以上のことから，百里基地訴訟に関する記述としては，エとカが該当する。

＊正解　3

[参考]
第 98 条　この憲法は，国の最高法規であつて，その条規に反する法律，命令，詔勅及び国務に関するその他の行為の全部又は一部は，その効力を有しない。
2　日本国が締結した条約及び確立された国際法規は，これを誠実に遵守することを必要とする。
〈民法〉
（公序良俗）
第 90 条　公の秩序又は善良の風俗に反する事項を目的とする法律行為は，無効とする。
〈自衛隊法〉
第 121 条　自衛隊の所有し，又は使用する武器，弾薬，航空機その他の防衛の用に供する物を損壊し，又は傷害した者は，5 年以下の懲役又は 5 万円以下の罰金に処する。

●解法のポイント●

◆ 警察予備隊事件において，最高裁判所は抽象的な法令審査はできないとした。

◆ 砂川事件において，第１審判決は，アメリカ合衆国軍隊は憲法９条２項前段で保持が禁止されている戦力に該当するとしたが，最高裁判所判決は，外国の軍隊は憲法９条２項前段で保持が禁止されている戦力に該当せず，また，日米安全保障条約は一見極めて明白に違憲とは言えないので，それに対して司法審査は及ばないとした。

◆ 恵庭事件において，第１審判決は，通信線切断行為は自衛隊法で処罰対象となる行為に該当しない以上，自衛隊法の合憲性について審査する必要はないとした。

◆ 長沼事件において，第１審判決は，前文の平和的生存権を具体的権利として認め，自衛隊は憲法９条２項で保持が禁止されている戦力に該当するので，自衛隊法その他これに関連する法規は，憲法９条２項に違反し無効であるとした。しかし，第２審判決は，前文の平和的生存権を具体的権利として認めず，また，自衛隊の存在が憲法９条に違反するかどうかの問題は，統治行為に関する判断であり，自衛隊が一見極めて明白に違憲とはいえないので，司法審査の対象とはならないとした。

◆ 百里基地事件において，最高裁判所判決は，国が行政の主体としてでなく私人と対等の立場に立って，私人との間で個々的に締結する私法上の契約に憲法９条は適用されないとし，また，平和的生存権として主張する平和は抽象的概念であるから，私法上の行為の効力の判断基準とはならないとした。

■ 10. 3　天皇の国事行為

アウトライン

天皇は，憲法の定める国事行為のみを行い，国政に関する権能を有しない（憲法 4 条 1 項）。また，天皇のすべての国事行為には，内閣の助言と承認を必要とし，内閣が，その責任を負う（憲法 3 条）。

国事行為については，内閣はその助言と承認における判断について政治的責任を負う。これは天皇の国事行為に関する責任を内閣が代わって負うという内閣の代位責任ではなく，国事行為に対する助言と承認における内閣の判断について内閣が責任を負うという内閣の自己責任である。天皇は内閣の助言と承認に基づいて国事行為を行うだけであるので，天皇は責任をそもそも負わない。そして，内閣は行政権の行使について国会に対して連帯責任を負うので（憲法 66 条 3 項），この国事行為に対する責任も内閣は国会（各院）に対して負うこととなる。

天皇は，法律の定めるところにより，その国事に関する行為を委任することができる（憲法 4 条 2 項）。具体的には，天皇は，精神もしくは身体の疾患または事故があるときは，摂政を置くべき場合を除き，内閣の助言と承認により，国事行為を皇室典範の規定により摂政となる順位にあたる皇族に委任して臨時に代行させることができる（国事行為の臨時代行に関する法律 2 条 2 項）。

また，皇室典範の定めるところにより摂政を置くときは，摂政は，天皇の名で国事行為を行う（憲法 5 条）。具体的には，天皇が成年に達しないとき，および，天皇が，精神もしくは身体の重患または重大な事故により，国事行為を自らすることができないときに皇室会議の議により，摂政が置かれる（皇室典範 16 条）。

天皇は，国事行為以外にも国会開会式におけるお言葉や国内巡幸などの公的行為を行う。この天皇の公的行為については，私的行為としては扱わず内閣の統制下で行われるべきであるとするのが通説であるが，その論拠には様々なものがあり，象徴としての行為と位置付ける説，公人としての行為と位置付ける説，国事行為に準ずる行為と位置付ける説などがある。

問題 48 天皇の国事行為

Check!☞□□□

天皇の国事行為に関する次の記述のうち，妥当なのはどれか。

（国家Ⅱ種 2002（平成 14）年度）

1. 国民主権を採る日本国憲法の下では，天皇の国事にかかわるすべての行為には，内閣の助言と承認を必要とするが，天皇主権を採る明治憲法の下では，内閣又は国務大臣が天皇に対して何らかの補佐又は助言を行う制度は存在しなかった。
2. 天皇の国事行為については内閣がその責任を負うが，国事行為が国民のために行われることから，この責任は，政治的責任として国民を代表する国会に対して負うこととなる。
3. 内閣が総辞職した後は，助言と承認を行うべき内閣は存在しないから，天皇は，内閣の助言と承認を得ることなく，新たな内閣総理大臣を任命することができる。
4. 天皇が心身の故障又は事故により国事行為を行うことができない場合には，内閣総理大臣が天皇に代わって国事行為を行い，当該国事行為については，内閣の助言と承認を必要としない。
5. 天皇が行う公的行為は，憲法の定める国事行為のみに限られるから，それ以外の行為については，公の場においてなされたものであっても，すべて天皇の私的行為となると解するのが通説である。

問題 48 の解説

1. **妥当でない。** 日本国憲法では，天皇は憲法の定める国事行為のみを行い，国政に関する権能を有しないので（憲法 4 条 1 項），天皇のすべての国事行為には，内閣の助言と承認を必要とする（憲法 3 条）。明治憲法では，天皇は統治権を総攬したが（大日本帝国憲法 4 条），各国務大臣が天皇を輔弼するとされていた（大日本帝国憲法 55 条 1 項）。
2. **妥当である。** 天皇のすべての国事行為には，内閣の助言と承認を必要とし，内閣がその責任を負う（憲法 3 条）。この責任は民事責任や刑事責任などの法的責任ではなく，国事行為に関する内閣の判断についての政治的責任である。そして，内閣は行政権の行使について国会に対して連帯責任を負うので（憲法 66 条 3 項），この国事行為に対する責任も内閣は国会（各院）に対して負うこととなる。
3. **妥当でない。** 内閣が総辞職した場合，その内閣は，あらたに内閣総理大臣が任命されるまで引き続きその職務を行う（憲法 71 条）。このためあらたな内閣総理大臣の任命という国事行為（憲法 6 条 1 項）は，総辞職後の内閣の助言と承認により行われる。天皇のすべての国事行為には，内閣の助言と承認を必要とするので（憲法 3 条），天皇が単独で国事行為を行うことはありえない。
4. **妥当でない。** 天皇が心身の故障または事故により一時的に国事行為を行うことができない場合，法律に基づいて国事行為を委任することができる（憲法 4 条 2 項）。具体的には，内閣の助言と承認により，皇室典範の規定により摂政となる順位にあたる皇族に委任される（国事行為の臨時代行に関する法律 2 条 1 項）。また，天皇が心身の故障または事故により継続的に国事行為を行うことができない場合，皇室典範の定めるところにより摂政が置かれることとなり，摂政は，天皇の名で国事行為を行う（憲法 5 条）。具体的には，皇室会議の議により，摂政が置かれるが（皇室典範 16 条 2 項），この摂政には，皇室典範の定める順序により，成年に達した皇族が就任する（皇室典範 17 条 1 項）。いずれの場合も，国事行為を代行するのは成年に達した皇族であり，内閣総理大臣が代行することはない。

5. **妥当でない。** 国会開会式におけるお言葉や国内巡幸などの天皇の公的な行為を，憲法上どのように位置づけるかが問題となる。こうした公的行為は国事行為ではないので私的行為であるとすると，天皇が公的行為を行う場合には内閣の助言と承認は不要となるため，内閣の統制が及ばず天皇が公的行為を自由に行うことができるという問題が生じる。このため公的行為は私的な行為として扱わず，これに対して内閣の統制を及ぼすべきであるとする説が通説である。しかし，その論拠としては様々な説が主張されている。たとえば，天皇は象徴としての地位に基づいて内閣の統制のもとに公的行為を行うことができるとする説や，天皇は公人として公的行為を行うことができるがその事務処理は内閣総理大臣の責任の下で行われるとする説，天皇は国事行為と密接に関連する公的行為のみを行うことができ，これに対しては国事行為と同様に内閣の助言と承認を必要とするという説などがある。また，天皇は国事行為のみしか行うことができず公的行為を行うことができないとしつつ，国会開会式のお言葉は「儀式を行ふ」（憲法7条10号）という国事行為に含まれるとする説もある。

＊正解　2

●解法のポイント●

◆　明治憲法では，各国務大臣が天皇を輔弼した。

◆　天皇の国事行為に対する内閣の責任は政治責任である。

◆　内閣総理大臣の任命という国事行為は，総辞職後の内閣の助言と承認により行われる。

◆　国事行為を代行できるのは，成年に達した皇族のみである。

◆　天皇の公的行為は私的行為として扱わず，これに対しても内閣の統制を及ぼすべきであるとするのが通説である。

［参考］
第 3 条　天皇の国事に関するすべての行為には，内閣の助言と承認を必要とし，内閣が，その責任を負ふ。
第 4 条　天皇は，この憲法の定める国事に関する行為のみを行ひ，国政に関する権能を有しない。
2　天皇は，法律の定めるところにより，その国事に関する行為を委任することができる。
第 5 条　皇室典範の定めるところにより摂政を置くときは，摂政は，天皇の名でその国事に関する行為を行ふ。この場合には，前条第 1 項の規定を準用する。
第 7 条　天皇は，内閣の助言と承認により，国民のために，左の国事に関する行為を行ふ。
十　儀式を行ふこと。
第 66 条 1 項　内閣は，法律の定めるところにより，その首長たる内閣総理大臣及びその他の国務大臣でこれを組織する。
3　内閣は，行政権の行使について，国会に対し連帯して責任を負ふ。
〈皇室典範〉
第 16 条　天皇が成年に達しないときは，摂政を置く。
2　天皇が，精神若しくは身体の重患又は重大な事故により，国事に関する行為をみずからすることができないときは，皇室会議の議により，摂政を置く。
第 17 条 1 項　摂政は，左の順序により，成年に達した皇族が，これに就任する。
一　皇太子又は皇太孫
二　親王及び王
三　皇后
四　皇太后
五　太皇太后
六　内親王及び女王
〈国事行為の臨時代行に関する法律〉
（委任による臨時代行）
第 2 条　天皇は，精神若しくは身体の疾患又は事故があるときは，摂政を置くべき場合を除き，内閣の助言と承認により，国事に関する行為を皇室典範（昭和 22 年法律第 3 号）第 17 条の規定により摂政となる順位にあたる皇族に委任して臨時に代行させることができる。
2　前項の場合において，同項の皇族が成年に達しないとき，又はその皇族に精神若しくは身体の疾患若しくは事故があるときは，天皇は，内閣の助言と承認により，皇室典範第 17 条に定める順序に従つて，成年に達し，かつ，故障がない他の皇族に同項の委任をするものとする。

■10.4　憲法改正

アウトライン

憲法も社会の変化に対応しなければならないので，その改正手続が定められている。ただし，憲法は国家の基本について定めた法であるので，安易な改正を認めることはできない。このため憲法改正手続は，法律制定手続よりも厳格な手続となっている。こうした憲法改正手続が法律制定手続よりも厳格な憲法を，硬性憲法という。

まず，憲法を改正するためには，国会が憲法改正案を発議することが必要となる（憲法 96 条 1 項前段）。ここにいう発議とは，国民に提案する憲法改正案を議決することをいう。この発議を行うため手続についての規定は憲法には存在せず，国会法において定められている。議員が憲法改正案の原案を発議（この発議は提案という意味）するためには，衆議院においては議員 100 人以上，参議院においては議員 50 人以上の賛成を要する（国会法 68 条の 2）。内閣が，憲法改正案の原案を国会に提出できるかについては議論がある。ただ，内閣の構成員の大半は国会議員であるため，国会議員として原案を提出できるので，あまり実益のない議論とされる。

国会が憲法改正を発議するためには，各議院の総議員の 3 分の 2 以上が賛成する必要がある（憲法 96 条 1 項前段）。

国会は憲法改正を発議すると，憲法改正案を国民に提案し，その承認を経なければならない（同条項前段）。この承認は，国民投票において過半数の賛成を必要とする（同条項後段）。憲法改正権は，主権者である国民が持つからである。

国民投票の手続に関しては憲法で定められておらず，日本国憲法の改正手続に関する法律によって定められている。この法律では，満 18 歳以上の日本国民が投票権を持つこと（日本国憲法の改正手続に関する法律 3 条），一人一票制（同法 47 条），賛成投票数が賛成投票数と反対投票数の合計数の2分1を超えた場合に国民の承認があったものとすること（同法126条1項）などが定められた。

憲法改正について国民の承認を経たときは，天皇は，国民の名で，既存の憲法と一体をなすものとして，直ちにこれを公布する（憲法96条2項）。国民の名で公布するのは，憲法改正が主権者である国民によってなされたことを明確にするためである。

問題 49　憲法改正

Check!☞□□□

日本国憲法の硬性憲法としての性質に関するア～オの記述のうち，妥当なもののみを全て挙げているのはどれか。　（国家総合職 2014（平成26）年度）

ア．憲法を改正するには，各議院の総議員の3分の2以上の賛成で，国会が，これを発議し，国民の過半数の賛成による承認を得なければならない。この承認を得たときは，天皇は，この憲法と一体を成すものとして，自らの名で，直ちにこれを公布する。

イ．憲法改正の手続として国会が行う「発議」とは，国民に提案される憲法改正案を国会が決定することをいう。憲法には，この「発議」を行うための，憲法改正案の原案としての議案を国会に提出する権限やその審議の方法について明記されていないが，国会法は，国会議員が同議案を国会に提出するためには，通常の議案を提出する場合と同様に，衆議院では20人以上，参議院では10人以上の賛成を必要とすることを定めている。

ウ．憲法を改正するには，国会が発議した後，国民の過半数の賛成による承認を得る必要があるが，この承認を得るための国民投票は，その重大性に鑑み，国会の定める選挙の際に同時に行うことは認められていない。

エ．平成19年に「日本国憲法の改正手続に関する法律」（以下憲法改正国民投票法」という。）が制定され，国民投票に関する手続を定めるとともに，併せて憲法改正の発議に関する手続の整備が行われた。

オ．憲法改正国民投票法では，国民投票は，代表者の選挙の場合とは異なり，

10

憲法の各種問題

投票権を与えられる国民自らが国家・国民にとっての重要事項について判断することとなることに鑑み，その投票権は，年齢満25年以上の日本国民が有することとされている。

1. イ
2. エ
3. ア，イ
4. ア，エ
5. ウ，オ

問題49の解説

ア．**妥当でない。**　憲法を改正するためには，まず各議院の総議員の3分の2以上の賛成による国会の発議が必要となる（**憲法96条1項前段**）。次に，国民の承認を経なければならない（**同条項前段**）。憲法改正権を持っているのは，主権者である国民だからである。この国民の承認を経るには，国民投票において過半数の賛成を必要とする（**同条項後段**）。この国民の承認を経たときは，天皇は，国民の名で，既存の憲法と一体をなすものとして，直ちに憲法改正を公布する（**同条2項**）。国民の名で公布するのは，憲法改正が主権者である国民によってなされたことを明確にするためである。

イ．**妥当でない。**　発議とは，国民に提案する憲法改正案を議決することをいう。この発議を行うため手続についての規定は憲法には存在せず，国会法において定められている。国会法では，議員が憲法改正案の原案を発議（提案）するためには，通常の議案とは異なり，衆議院においては議員100人以上，参議院においては議員50人以上の賛成を要すると，定められている（国会法68条の2）。

ウ．**妥当でない。**　憲法を改正するには，国会が発議し，国民に提案してその承認を経なければならない（**憲法96条1項前段**）。この承認には，国民投票において過半数の賛成を必要とする（**同条項後段**）。この国民投票は，特別の国民投票でよいし，国会の定める選挙の際に行われる投票でもよい（**同条項後段**）。

エ．**妥当である。** 平成 19 年に，日本国憲法の改正手続に関する法律（憲法改正国民投票法）が制定された。この法律では，日本国民で満 18 歳以上の者が投票権を有すること（同法 3 条），一人一票制（同法 47 条），賛成投票数が賛成投票数と反対投票数の合計数の 2 分 1 を超えた場合に国民の承認があったものとする（同法 126 条 1 項）などの，国民投票に関する手続が定められた。あわせて，同法により国会法の改正も行われ（同法 151 条），あらたに日本国憲法の改正の発議という章が設けられ（国会法 6 章の 2），憲法改正原案の発議には衆議院においては 100 人以上，参議院においては 50 人以上の賛成を要すること（同法 68 条の 2），この発議は内容において関連する事項ごとに区分して行うこと（同法 68 条の 3），憲法改正原案について国会において最後の可決があった場合には，その可決をもって，国会が憲法 96 条 1 項に定める憲法改正の発議をし，国民に提案したものとすること（同法 68 条の 5 第 1 項）など，憲法改正の発議に関する手続の整備が行われた。

オ．**妥当でない。** 憲法改正国民投票法では，日本国民で満 18 歳以上の者が投票権を有すると定められた（同法 3 条）。この法律が制定された当時，公職選挙法では選挙権は満 20 歳以上の日本国民に与えられていたが（平成 27 年改正前公職選挙法 9 条），憲法改正国民投票法では，若者の社会参加を促すために，満 18 歳以上の日本国民に投票権を与えることとした。ただし，満 18 歳以上 20 歳未満の者が国政選挙に参加することなどができるまでの間は，投票権は 20 歳以上の者に与えられるとされた（平成 26 年改正前憲法改正国民投票法附則 3 条 2 項）。もっとも，平成 26 年に憲法改正国民投票法が改正され，これにより附則 3 条は削除され，改正法施行から 4 年後の平成 30 年 6 月 21 日以降，投票権は 18 歳以上の者に与えられることとなった（憲法改正国民投票法の一部を改正する法律附則 2 項）。

＊正解　2

●解法のポイント●

◆　改正された憲法は，国民の名で公布される。

◆　国会議員が憲法改正案の原案を発議（提案）するためには，衆議院においては議員100人以上，参議院においては議員50人以上の賛成を要する。

◆　憲法改正のための国民投票は，特別の国民投票でよいし，国会の定める選挙の際に行われる投票でもよい。

◆　憲法改正国民投票法では，憲法改正発議の手続整備のため，国会法も改正された。

◆　憲法改正国民投票法では，満18歳以上の日本国民に投票権が与えられている。

[参考]

第96条　この憲法の改正は，各議院の総議員の3分の2以上の賛成で，国会が，これを発議し，国民に提案してその承認を経なければならない。この承認には，特別の国民投票又は国会の定める選挙の際行はれる投票において，その過半数の賛成を必要とする。

2　憲法改正について前項の承認を経たときは，天皇は，国民の名で，この憲法と一体を成すものとして，直ちにこれを公布する。

〈国会法〉

第68条の2　議員が日本国憲法の改正案（以下「憲法改正案」という。）の原案（以下「憲法改正原案」という。）を発議するには，第56条第1項の規定にかかわらず，衆議院においては議員100人以上，参議院においては議員50人以上の賛成を要する。

〈日本国憲法の改正手続に関する法律〉

（投票権）

第3条　日本国民で年齢満18年以上の者は，国民投票の投票権を有する。

（一人一票）

第47条　投票は，国民投票に係る憲法改正案ごとに，一人一票に限る。

第三章　国民投票の効果

第126条1項　国民投票において，憲法改正案に対する賛成の投票の数が第98条第2項に規定する投票総数の2分の1を超えた場合は，当該憲法改正について日本国憲法第96条第1項の国民の承認があったものとする。

■ 10. 5　条約および確立された国際法規

アウトライン

条約とは，国家や国際組織などの国際法主体間における文書による国際法上の合意のことをいう。

条約も，法律や政令と同様に天皇により公布されなければならず（憲法 7 条 1 号），条約を遵守することが義務付けられていることから（憲法 98 条 2 項），国法の一形式である。

憲法 81 条において列挙されている裁判所の違憲審査権の対象に条約が含まれていないことから，条約が裁判所の違憲審査権の対象となるかが問題となる。通説は，条約の国内法的側面については，裁判所の違憲審査権の対象となるとする。判例は，高度の政治性を有する条約については，一見極めて明白に違憲無効であると認められない限り，裁判所の司法審査権の範囲外のものである，とした（最大判昭和 34.12.16 刑集 13 巻 13 号 3225 頁，砂川事件）。つまり，判例は，条約に対して裁判所の違憲審査権が及ぶことを前提としたうえで，高度の政治性を有する条約についてのみ，一見極めて明白に違憲無効であると認められない限り，その審査権が及ばない，とした。

条約の締結は内閣の権限であるが，事前に，時宜によっては事後に，国会の承認を経ることを必要とする（憲法 73 条 3 号）。条約は，国民の権利を制限したり国に財政負担を求めたりすることがあるからである。

ただし，すべての条約について国会の承認を必要とするのではない。条約の委任に基づく合意である委任協定や条約の施行細則に関する合意である執行協定については，内閣の外交処理権（憲法 73 条 2 号）で処理される問題なので，国会の承認は不要である。

国会が条約を修正することができるかどうかについては，条約締結権は内閣の権限であり，条約の修正には相手国の同意が必要である以上，国会による修正は内閣に対する要望にすぎず，国会は条約を一括して承認するか否認するかしかできない。

国会の事前の承認が得られなかった場合，内閣は条約を締結することができなくなる。国会の事後承認が得られなかった場合，その条約が国内法的には無効であることには学説上争いがないが，国際法上の効力については学説上争いがある。

問題 50 条約および確立された国際法規

Check!☞□□□

条約及び確立された国際法規に関するア～オの記述のうち，妥当なもののみを全て挙げているのはどれか。

(国家総合職 2015（平成 27）年度)

ア．憲法第 7 条は，天皇の国事行為として，条約締結のために批准書を認証することを含めている一方，他の法律や政令とは異なり，条約を公布することは含めておらず，条約を国法の一形式として認めていないことから，憲法第 81 条は，最高裁判所が憲法適合性を決定する対象として条約を明示的には列挙していない。

イ．憲法上，条約の締結に必要な国会の承認については，原則として両議院で可決することが必要であるが，参議院が衆議院と異なった議決をした場合には，衆議院で出席議員の 3 分の 2 以上の多数で再び可決すれば足りる。

ウ．憲法第 81 条は，違憲審査の対象として「一切の法律，命令，規則又は処分」を規定しているところ，条約に対する違憲審査権について，判例は，条約が高度の政治性を有する場合，それが一見極めて明白に違憲無効であると認められない限りは，裁判所の違憲審査権の範囲外にあると解するのが相当であるとしている。

エ．いわゆる政治犯罪人不引渡しの原則が，憲法第 98 条第 2 項が規定する確立された国際法規」に該当するか否かが問われた事件において，判例は，純粋の政治犯罪について，本国における処罰が客観的に確実である場合に限り，政治犯罪人不引渡しの原則は確立した一般的な国際慣習法として認められるとしている。

オ．憲法第 98 条第 2 項において，誠実に遵守することが必要とされる「条約」には，憲法第 73 条第 3 号において，その締結に当たって，事前に，時宜によっては事後に，国会の承認を経ることが必要とされている「条約」以外のものは含まれない。

1. ウ
2. オ
3. ア，エ
4. イ，オ
5. ウ，エ

問題 50 の解説

ア．**妥当でない。**　条約とは，国家や国際組織などの国際法主体間における文書による国際法上の合意のことをいう。条約も，法律や政令と同様に天皇により公布されなければならない（**憲法 7 条 1 号**）。また，条約を遵守することが義務付けられていることから（**憲法 98 条 2 項**），条約は国法の一形式として認められている。確かに，憲法 81 条において，違憲審査権の対象の中に条約は含まれていない。しかし，条約の国内法的側面については，違憲審査の対象となるとするのが通説である。判例も，条約に対しても裁判所の違憲審査権が及ぶことを前提としたうえで，高度の政治性を有する条約についてのみ，一見極めて明白に違憲無効であると認められない限り，その審査権が及ばない，とした（**最大判昭和 34.12.16 刑集 13 巻 13 号 3225 頁，砂川事件**）。

イ．**妥当でない。**　条約の締結は内閣の権限であるが，事前に，時宜によっては事後に，国会の承認を経ることを必要とする（**憲法 73 条 3 号**）。条約は，国民の権利を制限したり国に財政負担を求めたりすることがあるからである。条約について，参議院が衆議院と異なる議決をした場合，法律の定めるところにより，両議院の協議会を開いても意見が一致しないとき，衆議院の議決が国会の議決となる（**憲法 61**

条・60条2項)。法律の場合のような，衆議院の再議決は不要である。

ウ．**妥当である。** 判例は，日米安全保障条約は，主権国としてのわが国の存立の基礎に極めて重大な関係をもつ高度の政治性を有するものというべきであって，その内容が違憲なりや否やの法的判断は，その条約を締結した内閣およびこれを承認した国会の高度の政治的ないし自由裁量的判断と表裏をなす点がすくなくないので，純司法的機能をその使命とする司法裁判所の審査には，原則としてなじまない性質のものであるから，一見極めて明白に違憲無効であると認められない限りは，裁判所の司法審査権の範囲外のものである，とした（**最大判昭和34.12.16刑集13巻13号3225頁，砂川事件**）。

エ．**妥当でない。** 政治犯不引渡しの原則が国際慣習法として確立しているかが問題となった尹秀吉事件で，第1審の東京地方裁判所は，純粋の政治犯罪について，本国における処罰が客観的確実であるという場合に限り，政治犯不引渡しの原則は，確定した国際慣習法であるとした（**東京地判昭和44.1.25行政事件裁判例集昭和37（行）129**）。しかし，控訴審の東京高等裁判所は，政治犯罪人不引渡しの原則は，自由と人道に基づく国際通宜ないし国際慣行であるがいまだ確立した一般的な国際慣習法であるとは認められない，とした（**東京高判昭和47.4.19『判例時報』664号（1972年）3頁**）。最高裁判所も，政治犯罪人不引渡の原則はいまだ確立した一般的な国際慣習法であると認められないとした東京高等裁判所の認定判断は，正当として是認することができる，とした（**最判昭和51.1.26集民117号15頁**）。

オ．**妥当でない。** 憲法73条3号の条約とは，すべての条約を意味するのではなく，条約のうち国会の承認を必要とするものをいう。条約の委任に基づく合意である委任協定や条約の施行細則に関する合意である執行協定については，内閣の外交処理権（憲法73条2号）で処理される問題なので，国会の承認は不要とされる。政府も，法律事項を含む国際約束，財政事項を含む国際約束，政治的に重要な国際約束であって，発効のために批准が要件とされているもの，の3類型のいずれかに該当する条約は，国会承認が必要な条約であるとする（衆議院外務委員会における大平外務大臣答弁。第 72 回国会衆議院外務委員会議録第 5 号 2 頁昭和 49.2.20)。他方，すでに国会の承認を経た条約　　　　　　　　　　　　　　　　　　　　　　　　　　　　　　　　　，国内法あるいは予算の範囲内で実施しうる国際約束については，行政取極として憲法 73 条 2 号の外交関係の処理の一環として行政府限りで締結しうるとした（同答弁)。判例も，米軍の配備を規律する条件を規定した行政協定は，既に国会の承認を経た安全保障条約 3 条の委任の範囲内のものであると認められ，これにつき特に国会の承認を経なかったからといって，違憲無効であるとは認められない，とした（**最大判昭和 34.12.16** 刑集 13 巻 13 号 3225 頁，**砂川事件**)。このため，委任協定および執行協定は憲法 73 条 3 号の条約に含まれない。これに対して，憲法 98 条 2 項の条約は，委任協定や執行協定も含むすべての条約を意味する。

＊正解　1

●解法のポイント●

◆　条約も，国法の一形式である。

◆　条約について，参議院が衆議院と異なる議決をした場合，法律の定めるところにより，両議院の協議会を開いても意見が一致しないとき，衆議院の議決が国会の議決となる。

◆　高度の政治性を有する条約は，一見極めて明白に違憲無効であると認められない限りは，裁判所の司法審査権の範囲外である。

◆　政治犯罪人不引渡し原則は，確立した国際慣習法ではない。

◆　憲法 98 条 2 項の条約の意味は，憲法 73 条 3 号の条約の意味より広い。

[参考]

第 7 条　天皇は，内閣の助言と承認により，国民のために，左の国事に関する行為を行ふ。

一　憲法改正，法律，政令及び条約を公布すること。

第 60 条　予算は，さきに衆議院に提出しなければならない。

2　予算について，参議院で衆議院と異なつた議決をした場合に，法律の定めるところにより，両議院の協議会を開いても意見が一致しないとき，又は参議院が，衆議院の可決した予算を受け取つた後，国会休会中の期間を除いて 30 日以内に，議決しないときは，衆議院の議決を国会の議決とする。
第 73 条　内閣は，他の一般行政事務の外，左の事務を行ふ。
二　外交関係を処理すること。
三　条約を締結すること。但し，事前に，時宜によつては事後に，国会の承認を経ることを必要とする。
第 81 条　最高裁判所は，一切の法律，命令，規則又は処分が憲法に適合するかしないかを決定する権限を有する終審裁判所である。
第 98 条 2 項　日本国が締結した条約及び確立された国際法規は，これを誠実に遵守することを必要とする。

第 10 章　章末問題

問題 1　憲法改正　Check!☞□□□

憲法改正に関する次の記述のうち，妥当なのはどれか。（国家Ⅰ種 2005（平成 17）年度）

1. 憲法改正原案の国会における審議の手続については国会法に規定があり，法律案に準じて行うこととされているが，定足数については，法律案より慎重な審議が要求されることにかんがみ，各議院の総議員の 3 分の 2 以上の出席が必要であるとされている。
2. 憲法の改正は，各議院の総議員の 3 分の 2 以上の賛成で国会が発議することとされているが，内閣にもこの憲法の改正の発議権があると解されており，このような考え方に基づき，かつて，憲法に検討を加え関係諸問題を調査審議するための機関が内閣に設置されたことがある。
3. 国務大臣が，いかなる立場においてであれ，憲法改正について主張することは，公務員の憲法尊重擁護義務を定める憲法第 99 条に違反すると解されている。
4. 憲法の改正には法的な限界が存在し，憲法の基本原理である国民主権を否定するような内容の改正は許されないとの考え方は，憲法第 96 条の憲法改正手続について，国民投票制を廃止することは許されないという考え方に結び付きやすい。
5. 憲法第 96 条第 2 項は，憲法改正について国民の承認が得られたときは，天皇は，国民の名で，直ちにこれを公布することとしているが，このような憲法の特別の規定に基づく憲法改正に関する天皇の公布行為については，内閣の助言と承認は必要ではない。

問題2 条約および確立された国際法規

Check!☞□□□

条約及び確立された国際法規に関するア～オの記述のうち，妥当なもののみをすべて挙げているのはどれか。（国家Ⅰ種2011（平成23）年度）

ア．憲法第98条第2項は，日本国が締結した条約及び確立された国際法規は，これを誠実に遵守することを必要とする。」と定めているが，同項にいう条約とは，憲法第73条第3号により，その締結に当たって，事前に，時宜によっては事後に，国会の承認を経ることが必要とされるものを指す。

イ．最高裁判所は，日米安全保障条約が違憲か否かの法的判断は，純司法的機能をその使命とする裁判所の審査にはなじまない性質のものであり，裁判所の司法審査権の範囲外のものであって，終局的には，主権を有する国民の政治的批判にゆだねられるべきものである旨判示し，一般に，条約は違憲審査の対象とはならないとした。

ウ．憲法第98条第2項に規定する確立された国際法規に関し，いわゆる政治犯罪人不引渡の原則が，確立した一般的な国際慣習法に当たるか否かが問われた事件で，最高裁判所はこれに当たらないとした。

エ．条約の締結に必要な国会の承認について，憲法第61条は，憲法第60条第2項の規定を準用し，衆議院の優越を定めているが，予算とは異なり，参議院において衆議院よりも先に承認を行うことも認められている。

オ．政府の見解によれば，いわゆる法律事項又は財政事項を含まなくとも，我が国と相手国との間あるいは国家間一般の基本的な関係を法的に規定するという意味において政治的に重要な国際約束については，発効のために批准が要件とされているか否かを問わず，その締結には国会の承認を必要とする。

1. ア，イ
2. ア，オ
3. イ，エ
4. ウ，エ
5. ウ，オ

章末問題の解答と解説

第1章　人権総論

【第1章】**問題1**　正解　2

ア．妥当である。　判例は，憲法第3章の諸規定による基本的人権の保障は，権利の性質上日本国民のみをその対象としていると解されるものを除き，わが国に在留する外国人に対しても等しく及ぶものと解すべきであり，政治活動の自由についても，わが国の政治的意思決定またはその実施に影響を及ぼす活動等外国人の地位にかんがみこれを認めることが相当でないと解されるものを除き，その保障が及ぶものと解するのが，相当である，とした（**最大判昭和53.10.4民集32巻7号1223頁，マクリーン訴訟**）。しかし，判例は，外国人の在留の許否は国の裁量にゆだねられ，わが国に在留する外国人は，憲法上わが国に在留する権利ないし引き続き在留することを要求することができる権利を保障されているものではなく，ただ，出入国管理令上法務大臣がその裁量により更新を適当と認めるに足りる相当の理由があると判断する場合に限り在留期間の更新を受けることができる地位を与えられているにすぎないので，外国人に対する憲法の基本的人権の保障は，外国人在留制度のわく内で与えられているにすぎないものと解するのが相当であって，在留の許否を決する国の裁量を拘束するまでの保障，すなわち，在留期間中の憲法の基本的人権の保障を受ける行為を在留期間の更新の際に消極的な事情として斟酌されないことまでの保障が与えられているものと解することはできない，とした（同判決）。

イ．妥当である。　判例は，憲法**25条**については，**同条1項**は国が個々の国民に対して具体的，現実的に義務を有することを規定したものではなく，**同条2項**によって国の責務であるとされている社会的立法および社会的施設の創造拡充により個々の国民の具体的，現実的な生活権が設定充実されていくものであって，同条の趣旨にこたえて具体的にどのような立法措置を講ずるかの選択決定は立法府の広い裁量にゆだねられていると解すべきところ，不法残留者を保護の対象に含めるかどうかが立法府の裁量の範囲に属することは明らかというべきであり，不法残留者が緊急に治療を要する場合についても，この理が当てはまるのであって，立法府は，医師法19条1項の規定（※）があること等を考慮して生活保護法上の保護の対象とするかどうかの判断をすることができるものというべきであるので，同法が不法残留者を保護の対象としていないことは，憲法25条に違反しないと解するのが相当である，とした（**最判平成13.9.25集民203号1頁，不法在留者生活保護事件**）。

ウ．妥当でない。 判例は，地方自治について定める憲法第8章は，93条2項において，地方公共団体の長，その議会の議員および法律の定めるその他の吏員は，その地方公共団体の住民が直接これを選挙するものと規定しているのであるが，国民主権の原理およびこれに基づく憲法15条1項の規定の趣旨に鑑み，地方公共団体がわが国の統治機構の不可欠の要素をなすものであることをもあわせ考えると，憲法93条2項にいう「住民」とは，地方公共団体の区域内に住所を有する日本国民を意味するものと解するのが相当であり，当該規定は，わが国に在留する外国人に対して，地方公共団体の長，その議会の議員等の選挙の権利を保障したものということはできない，とした（**最判平成7.2.28民集49巻2号639頁，定住外国人地方参政権事件**）。そのうえで，憲法第8章の地方自治に関する規定は，民主主義社会における地方自治の重要性に鑑み，住民の日常生活に密接な関連を有する公共的事務は，その地方の住民の意思に基づきその区域の地方公共団体が処理するという政治形態を憲法上の制度として保障しようとする趣旨に出たものと解されるから，我が国に在留する外国人のうちでも永住者等であってその居住する区域の地方公共団体と特段に緊密な関係を持つに至ったと認められるものについて，その意思を日常生活に密接な関連を有する地方公共団体の公共的事務の処理に反映させるべく，法律をもって，地方公共団体の長，その議会の議員等に対する選挙権を付与する措置を講ずることは，憲法上禁止されているものではないと解するのが相当であるが，このような措置を講ずるか否かは，もっぱら国の立法政策にかかわる事柄であって，このような措置を講じないからといって違憲の問題を生ずるものではない，とした（同判決）。

エ．妥当でない。 判例は，憲法第3章に定める国民の権利および義務の各条項は，性質上可能なかぎり，内国の法人にも適用されるものと解すべきであるから，会社は，自然人たる国民と同様，国や政党の特定の政策を支持，推進しまたは反対するなどの政治的行為をなす自由を有するのであり，政治資金の寄附もまさにその自由の一環であり，会社によってそれがなされた場合，政治の動向に影響を与えることがあったとしても，これを自然人たる国民による寄附と別異に扱うべき憲法上の要請があるものではない，とした（**最大判昭和45.6.24民集24巻6号625頁，八幡製鉄政治献金事件**）。

オ．妥当である。 判例は，地方公務員のうち，住民の権利義務を直接形成し，その範囲を確定するなどの公権力の行使にあたる行為を行い，もしくは普通地方公共団体の重要な施策に関する決定を行い，またはこれらに参画することを職務とするもの（公権力行使等地方公務員）の職務の遂行は，住民の権利義務や法的地位の内容を定め，あるいはこれらに事実上大きな影響を及ぼすなど，住民の生活に直接間接に重大なかかわりを有するものであるので，国民主権の原理に基づき，国および普通地方公共団体による統治のあり方については日本国の統治者としての国民が最終的な責任を負うべきものであること（憲法**1**条，**15**条**1**項参照）に照らし，原則として日本の国籍を有する者が公権力行使等地方公務員に就任することが想定されているとみるべきであり，わが国以外の国家に帰属し，その国家との間でその国民としての権利義務を有する外国人が公権力行使等地方公務員に就任することは，本来我が国の法体系の想定するところではない，とした（**最大判平成17.1.26**民集59巻1号128頁，**東京都管理職選考試験事件**）。

※ 医師法19条1項「診療に従事する医師は，診察治療の求があつた場合には，正当な事由がなければ，これを拒んではならない。」

【第1章】 **問題2**　正解　1

A：**政令201号違反事件**判決の要約である。この判決は，国民の権利はすべて公共の福祉に反しない限りにおいて立法その他の国政の上で最大の尊重をすることを必要とするのであるから，憲法**28**条が保障する勤労者の団結する権利および団体交渉その他の団体行動をする権利も公共の福祉のために制限を受けるのはやむを得ないところであり，ことに国家公務員は，国民全体の奉仕者として（憲法**15**条）公共の利益のために勤務し，かつ職務の遂行にあっては全力を挙げてこれに専念しなければならない（国家公務員法96条1項）性質のものであるから，団結権団体交渉権等についても，一般の勤労者とは違って特別の取扱を受けることがあるのは当然であるので，政令第201号が公務員の争議を禁止したからといって，これをもって憲法**28**条に違反するものということはできない，とした（**最大判昭和28.4.8**刑集7巻4号775頁）。

B：**全逓東京中郵事件**判決の要約である。この判決は，労働基本権は，たんに私企業の労働者だけについて保障されるのではなく，公共企業体の職員はもとよりのこと，国家公務員や地方公務員も，憲法**28**条にいう勤労者にほかならない以上，原則的には，その保障を受けるべきものと解されるのであり，「公務員は，全体の奉仕者であつて，一部の奉仕者ではない」とする憲法**15**条を根拠として，公務員に対して労働基本権をすべて否定するようなことは許されない，とした（**最大判昭和41.10.26**刑集20巻8号901頁）。ただし，労働基本権は，何らの制約も許されない絶対的なものではないのであって，国民生活全体の利益の保障という見地からの制約を当然の内在的制約として内包している，とした（同判決）。

C：**都教組事件**判決の要約である。この判決は，公務員の職務には，多かれ少なかれ，直接または間接に，公共性が認められるとすれば，その見地から，公務員の労働基本権についても，その職務の公共性に対応する何らかの制約を当然の内在的制約として内包しているものと解釈しなければならないが，公務員の労働基本権に具体的にどのような制約が許されるかについては，公務員にも労働基本権を保障している憲法の根本趣旨に照らし，慎重に決定する必要があり，ことに，労働基本権の制限違反に伴う法律効果，すなわち，違反者に対して課せられる不利益については，必要な限度をこえないように十分な配慮がなされなければならず，とくに，勤労者の争議行為に対して刑事制裁を科することは，必要やむをえない場合に限られるべきであるとする点に十分な考慮を払いながら判断されなければならない，とした（**最大判昭和44.4.2**刑集23巻5号305頁）。そして，地方公務員法61条4号は，争議行為をした地方公務員自体を処罰の対象とすることなく，違法な争議行為のあおり行為等をした者にかぎって，これを処罰することにしているのであるが，それは，争議行為自体が違法性の強いものであることを前提とし，そのような違法な争議行為等のあおり行為等であってはじめて，刑事罰をもってのぞむ違法性を認めようとする趣旨と解すべきである，とした（同判決）。

D：**全農林警職法事件**判決の要約である。この判決は，公務員の地位の特殊性と職務の公共性にかんがみるときは，これを根拠として公務員の労働基本権に対し必要やむをえない限度の制限を加えることは，十分合理的な理由があるというべきである，とした（**最大判昭和48.4.25**刑集27巻4号547頁）。公務員が争議行為に及ぶことは，その地位の特殊性および職務の公共性と相容れないばかりでなく，多かれ少なかれ公務の停廃をもたらし，その停廃は勤労者を含めた国民全体の共同利益に重大な影響を及ぼすか，またはそのおそれがある，というのがその理由である（同判決）。また，公務員の給与をはじめ，その他の勤務条件は，私企業の場合のごとく労使間の自由な交渉に基づく合意によって定められるものではなく，原則として，国民の代表者により構成される国会の制定した法律，予算によって定められることとなっており，使用者としての政府にいかなる範囲の決定権を委任するかは，まさに国会みずからが立法をもって定めるべき労働政策の問題であるので，これら公務員の勤務条件の決定に関し，政府が国会から適法な委任を受けていない事項について，公務員が政府に対し争議行為を行うことは，的はずれであって正常なものとはいいがたく，もしこのような制度上の制約にもかかわらず公務員による争議行為が行われるならば，使用者としての政府によっては解決できない立法問題に逢着せざるをえないこととなり，ひいては民主的に行なわれるべき公務員の勤務条件決定の手続過程を歪曲することともなって，憲法の基本原則である議会制民主主義（憲法41条，83条等参照）に背馳し，国会の議決権を侵すおそれすらなしとせず，また，公務員の場合には，市場の機能が作用する余地がないため，公務員の争議行為は場合によっては一方的に強力な圧力となり，公務員の勤務条件決定の手続をゆがめることとなる，とした（同判決）。さらに，公務員についても憲法によってその労働基本権が保障される以上，この保障と国民全体の共同利益の擁護との間に均衡が保たれることを必要とすることは，憲法の趣意であると解されるのであるから，その労働基本権を制限するにあたっては，これに代わる相応の措置が講じられなければならないが，法律によりその主要な勤務条件が定められ，身分が保障されているほか，適切な代償措置が講じられているのであるから，国家公務員法98条5項が公務員の争議行為およびそのあおり行為等を禁止するのは，勤労者をも含めた国民全体の共同利益の見地からするやむをえない制約というべきであって，憲法28条に違反するものではない，とした（同判決）。そして，公務員の争議行為の禁止は，憲法に違反することはないのであるから，何人であっても，この禁止を侵す違法な争議行為をあおる等の行為をする者は，違法な争議行為に対する原動力を与える者として，単なる争議参加者にくらべて社会的責任が重いのであり，また争議行為の開始ないしはその遂行の原因を作るものであるから，かかるあおり等の行為者の責任を問い，かつ，違法な争議行為の防遏を図るため，その者に対しとくに処罰の必要性を認めて罰則を設けることは，十分に合理性があるので，憲法28条に違反しない，とした（同判決）。また，国家公務員法110条1項17号が，違法性の強い争議行為を違法性の強いまたは社会的許容性のない行為によりあおる等した場合に限ってこれに刑事制裁を科すべき趣旨であると解するときは，違法性の強弱の区別が元来はなはだ曖昧であるから刑事制裁を科しうる場合と科しえない場合との限界がすこぶる明確性を欠くこととなり，このように不明確な限定解釈は，かえって犯罪構成要件の保障的機能を失わせることとなり，その明確性を要請する憲法31条に違反する疑いすら存するものといわなければならない，とした（同判決）。

以上より，アには「全体の奉仕者」，イには「生存権」，ウには「職務の公共性」，エには「違法性の強い」，オには「議会制民主主義」が入ることになる。

【第1章】問題3　正解　1

ア．妥当でない。 判例は，検索事業者は，インターネット上のウェブサイトに掲載されている情報を網羅的に収集してその複製を保存し，同複製を基にした索引を作成するなどして情報を整理し，利用者から示された一定の条件に対応する情報を同索引に基づいて検索結果として提供するものであるが，この情報の収集，整理及び提供はプログラムにより自動的に行われるものの，同プログラムは検索結果の提供に関する検索事業者の方針に沿った結果を得ることができるように作成されたものであるから，検索結果の提供は検索事業者自身による表現行為という側面を有する，とした（**最決平成29.1.31民集71巻1号63頁，「忘れられる権利」事件**）。また，検索事業者による検索結果の提供は，公衆が，インターネット上に情報を発信したり，インターネット上の膨大な量の情報の中から必要なものを入手したりすることを支援するものであり，現代社会においてインターネット上の情報流通の基盤として大きな役割を果たしており，検索事業者による特定の検索結果の提供行為が違法とされ，その削除を余儀なくされるということは，検索事業者の方針に沿った一貫性を有する表現行為の制約であることはもとより，検索結果の提供を通じて果たされている前述の役割に対する制約でもある，とした（同判決）。このため，検索事業者が，ある者に関する条件による検索の求めに応じ，その者のプライバシーに属する事実を含む記事等が掲載されたウェブサイトのURL等情報を検索結果の一部として提供する行為が違法となるか否かは，当該事実の性質および内容，当該URL等情報が提供されることによってその者のプライバシーに属する事実が伝達される範囲とその者が被る具体的被害の程度，その者の社会的地位や影響力，記事等の目的や意義，記事等が掲載された時の社会的状況とその後の変化，記事等において当該事実を記載する必要性など，当該事実を公表されない法的利益と当該URL等情報を検索結果として提供する理由に関する諸事情を比較衡量して判断すべきもので，その結果，当該事実を公表されない法的利益が優越することが明らかな場合には，検索事業者に対し，当該URL等情報を検索結果から削除することを求めることができる，とした（同判決）。そのうえで，削除を求めている記事に掲載されている児童買春をしたとの被疑事実に基づき逮捕されたという事実は，他人にみだりに知られたくないプライバシーに属する事実であるものではあるが，児童買春が児童に対する性的搾取および性的虐待と位置付けられており，社会的に強い非難の対象とされ，罰則をもって禁止されていることに照らし，今なお公共の利害に関する事項であるといえ，また，検索結果は削除請求者の居住する県の名称および氏名を条件とした場合の検索結果の一部であることなどからすると，本件事実が伝達される範囲はある程度限られたものであるといえるので，削除請求は認められないとした（同判決）。

イ．妥当である。　判例は，憲法13条は，国民の私生活上の自由が，警察権等の国家権力の行使に対しても保護されるべきことを規定しているものということができ，個人の私生活上の自由の一つとして，何人も，その承諾なしに，みだりにその容ぼう・姿態（以下「容ぼう等」という。）を撮影されない自由を有するものというべきであるから，警察官が，正当な理由もないのに，個人の容ぼう等を撮影することは，憲法13条の趣旨に反し，許されない，とした（**最大判昭和44.12.24刑集23巻12号1625頁**，**京都府学連事件**）。しかし，判例は，個人の有する当該自由も，国家権力の行使から無制限に保護されるわけでなく，公共の福祉のため必要のある場合には相当の制限を受けることは同条の規定に照らして明らかであり，犯罪を捜査することは，公共の福祉のため警察に与えられた国家作用の一つであり，警察にはこれを遂行すべき責務があるのであるから，警察官が犯罪捜査の必要上写真を撮影する際，その対象の中に犯人のみならず第三者である個人の容ぼう等が含まれても，これが許容される場合がありうるものといわなければならず，次のような場合には，撮影される本人の同意がなく，また裁判官の令状がなくても，警察官による個人の容ぼう等の撮影が許容される，とした（同判決）。すなわち，現に犯罪が行われもしくは行われたのち間がないと認められる場合であって，しかも証拠保全の必要性および緊急性があり，かつその撮影が一般的に許容される限度をこえない相当な方法をもって行なわれるときである，とした（同判決）。

ウ．妥当でない。　判例は，出版物の頒布等の事前差止めは，事前抑制に該当するものであって，とりわけ，その対象が公務員または公職選挙の候補者に対する評価，批判等の表現行為に関するものである場合には，そのこと自体から，一般にそれが公共の利害に関する事項であるということができ，その表現が私人の名誉権に優先する社会的価値を含み憲法上特に保護されるべきであることにかんがみると，当該表現行為に対する事前差止めは，原則として許されないものといわなければならないが，その表現内容が真実でなく，またはそれが専ら公益を図る目的のものでないことが明白であって，かつ，被害者が重大にして著しく回復困難な損害を被る虞があるときは，当該表現行為はその価値が被害者の名誉に劣後することが明らかであるうえ，有効適切な救済方法としての差止めの必要性も肯定されるから，かかる実体的要件を具備するときに限って，例外的に事前差止めが許される，とした（**最大判昭和 61.6.11 民集 40 巻 4 号 872 頁，『北方ジャーナル』事件**）。そのうえで，本件記事は，知事選挙立候補予定者の評価という公共的事項に関するもので，原則的には差止めを許容すべきでない類型に属するものであるが，同者に対することさらに下品で侮辱的な言辞による人身攻撃等を多分に含むものであって，到底それが専ら公益を図る目的のために作成されたものということはできず，かつ，真実性に欠けるものであることが明らかであったというべきところ，知事選挙を 2 か月足らず後に控えた立候補予定者としては，本件記事を掲載する本件雑誌の発行によって事後的には回復しがたい重大な損失を受ける虞があったということができるから，本件雑誌の印刷，製本および販売または頒布の事前差止めを命じた本件仮処分は，合憲である，とした（同判決）。

エ．妥当でない。 判例は，ある者が刑事事件につき被疑者とされ，さらには被告人として公訴を提起されて判決を受け，とりわけ有罪判決を受け，服役したという事実は，その者の名誉あるいは信用に直接にかかわる事項であるから，その者は，みだりにその前科等にかかわる事実を公表されないことにつき，法的保護に値する利益を有するが，ある者の前科等にかかわる事実は，それが刑事事件ないし刑事裁判という社会一般の関心あるいは批判の対象となるべき事項にかかわるものであるから，事件それ自体を公表することに歴史的または社会的な意義が認められるような場合には，事件の当事者についても，その実名を明らかにすることが許されないとはいえないし，また，その者の社会的活動の性質あるいはこれを通じて社会に及ぼす影響力の程度などのいかんによっては，その社会的活動に対する批判あるいは評価の一資料として，前科等にかかわる事実が公表されることを受忍しなければならない場合もある，とした（**最判平成 6.2.8 民集 48 巻 2 号 149 頁，ノンフィクション『逆転』事件**）。したがって，判例は，ある者の前科等にかかわる事実を実名を使用して著作物で公表したことが不法行為を構成するか否かは，その者のその後の生活状況のみならず，事件それ自体の歴史的または社会的な意義，その当事者の重要性，その者の社会的活動およびその影響力について，その著作物の目的，性格等に照らした実名使用の意義および必要性をも併せて判断すべきもので，その結果，前科等にかかわる事実を公表されない法的利益が優越するとされる場合には，その公表によって被った精神的苦痛の賠償を求めることができる，とした（同判決）。そのうえで，判例は，本件著作は，陪審制度の長所ないし民主的な意義を訴え，当時のアメリカ合衆国の沖縄統治の実態を明らかにしようとすることを目的としたものであり，そのために本件事件ないしは本件裁判の内容を正確に記述する必要があったというが，本件著作は，陪審評議の経過を詳細に記述し，その点が特色となっているけれども，歴史的事実そのものの厳格な考究を目的としたものとはいえず，本件著作の著者を含む陪審員については，実名を用いることなく，すべて仮名を使用しているのであって，本件事件の当事者については特にその実名を使用しなければ本件著作の目的が損なわれる，と解することはできないので，本件著作において，本件著作の著者が本件事件の当事者の実名を使用して本件事件の事実を公表したことを正当とするまでの理由はないといわなければならないので，本件著作の著者は，本件事件の当事者に対する不法行為責任を免れない，とした（同判決）。

オ．妥当でない。 判例は，住基ネットによって管理，利用等される本人確認情報は，氏名，生年月日，性別および住所からなる4情報に，住民票コードおよび変更情報を加えたものにすぎず，このうち4情報は，人が社会生活を営む上で一定の範囲の他者には当然開示されることが予定されている個人識別情報であり，変更情報も，転入，転出等の異動事由，異動年月日および異動前の本人確認情報にとどまるもので，これらはいずれも，個人の内面に関わるような秘匿性の高い情報とはいえず，住民票コードは，住基ネットによる本人確認情報の管理，利用等を目的として，都道府県知事が無作為に指定した数列の中から市町村長が一を選んで各人に割り当てたものであるから，当該目的に利用される限りにおいては，その秘匿性の程度は本人確認情報と異なるものではない，とした（**最判平成20.3.6**民集62巻3号665頁，**住基ネット事件**）。さらに，判例は，住基ネットによる本人確認情報の管理，利用等は，法令等の根拠に基づき，住民サービスの向上および行政事務の効率化という正当な行政目的の範囲内で行われており，住基ネットのシステム上の欠陥等により外部から不当にアクセスされるなどして本人確認情報が容易に漏えいする具体的な危険はないこと，受領者による本人確認情報の目的外利用または本人確認情報に関する秘密の漏えい等は，懲戒処分または刑罰をもって禁止されていること，住基法は，都道府県に本人確認情報の保護に関する審議会を，指定情報処理機関に本人確認情報保護委員会を設置することとして，本人確認情報の適切な取扱いを担保するための制度的措置を講じていることなどに照らせば，住基ネットにシステム技術上または法制度上の不備があり，そのために本人確認情報が法令等の根拠に基づかずにまたは正当な行政目的の範囲を逸脱して第三者に開示または公表される具体的な危険が生じているということもできない，とした（同判決）。このため，判例は，行政機関が住基ネットにより住民の本人確認情報を管理，利用等する行為は，個人に関する情報をみだりに第三者に開示または公表するものということはできず，当該個人がこれに同意していないとしても，憲法**13条**により保障された，個人に関する情報をみだりに第三者に開示または公表されない自由を侵害するものではない，とした（同判決）。

【第1章】問題4 正解 2

ア．妥当でない。 旧判例は，嫡出でない子の相続分を嫡出子の2分の1とする改正前民法900条4号但書の規定の立法理由は，民法が法律婚主義を採用している以上，法定相続分は婚姻関係にある配偶者とその子を優遇してこれを定めるが，他方，非嫡出子にも一定の法定相続分を認めてその保護を図ったものであるとしたうえで，現行民法は法律婚主義を採用しているのであるから，本件規定の立法理由にも合理的な根拠があるというべきであり，本件規定が立法理由との関連において著しく不合理であり，立法府に与えられた合理的な裁量判断の限界を超えたものということはできないのであって，本件規定は，合理的理由のない差別とはいえず，憲法**14条1項**に反するものとはいえない，とした（**最大決平成7.7.5**民集49巻7号1789頁）。しかし，現判例は，昭和22年民法改正時から現在に至るまでの間の社会の動向，わが国における家族形態の多様化やこれに伴う国民の意識の変化，諸外国の立法のすう勢およびわが国が批准した条約の内容とこれに基づき設置された委員会からの指摘，嫡出子と嫡出でない子の区別に関わる法制等の変化，さらにはこれまでの審判例における度重なる問題の指摘等を総合的に考察すれば，家族という共同体の中における個人の尊重がより明確に認識されてきたことは明らかであるといえ，法律婚という制度自体はわが国に定着しているとしても，前述のような認識の変化に伴い，父母が婚姻関係になかったという，子にとっては自ら選択ないし修正する余地のない事柄を理由としてその子に不利益を及ぼすことは許されず，子を個人として尊重し，その権利を保障すべきであるという考えが確立されてきているものということができるので，立法府の裁量権を考慮しても，嫡出子と嫡出でない子の法定相続分を区別する合理的な根拠は失われたというべきであり，憲法**14条1項**に違反する，とした（**最大決平成25.9.4**民集67巻6号1320頁，**非嫡出子法定相続分差別事件**）。もっとも，判例は，嫡出でない子という身分が，社会的身分に該当するとはしていない（同決定）。

イ．妥当でない。 判例は，6か月間の女性の再婚禁止期間を定める改正前民法733

条1項の規定の立法目的は，女性の再婚後に生まれた子につき父性の推定の重複を回避し，もって父子関係をめぐる紛争の発生を未然に防ぐことにあると解するのが相当であり，父子関係が早期に明確となることの重要性に鑑みると，このような立法目的には合理性を認めることができる，とした（**最大判平成 27.12.16** 民集 69 巻 8 号 2427 頁，**再婚禁止期間事件**）。また，判例は，近年の医療や科学技術の発達により，DNA 検査技術が進歩し，安価に，身体に対する侵襲を伴うこともなく，極めて高い確率で生物学上の親子関係を肯定し，または否定することができるようになったことは公知の事実であるが，そのように父子関係の確定を科学的な判定に委ねることとする場合には，父性の推定が重複する期間内に生まれた子は，一定の裁判手続等を経るまで法律上の父が未定の子として取り扱わざるを得ず，その手続を経なければ法律上の父を確定できない状態に置かれることになり，生まれてくる子にとって，法律上の父を確定できない状態が一定期間継続することにより種々の影響が生じ得ることを考慮すれば，子の利益の観点から，前述のような法律上の父を確定するための裁判手続等を経るまでもなく，そもそも父性の推定が重複することを回避するための制度を維持することに合理性が認められる，とした（同判決）。そして，女性の再婚後に生まれる子については，計算上 100 日の再婚禁止期間を設けることによって，父性の推定の重複が回避されることになるので，父性の推定の重複を避けるため前述の 100 日について一律に女性の再婚を制約することは，婚姻および家族に関する事項について国会に認められる合理的な立法裁量の範囲を超えるものではなく，立法目的との関連において合理性を有するものということができるので，本件規定のうち 100 日の再婚禁止期間を設ける部分は，**憲法 14 条 1 項**にも，**憲法 24 条 2 項**にも違反するものではない，とした（同判決）。しかし，婚姻をするについての自由が**憲法 24 条 1 項**の規定の趣旨に照らし十分尊重されるべきものであることや妻が婚姻前から懐胎していた子を産むことは再婚の場合に限られないことをも考慮すれば，再婚の場合に限って，前夫の子が生まれる可能性をできるだけ少なくして家庭の不和を避けるという観点や，婚姻後に生まれる子の父子関係が争われる事態を減らすことによって，父性の判定を誤り血統に混乱が生ずることを避けるという観点から，厳密に父性の推定が重複することを回避するための期間を超えて婚姻を禁止する期間を設けることを正当化することは困難であり，他にこれを正当化し得る根拠を見いだすこともできないことからすれば，本件規定のうち 100 日超過部分は合理性を欠いた過剰な制約を課すものとなっているというべきであり，**憲法 14 条 1 項**に違反するとともに，**憲法 24 条 2 項**にも違反する，とした

（同判決）。

ウ．妥当である。 判例は，租税は，今日では，国家の財政需要を充足するという本来の機能に加え，所得の再分配，資源の適正配分，景気の調整等の諸機能をも有しており，国民の租税負担を定めるについて，財政・経済・社会政策等の国政全般からの総合的な政策判断を必要とするばかりでなく，課税要件等を定めるについて，極めて専門技術的な判断を必要とすることも明らかであるから，租税法の定立については，国家財政，社会経済，国民所得，国民生活等の実態についての正確な資料を基礎とする立法府の政策的，技術的な判断にゆだねるほかはなく，裁判所は，基本的にはその裁量的判断を尊重せざるを得ないものというべきであるので，租税法の分野における所得の性質の違い等を理由とする取扱いの区別は，その立法目的が正当なものであり，かつ，当該立法において具体的に採用された区別の態様が立法目的との関連で著しく不合理であることが明らかでない限り，その合理性を否定することができず，これを憲法14条1項の規定に違反するものということはできない，とした（**最大判昭和60.3.27民集39巻2号247頁**，**サラリーマン税金事件**）。そのうえで判例は，給与所得者は，事業所得者等と異なり，自己の計算と危険とにおいて業務を遂行するものではなく，使用者の定めるところに従って役務を提供し，提供した役務の対価として使用者から受ける給付をもってその収入とするものであるところ，その給付の額はあらかじめ定めるところによりおおむね一定額に確定しており，職場における勤務上必要な施設，器具，備品等に係る費用のたぐいは使用者において負担するのが通例であり，給与所得者が勤務に関連して費用の支出をする場合であっても，各自の性格その他の主観的事情を反映して支出形態，金額を異にし，収入金額との関連性が間接的かつ不明確とならざるを得ず，必要経費と家事上の経費またはこれに関連する経費との明瞭な区分が困難であるのが一般であるうえ，給与所得者はその数が膨大であるため，各自の申告に基づき必要経費の額を個別的に認定して実額控除を行うこと，あるいは概算控除と選択的に実額控除を行うことは，技術的および量的に相当の困難を招来し，ひいて租税徴収費用の増加を免れず，税務執行上少なからざる混乱を生ずることが懸念されるし，また，各自の主観的事情や立証技術の巧拙によってかえって租税負担の不公平をもたらすおそれもなしとしないので，所得税法が給与所得に係る必要経費につき実額控除を排し，代わりに概算控除の制度を設けた目的は，給与所得者と事業所得者等との租税負担の均衡に配意しつつ，そのような弊害を防止することにあることが明らかであるところ，租税負担を国民の間に公平に配分するとともに，租税の徴収を確実・的確かつ効率的に実現することは，租税法の基本原則であるから，その目的は正当性を有する，とした（同判決）。また，判例は，給与所得者の職務上必要な諸設備，備品等に係る経費は使用者が負担するのが通例であり，また，職務に関し必要な旅行や通勤の費用に充てるための金銭給付，職務の性質上欠くことのできない現物給付などがおおむね非課税所得として扱われていることを考慮すれば，給与所得者において自ら負担する必要経費の額が一般に所得税法所定の給与所得控除の額を明らかに上回るものと認めることは困難であって，給与所得控除の額は給与所得に係る必要経費の額との対比において相当性を欠くことが明らかであるということはできない，とした（同判決）。以上のことから判例は，所得税法が必要経費の控除について事業所得者等と給与所得者との間に設けた区別は，合理的なものであり，憲法**14条1項**の規定に違反するものではない，とした（同判決）。

エ．妥当でない。　判例は，尊属殺人罪を定めた改正前刑法200条の立法目的は，尊属を卑属またはその配偶者が殺害することをもって一般に高度の社会的道義的非難に値するものとし，かかる所為を通常の殺人の場合より厳重に処罰し，もって特に強くこれを禁圧しようとするにあるものと解されるが，およそ，親族は，婚姻と血縁とを主たる基盤とし，互いに自然的な敬愛と親密の情によって結ばれていると同時に，その間おのずから長幼の別や責任の分担に伴う一定の秩序が存し，通常，卑属は父母，祖父母等の直系尊属により養育されて成人するのみならず，尊属は，社会的にも卑属の所為につき法律上，道義上の責任を負うのであって，尊属に対する尊重報恩は，社会生活上の基本的道義というべく，このような自然的情愛ないし普遍的倫理の維持は，刑法上の保護に値し，自己または配偶者の直系尊属を殺害するがごとき行為はかかる結合の破壊であって，それ自体人倫の大本に反し，かかる行為をあえてした者の背倫理性は特に重い非難に値するということができるので，尊属の殺害は通常の殺人に比して一般に高度の社会的道義的非難を受けて然るべきであるとして，このことをその処罰に反映させても，あながち不合理であるとはいえず，被害者が尊属であることを犯情のひとつとして具体的事件の量刑上重視することは許されるものであるのみならず，さらに進んでこのことを類型化し，法律上，刑の加重要件とする規定を設けても，かかる差別的取扱いをもってただちに合理的な根拠を欠くものと断ずることはできず，憲法**14条1項**に違反するということもできない，とした（**最大判昭和48.4.4**刑集27巻3号265頁，**尊属殺人罪重罰規定事件**）。しかし，判例は，改正前刑法200条の法定刑は死刑および無期懲役刑のみであり，普通殺人罪に関する同法199条の法定刑が，死刑，無期懲役刑のほか3年以上の有期懲役刑となっているのと比較して，刑種選択の範囲が極めて重い刑に限られていることは明らかであり，現行法上許される2回の減軽を加えても，尊属殺につき有罪とされた卑属に対して刑を言い渡すべきときには，処断刑の下限は懲役3年6月を下ることがなく，その結果として，いかに酌量すべき情状があろうとも法律上刑の執行を猶予することはできないのであり，普通殺の場合とは著しい対照をなすが，卑属が，責むべきところのない尊属をゆえなく殺害するがごときは厳重に処罰すべく，いささかも仮借すべきではないが，かかる場合でも普通殺人罪の規定の適用によってその目的を達することは不可能ではない反面，尊属でありながら卑属に対して非道の行為に出で，ついには卑属をして尊属を殺害する事態に立ち至らしめる事例も見られ，かかる場合，卑属の行為は必ずしも現行法の定める尊属殺の重刑をもって臨むほどの峻厳な非難には値しないものということができるので，尊属殺の法定刑は，それが死刑または無期懲役刑に限られている点においてあまりにも厳しいものというべく，尊属に対する敬愛や報恩という自然的情愛ないし普遍的倫理の維持尊重という立法目的のみをもってしては，これにつき十分納得すべき説明がつきかねるところであり，合理的根拠に基づく差別的取扱いとして正当化することはとうていできないので，改正前刑法200条は，尊属殺の法定刑を死刑または無期懲役刑のみに限っている点において，その立法目的達成のため必要な限度を遥かに超え，普通殺に関する刑法199条の法定刑に比し著しく不合理な差別的取扱いをするものと認められ，**憲法14条1項**に違反して無効である，とした（同判決）。

【第1章】**記述問題1**の解答例

(1) 入れ墨を公然と公衆の目に触れさせることを禁止することが，入れ墨を入れるという自己決定権および表現の自由に対する不合理な制限として違憲となるのではないかが問題となる。

第1に，入れ墨を入れることが人権として保障されるかが問題となる。

まず入れ墨を入れることが自己決定権に含まれるかが問題となる。自己決定権とは，自己の私的な事項について公権力による干渉を受けることなく自ら決定することができる権利をいう。この自己決定権には，自己のライフスタイルを自由に決定する権利も含まれる。入れ墨を入れるかどうかは自己のライフスタイルの決定の問題であるので，入れ墨を入れることも自己決定権に含まれると考える。

つぎに入れ墨を入れることが表現の自由に含まれるかが問題となる。入れ墨にはそれを通じて自己の思想を外部に表明するという側面がある。したがって，入れ墨を入れることは表現の自由に含まれると考える。

以上のことから，入れ墨を入れることは自己決定権および表現の自由として保障されると考える。

第２に，入れ墨を公然と公衆の目に触れさせることを禁止することが，入れ墨を入れるという自己決定権および表現の自由の制限といえるかが問題となる。

入れ墨を公然と公衆の目に触れさせることを禁止することは，入れ墨を入れること自体を禁止しているわけではないので，入れ墨を入れるという自己決定権および表現の自由を制限していないともいえる。しかし，入れ墨を公然と公衆の目に触れさせることを禁止することによって，入れ墨を入れた者が海水浴場を利用する場合には，入れ墨を隠さなければならず，また，入れ墨を隠すことができないような入れ墨を入れた者は海水浴場を利用することができなくなる。よって，入れ墨を公然と公衆の目に触れさせることを禁止することは，入れ墨を入れるという自己決定権および表現の自由に対する間接的な制限といえると考える。

第３に，入れ墨を公然と公衆の目に触れさせることを禁止するという制限が，憲法上正当化できるかが問題となる。

入れ墨を公然と公衆の目に触れさせることを禁止することの目的は，入れ墨を見た他の者が不安などを覚えて海水浴場を利用することができなくなることを防ぐことにあると考えられる。入れ墨が文化として浸透しつつあるとはいえ，多くの国民が入れ墨を見ると不安などを覚えるのが現状である。したがって，禁止の目的は正当であると考える。

入れ墨を公然と公衆の目に触れさせることを禁止するという手段については，入れ墨を見た他の者が不安などを覚えることを防ぐためには，入れ墨を公然と公衆の目に触れさせないようにするしかなく必要最小限度の制限といえる。またこの禁止により生じる不利益は，入れ墨を入れた者が海水浴場を利用する場合には入れ墨を隠さなければならないという不便さや入れ墨を隠し切れない場合には海水浴場を利用できないというものであり，入れ墨を入れること自体が禁止されるわけではなく，また，海水浴場以外において，入れ墨を見せることは可能であることからそれほど大きな不利益ではなく，入れ墨を入れていない者が入れ墨を見ないことにより安心して海水浴場を利用することができるという禁止により得られる利益の方が大きいといえる。

よって，入れ墨を公然と公衆の目に触れさせることを禁止するという制限は，憲法上正当化できると考える。

以上により，入れ墨を公然と公衆の目に触れさせることを禁止することは，入れ墨を入れるという自己決定権および表現の自由に対する合理的な制限であり，合憲であると考える。

⑵ 海水浴場における飲酒及び酒類販売を全面的に禁止することが，飲酒をするという自己決定権に対する不当な制限，また酒類を販売するという職業選択の自由に対する不合理な制限として違憲となるのではないかが問題となる。

第１に，飲酒をすることが自己決定権に含まれるか，また酒類を販売することが職業選択の自由に含まれるかが問題となる。

飲酒をするかどうかは自己のライフスタイルの決定の問題であるので，自己決定権に含まれると考える。また，酒類を販売するかどうかは職業選択の問題であるので，職業選択の自由に含まれると考える。

第２に，海水浴場における飲酒及び酒類販売を全面的に禁止することは，飲酒をするという自己決定権の制限，また酒類を販売するという職業選択の自由の制限であるので，これらが憲法上正当化できるかが問題となる。

まず禁止の目的は，飲酒運転防止，未成年者の飲酒の防止，泥酔者による事故の防止であり，いずれも国民の生命および健康を守るための正当な目的といえる。

次に海水浴場における飲酒及び酒類販売を全面的に禁止するという手段については，飲酒運転の防止という目的は海水浴場周辺における取り締まり強化によっても達成できるし，未成年者の飲酒の防止という目的は酒類販売時における年齢確認を徹底することによっても達成できるし，泥酔者による事故の防止もたとえば酒類販売時に飲酒後に海に入らないよう注意することを酒類販売業者に義務付けることなどによっても達成できるので，必要最小限度の制限とは言えない。

以上により，海水浴場における飲酒及び酒類販売を全面的に禁止することは，飲酒をするという自己決定権に対する不合理な制限，また酒類を販売するという職業選択の自由に対する不合理な制限として違憲となると考える。

以　上

【第１章】 記述問題２ の解答例

⑴ Ａ案について

Ａ案については，企業による政治団体に対する献金の一律禁止が，企業が享有する政治活動の自由に対する不合理な制限であり違憲ではないかという疑義がある。

第１に，企業などの法人が人権を享有するのかが問題となる。法人の活動は自然人を通じて行われ，その効果は最終的には自然人に帰属する。また，法人は現代社会において一個の社会的実体として重要な活動を行っている。したがって，法人は，自然人とのみ結合する人権を除き，人権を享有すると考える。

第２に，企業が政治団体に対して献金をする自由を享有するのかが問題となる。憲法21条１項が保障する表現の自由の中には，自己の政治に対する意見表明である政治活動の自由が含まれる。政治活動には政治団体に対する献金も含まれるので，政治団体に対して献金をする自由も表現の自由に含まれる。そして，企業も納税者であるからその立場から政治に対して意見を表明することを認めるべきであるので，企業は政治活動の自由およびその一環としての政治団体に対して献金をする自由を享有すると考える。

第３に，企業による政治団体に対する献金の一律禁止が，企業が享有する政治活動の自由に対する合理的な制限といえるかが問題となる。

まず，目的の合理性について検討する。禁止の目的は，企業による政治献金により民主的意思形成の過程が歪められることを防ぐことにある。確かに，企業は個人に比べ資金力があり社会的影響力も大きいので，企業による政治献金をまったく自由に認めてしまうと，企業の意見のみが政治に反映されるという民主的意思形成過程の歪みが生じるおそれがある。したがって，禁止の目的について合理性が認められる。

つぎに，手段の合理性について検討する。目的達成手段は企業による政治団体に対する献金の一律禁止である。民主的意思形成過程の歪みが生じるのは，企業がその資金力を背景に政治団体に対して多額の献金を行うからである。したがって，企業による献金額を制限すれば，そうした歪みが生じることを防止することができる。よって，企業による政治団体に対する献金の一律禁止は，過度に人権を制限する不合理な制限であるといえる。

以上のことから，企業による政治団体に対する献金の一律禁止は，企業が享有する政治活動の自由に対する不合理な制限であり，違憲であると考える。

⑵ B 案について

1,000人以上の労働者を雇用する企業に対して，管理職に占める女性の割合を５年以内に30％以上とすることを求めることが，法の下の平等に反するのではないかが問題となる。管理職に占める女性の割合を５年以内に30％以上とすることを求めることで，管理職の登用において女性が男性よりも優遇されることになり，この別扱いが性別のみによる不合理な差別ではないかが問題となる。

まず，別扱いの目的の合理性について検討する。この別扱いの目的は，女性という性別のみを理由に管理職に登用されないという不合理な差別を解消することにある。

女性は管理職としての適性に欠けるという根拠はないのであるから，女性という性別のみを理由に管理職に登用されないことは，性別による不合理な差別である。したがって，この不合理な差別を解消するという目的には，合理性が認められる。

次に手段の合理性について検討する。仮に管理職に占める女性の割合を５年以内に30%以上とすることをすべての企業に求めた場合，労働者の少ない企業では，管理職登用における選択の幅が少なく，その結果管理職としての適性を欠く女性まで管理職に登用されるおそれがある。しかし，管理職に占める女性の割合を５年以内に30%以上とすることを1,000人以上の労働者を雇用する企業に求めることは，管理職登用における選択の幅が広いので，管理職としての適性を欠く女性が管理職として登用されるおそれが少ない。むしろ，女性は管理職としての適性に欠けるという根拠はないのに，管理職に占める女性の割合が10%程度にとどまっているのは，女性という性別のみを理由に管理職に登用されないという性別による不合理な差別の結果といえる。よって，管理職登用における女性という性別のみによる不合理な差別を解消するためには，管理職に占める女性の割合を高めることが不可欠である。また，これにより得られる利益は，女性という性別のみを理由に管理職に登用されないという性別による不合理な差別の解消という重要な利益であるのに対して，失われる利益は男性という性別のみを理由に管理職に優遇して登用される利益にすぎず，得られる利益の方が失われる利益よりも大きい。したがって，手段にも合理性が認められる。

以上のことから，1,000人以上の労働者を雇用する企業に対して，管理職に占める女性の割合を５年以内に30%以上とすることを求めることは合理的な別扱いといえるので，合憲であると考える。

以　上

第2章　自由権

【第２章】**問題１**　正解　4

1. 妥当でない。　判例は，単に事態の真相を告白し陳謝の意を表明するにとどまる程度の謝罪広告を新聞紙に掲載すべきことを命ずる判決は，人に屈辱的もしくは苦役的労苦を科し，または人の有する倫理的な意思，良心の自由を侵害することを要求するものとは解されない，とした（**最大判昭和31.7.4民集10巻7号785頁**，**謝罪広告事件**）。

2. 妥当でない。　判例は，内申書の「校内において麹町中全共闘を名乗り，機関紙

『砦』を発行した。学校文化祭の際，文化祭粉砕を叫んで他校生徒と共に校内に乱入し，ビラまきを行った。大学生ML派の集会に参加している。学校側の指導説得をきかないで，ビラを配ったり，落書きをした。」との記載は，生徒の思想，信条そのものを記載したものでないことは明らかであり，当該記載に係る外部的行為によっては生徒の思想，信条を了知し得るものではないし，また，生徒の思想，信条自体を高等学校の入学者選抜の資料に供したものとは到底解することができないから，憲法19条に違反しない，とした（**最判昭和63.7.15**『判例時報』1287号（1988年）65頁，**麹町中学内申書事件**）。

3. 妥当でない。 思想および良心の自由は，近代人権宣言の中心をなす権利の一つである。たとえば，フランス人権宣言10条は，何人もその意見に対して，それが宗教的であっても，その表明が法によって確立された公共の秩序を乱さない限り，不安を抱かないようにしなければならない，として内心の自由を保障した。そして，思想および良心の自由は，それが内心における活動にとどまる限りは，他者の人権と抵触することがないので，公共の福祉による制約も受けず絶対的に保障されるという憲法上最も強い保障を受ける。憲法の基礎をなす人類普遍の原理たる民主主義に反する軍国主義や極端な国家主義も，思想および良心の自由として保障されるかが問題となるが，通説は，それが内心における活動にとどまる限りは，絶対的に保障される，とする。

4. 妥当である。 判例は，最高裁判所裁判官国民審査は，解職の制度であるから，積極的に罷免を可とするものと，そうでないものとの2つに分かれるのであって，前者が後者より多数であるか否かを知らんとするものであるので，罷免する方がいいか悪いかわからない者は，積極的に「罷免を可とする」という意思を持たないこともちろんだから，かかる者の投票に対し「罷免を可とするものではない」との効果を発生せしめることは，なんら意思に反する効果を発生せしめるものではなく，解職制度の精神からいえばむしろ意思に合する効果を生ぜしめるものといって差支えないのであり，思想の自由や良心の自由を制限するものでない，とした（**最大判昭和27.2.20**民集6巻2号122頁，**最高裁判所裁判官国民審査事件**）。

5. 妥当でない。 判例は，憲法19条の保障する思想，信条の自由や，信条による差別待遇を禁止する憲法14条は，憲法第3章のその他の自由権的基本権の保障規定と同じく，国または公共団体の統治行動に対して個人の基本的な自由と平等を保障する目的に出たもので，もっぱら国または公共団体と個人との関係を規律するものであり，私人相互の関係を直接規律することを予定するものではない，とした（**最**

大判昭和 48.12.12 民集 27 巻 11 号 1536 頁，**三菱樹脂事件**）。そのうえで，判例は，憲法は，**22 条**，**29 条**等において，財産権の行使，営業その他広く経済活動の自由を基本的人権として保障しているので，企業者は，かような経済活動の一環としてする契約締結の自由を有し，自己の営業のために労働者を雇傭するにあたり，いかなる者を雇い入れるか，いかなる条件でこれを雇うかについて，法律その他による特別の制限がない限り，原則として自由にこれを決定することができるのであって，企業者が特定の思想，信条を有する者をそのゆえをもって雇い入れることを拒んでも，それを当然に違法とすることはできない以上，企業者が，労働者の採否決定にあたり，労働者の思想，信条を調査し，そのためその者からこれに関連する事項についての申告を求めることも，これを法律上禁止された違法行為とすべき理由はない，とした（同判決）。

【第 2 章】 **問題 2**　正解　2

ア．妥当でない。 判例は，解散命令によって宗教法人が解散しても，信者は，法人格を有しない宗教団体を存続させ，あるいは，これを新たに結成することが妨げられるわけではなく，また，宗教上の行為を行い，その用に供する施設や物品を新たに調えることが妨げられるわけでもなく，解散命令は，信者の宗教上の行為を禁止したり制限したりする法的効果を一切伴わない，とした（**最決平成 8.1.30 民集 50 巻 1 号 199 頁**，**宗教法人解散命令事件**）。もっとも，判例は，宗教法人の解散命令が確定したときはその清算手続が行われ，その結果，宗教法人に帰属する財産で礼拝施設その他の宗教上の行為の用に供していたものも処分されることになるから，これらの財産を用いて信者らが行っていた宗教上の行為を継続するのに何らかの支障を生ずることがあり得るので，憲法の保障する精神的自由の一つとしての信教の自由の重要性に思いを致し，憲法がそのような規制を許容するものであるかどうかを慎重に吟味しなければならない，とした（同判決）。

イ．妥当でない。 判例は，合祀申請という行為は，殉職自衛隊員の氏名とその殉職の事実を県護国神社に対し明らかにし，合祀の希望を表明したものであって，宗教とかかわり合いをもつ行為であるが，合祀の前提としての法的意味をもつものではない，とした（**最大判昭和 63.6.1 民集 42 巻 5 号 277 頁**，**殉職自衛官合祀訴訟**）。そして，合祀申請に至る過程において社団法人隊友会の県支部連合会に協力してした自衛隊地方連絡部職員の各地の護国神社における殉職自衛隊員の合祀状況等の照会などの行為は，その宗教とのかかわり合いは間接的であり，その意図，目的も，合祀実現により自衛隊員の社会的地位の向上と士気の高揚を図ることにあったと推認され，どちらかといえばその宗教的意識も希薄であったといわなければならないのみならず，その行為の態様からして，国またはその機関として特定の宗教への関心を呼び起こし，あるいはこれを援助，助長，促進し，または他の宗教に圧迫，干渉を加えるような効果をもつものと一般人から評価される行為とは認め難いので，憲法**20条3項**にいう宗教的活動とまではいうことはできない，とした（同判決）。

ウ．妥当でない。　判例は，本件起工式は，建物の建築の着工にあたり，土地の平安堅固，工事の無事安全を祈願する儀式として行われたことが明らかであるが，その儀式の方式は，専門の宗教家である神職が，所定の服装で，神社神道固有の祭式に則り，一定の祭場を設け一定の祭具を使用して行ったというのであり，また，これを主宰した神職自身も宗教的信仰心に基づいてこれを執行したものと考えられるから，それが宗教とかかわり合いをもつものであることは，否定することができない，とした（**最大判昭和52.7.13**民集31巻4号533頁，**津地鎮祭訴訟**）。しかし，判例は，本件起工式の目的は建築着工に際し土地の平安堅固，工事の無事安全を願い，社会の一般的慣習に従った儀礼を行うという専ら世俗的なものと認められ，その効果は神道を援助，助長，促進しまたは他の宗教に圧迫，干渉を加えるものとは認められないのであるから，憲法**20条3項**により禁止される宗教的活動にはあたらない，とした（**最大判昭和52.7.13**民集31巻4号533頁）。

エ．妥当でない。　判例は，原級留置処分およびこれを前提とする退学処分は，その内容それ自体において学生に信仰上の教義に反する行動を命じたものではなく，その意味では，学生の信教の自由を直接的に制約するものとはいえないが，学生がそれらによる重大な不利益を避けるためには剣道実技の履修という自己の信仰上の教義に反する行動を採ることを余儀なくさせられるという性質を有するものであったことは明白である，とした（**最判平成8.3.8**民集50巻3号469頁，**剣道実技拒否事件**）。そのうえで判例は，本件各処分は，考慮すべき事項を考慮しておらず，または考慮された事実に対する評価が明白に合理性を欠き，その結果，社会観念上著しく妥当を欠く処分と評するほかはなく，校長の裁量権の範囲を超える違法なものである，とした（同判決）。

オ．妥当である。　判例は，神社の鎮座2100年式年大祭は神社の鎮座2100年を記念する宗教上の祭祀であり，本件発会式は本件大祭に係る諸事業の奉賛を目的とする奉賛会の発会に係る行事であるから，これに出席して祝辞を述べる行為が宗教とのかかわり合いを持つものであることは否定し難い，とした（**最判平成22.7.22**集民

234号337頁，**白山ひめ神社訴訟**）。しかし，判例は，本件神社には多数の参詣客等が訪れ，その所在する白山周辺地域につき観光資源の保護開発および観光諸施設の整備を目的とする財団法人が設けられるなど，地元にとって，本件神社は重要な観光資源としての側面を有していたものであり，本件大祭は観光上重要な行事であったというべきであり，奉賛会は，このような性質を有する行事としての本件大祭に係る諸事業の奉賛を目的とする団体であり，その事業自体が観光振興的な意義を相応に有するものであって，その発会に係る行事としての本件発会式も，本件神社内ではなく，市内の一般の施設で行われ，その式次第は一般的な団体設立の式典等におけるものと変わらず，宗教的儀式を伴うものではなかったものであり，市長はこのような本件発会式に来賓である地元の市長として招かれ，出席して祝辞を述べたものであるところ，その祝辞の内容が，一般の儀礼的な祝辞の範囲を超えて宗教的な意味合いを有するものであったともうかがわれない，とした（同判決）。このため，市長が本件発会式に出席して祝辞を述べた行為は，市長が地元の観光振興に尽力すべき立場にあり，本件発会式が観光振興的な意義を相応に有する事業の奉賛を目的とする団体の発会に係る行事であることも踏まえ，このような団体の主催する当該発会式に来賓として招かれたのに応じて，これに対する市長としての社会的儀礼を尽くす目的で行われたものであり，宗教的色彩を帯びない儀礼的行為の範囲にとどまる態様のものであって，特定の宗教に対する援助，助長，促進になるような効果を伴うものでもなかった，とした（同判決）。したがって，判例は，これらの諸事情を総合的に考慮すれば，市長の前述の行為は，宗教とのかかわり合いの程度が，わが国の社会的，文化的諸条件に照らし，信教の自由の保障の確保という制度の根本目的との関係で相当とされる限度を超えるものとは認められず，憲法上の政教分離原則およびそれに基づく政教分離規定に違反するものではない，とした（同判決）。

【第2章】**問題3**　正解　4

ア．妥当でない。　確かに，ドイツでは，学問の自由の観念が古くから発達していた。ドイツの大学では，17世紀末から18世紀初頭において，学問の自由が主張されるようになり，19世紀初頭には学則において学問の自由が確認されるようになった。そうした流れを受け，1848年のフランクフルト国民議会において採択されたいわゆるフランクフルト憲法は，学問およびその教授の自由を保障した（152条）。また，1850年に制定されたプロイセン憲法も，同様に学問およびその教授の自由を保障した（20条）。しかし，明治憲法では，学問の自由は保障されなかった。憲法制定当時の政府は，自由民権運動を弾圧していたことから，自由民権運動を後押しするおそれのある大学における学問の自由を承認することはできなかったからである。このため，文部大臣が学説の内容が自由主義すぎるとして滝川京大教授を休職させた滝川事件や，政府が天皇機関説を主張する美濃部東大名誉教授の著書を出版禁止にする天皇機関説事件など，政府が学問に介入する事件が起きた。

イ．妥当でない。　通説は，学問の自由は，大学が学問研究の中心であることから，大学における学問の自由を特に保障するものではあるが，一般国民の学問の自由も保障している，とする。判例も，憲法23条が学問の自由はこれを保障すると規定したのは，一面において，広くすべての国民に対してそれらの自由を保障するとともに，他面において，大学が学術の中心として深く真理を探究することを本質とすることにかんがみて，特に大学におけるそれらの自由を保障することを趣旨としたものである，とした（**最大判昭和38.5.22**刑集17巻4号370頁，**劇団ポポロ事件**）。

ウ．妥当でない。　判例は，教授の自由は，学問の自由と密接な関係を有するけれども，必ずしもこれに含まれるものではないが，大学については，憲法の大学が学術の中心として深く真理を探究することを本質とすることにかんがみて，特に大学における学問の自由を保障するという趣旨に基づいて，大学において教授その他の研究者がその専門の研究の結果を教授する自由は保障される，とした（**最大判昭和38.5.22**刑集17巻4号370頁，**劇団ポポロ事件**）。これに対して，初等中等教育の場においては，判例は，憲法の保障する学問の自由は，単に学問研究の自由ばかりでなく，その結果を教授する自由をも含むと解されるし，さらにまた，もっぱら自由な学問的探求と勉学を旨とする大学教育に比してむしろ知識の伝達と能力の開発を主とする普通教育の場においても，例えば教師が公権力によって特定の意見のみを教授することを強制されないという意味において，また，子どもの教育が教師と子どもとの間の直接の人格的接触を通じ，その個性に応じて行われなければならないという本質的要請に照らし，教授の具体的内容および方法につきある程度自由な裁量が認められなければならないという意味においては，一定の範囲における教授の自由が保障される，とした（**最大判昭和51.5.21**刑集30巻5号615頁，**旭川学力テスト事件**）。しかし，判例は，大学教育の場合には，学生が一応教授内容を批判する能力を備えていると考えられるのに対し，普通教育においては，児童生徒にこのような能力がなく，教師が児童生徒に対して強い影響力，支配力を有することを考え，また，普通教育においては，子どもの側に学校や教師を選択する余地が乏しく，教育の機会均等をはかる上からも全国的に一定の水準を確保すべき強い要請があること等に思いをいたすときは，普通教育における教師に完全な教授の自由を認めることは，とうてい許されない，とした（同判決）。

エ．妥当である。 通説は，学問研究は本来自由に任されるべきであり，国家が学問研究に介入することは，原則として許されないが，個人の尊厳やプライバシー権，生命・健康に対する権利といった人権を保護するための必要最小限度の規制は許される，とする。実際，ヒトに関するクローン技術等の規制に関する法律では，「何人も，人クローン胚，ヒト動物交雑胚，ヒト性融合胚又はヒト性集合胚を人又は動物の胎内に移植してはならない。」（3条）と規定されており，ヒトに関するクローン技術の研究が制限されている。

オ．妥当である。 判例は，大学における学生の集会も，大学の教授その他の研究者の有する特別な学問の自由と自治の効果の範囲において自由と自治を認められるものであって，大学の公認した学内団体であるとか，大学の許可した学内集会であるとかいうことのみによって，特別な自由と自治を享有するものではなく，学生の集会が真に学問的な研究またはその結果の発表のためのものでなく，実社会の政治的社会的活動に当る行為をする場合には，大学の有する特別の学問の自由と自治は享有しない，とした（**最大判昭和 38.5.22** 刑集 17 巻 4 号 370 頁，**劇団ポポロ事件**）。

【第 2 章】 **問題 4** 正解 5

ア．妥当でない。 判例は，およそ各人が，自由に，さまざまな意見，知識，情報に接し，これを摂取する機会をもつことは，その者が個人として自己の思想および人格を形成・発展させ，社会生活の中にこれを反映させていくうえにおいて欠くことのできないものであり，また，民主主義社会における思想および情報の自由な伝達，交流の確保という基本的原理を真に実効あるものたらしめるためにも，必要なところであるから，これらの意見，知識，情報の伝達の媒体である新聞紙，図書等の閲読の自由が憲法上保障されるべきことは，思想及び良心の自由の不可侵を定めた憲法 19 条の規定や，表現の自由を保障した憲法 21 条の規定の趣旨，目的から，いわばその派生原理として当然に導かれるところであり，また，すべて国民は個人として尊重される旨を定めた憲法 13 条の規定の趣旨に沿う，とした（**最大判昭和 58.6.22** 民集 37 巻 5 号 793 頁，**よど号ハイジャック記事抹消事件**）。

イ．妥当でない。 判例は，有害図書が一般に思慮分別の未熟な青少年の性に関する価値観に悪い影響を及ぼし，性的な逸脱行為や残虐な行為を容認する風潮の助長につながるものであって，青少年の健全な育成に有害であることは，既に社会共通の認識になっており，さらに，自動販売機による有害図書の販売は，売手と対面しないため心理的に購入が容易であること，昼夜を問わず購入ができること，収納された有害図書が街頭にさらされているため購入意欲を刺激しやすいことなどの点において，書店等における販売よりもその弊害が一段と大きいといわざるをえないので，有害図書の自動販売機への収納の禁止は，青少年に対する関係において，**憲法21条1項**に違反しないことはもとより，成人に対する関係においても，有害図書の流通を幾分制約することにはなるものの，青少年の健全な育成を阻害する有害環境を浄化するための規制に伴う必要やむをえない制約であるから，**憲法21条1項**に違反するものではない，とした（**最判平成元.9.19** 刑集43巻8号785頁，**岐阜県青少年保護育成条例事件**）。

ウ．妥当でない。 判例は，公立図書館が，住民に図書館資料を提供するための公的な場であるということは，そこで閲覧に供された図書の著作者にとって，その思想，意見等を公衆に伝達する公的な場でもあるということができるので，公立図書館の図書館職員が閲覧に供されている図書を著作者の思想や信条を理由とするなど不公正な取扱いによって廃棄することは，当該著作者が著作物によってその思想，意見等を公衆に伝達する利益を不当に損なうものといわなければならず，著作者の思想の自由，表現の自由が憲法により保障された基本的人権であることにもかんがみると，公立図書館において，その著作物が閲覧に供されている著作者が有する前述の利益は，法的保護に値する人格的利益であると解するのが相当であり，公立図書館の図書館職員である公務員が，図書の廃棄について，基本的な職務上の義務に反し，著作者または著作物に対する独断的な評価や個人的な好みによって不公正な取扱いをしたときは，当該図書の著作者の前述の人格的利益を侵害するものとして国家賠償法上違法となる，とした（**最判平成17.7.14** 民集59巻6号1569頁，**公立図書館図書廃棄事件**）。判例は，著作者の利益が**憲法21条**から導かれるとはしていない。

エ．妥当である。 判例は，**憲法21条1項**の表現の自由は基本的人権のうちでもとりわけ重要なものであり，その保障は裁判官にも及び，裁判官も一市民として当該自由を有することは当然であるが，その自由も，もとより絶対的なものではなく，憲法上の他の要請により制約を受けることがあるのであって，憲法上の特別な地位である裁判官の職にある者の言動については，おのずから一定の制約を免れない，とした（**最大決平成10.12.1** 民集52巻9号1761頁，**寺西判事補事件**）。そのうえで判例は，裁判官に対し「積極的に政治運動をすること」を禁止することは，必然的に裁判官の表現の自由を一定範囲で制約することにはなるが，当該制約が合理的で必要やむを得ない限度にとどまるものである限り，憲法の許容するところであるといわなければならず，その禁止の目的が正当であって，その目的と禁止との間に合理的関連性があり，禁止により得られる利益と失われる利益との均衡を失するものでないなら，憲法 21 条 1 項に違反しない，とした（同判決）。

オ．妥当である。 判例は，教科書検定において不合格とされた図書は，教科書としての発行の道が閉ざされることになるが，当該制約は，普通教育の場において使用義務が課せられている教科書という特殊な形態に限定されるのであって，不合格図書をそのまま一般図書として発行し，教師，児童，生徒を含む国民一般にこれを発表すること，すなわち思想の自由市場に登場させることは，何ら妨げられるところはないところ，憲法 21 条 2 項にいう検閲とは，行政権が主体となって，思想内容等の表現物を対象とし，その全部または一部の発表の禁止を目的とし，対象とされる一定の表現物につき網羅的一般的に，発表前にその内容を審査した上，不適当と認めるものの発表を禁止することを特質として備えるものを指すと解すべきであり，本件検定は，前記のとおり，一般図書としての発行を何ら妨げるものではなく，発表禁止目的や発表前の審査などの特質がないから，検閲に当たらず，憲法 21 条 2 項前段の規定に違反するものではない，とした（**最判平成 5.3.16** 民集 47 巻 5 号 3483 頁，**教科書検定事件**）。

【第 2 章】 問題 5　正解　2

ア．妥当でない。 判例は，酒税が，沿革的に見て，国税全体に占める割合が高く，これを確実に徴収する必要性が高い税目であるとともに，酒類の販売代金に占める割合も高率であったことにかんがみると，酒税法が酒税の適正かつ確実な賦課徴収を図るという国家の財政目的のために，酒類販売業免許制度を採用したことは，当初は，その必要性と合理性があったというべきであり，酒税の納税義務者とされた酒類製造者のため，酒類の販売代金の回収を確実にさせることによって消費者への酒税の負担の円滑な転嫁を実現する目的で，これを阻害するおそれのある酒類販売業者を免許制によって酒類の流通過程から排除することとしたのも，酒税の適正かつ確実な賦課徴収を図るという重要な公共の利益のために採られた合理的な措置であったということができる，とした（**最判平成 4.12.15** 民集 46 巻 9 号 2829 頁，**酒類販売免許制事件**）。そして，判例は，その後の社会状況の変化と租税法体系の変遷に伴い，酒税の国税全体に占める割合等が相対的に低下するに至った時点においてもなお，酒類販売業について免許制度を存置しておくことの必要性および合理性については，議論の余地があることは否定できないとしても，前記のような酒税の賦課徴収に関する仕組みがいまだ合理性を失うに至っているとはいえないと考えられることに加えて，酒税は，本来，消費者にその負担が転嫁されるべき性質の税目であること，酒類の販売業免許制度によって規制されるのが，そもそも，致酔性を有する嗜好品である性質上，販売秩序維持等の観点からもその販売について何らかの規制が行われてもやむを得ないと考えられる商品である酒類の販売の自由にとどまることをも考慮すると，酒類販売業免許制度を存置すべきものとした立法府の判断が，政策的，技術的な裁量の範囲を逸脱するもので，著しく不合理であるとまでは断定し難い，とした（同判決）。

イ．妥当でない。 判例は，国会議員の立法行為は，立法の内容が憲法の一義的な文言に違反しているにもかかわらずあえて当該立法を行うというように，容易に想定し難いような例外的な場合でない限り，国家賠償法１条１項の適用上，違法の評価を受けるものでなく，また，積極的な社会経済政策の実施の一手段として，個人の経済活動に対し一定の合理的規制措置を講ずることは，憲法が予定し，かつ，許容するところであるから，裁判所は，立法府がその裁量権を逸脱し，当該規制措置が著しく不合理であることの明白な場合に限って，これを違憲としてその効力を否定することができるとしたうえで，繭糸価格安定法は，原則として，当分の間，当時の日本蚕糸事業団等でなければ生糸を輸入することができないとするいわゆる生糸の一元輸入措置の実施，および所定の輸入生糸を同事業団が売り渡す際の売渡方法，売渡価格等の規制について規定しており，営業の自由に対し制限を加えるものではあるが，当該法律の立法行為が国家賠償法１条１項の適用上例外的に違法の評価を受けるものではない，とした（**最判平成 2.2.6** 訟務月報 36 巻 12 号 2242 頁，**西陣ネクタイ事件**）。

ウ．妥当でない。 判例は，一般に職業の許可制は，単なる職業活動の内容および態様に対する規制を超えて，狭義における職業の選択の自由そのものに制約を課するもので，職業の自由に対する強力な制限であるから，その合憲性を肯定しうるためには，原則として，重要な公共の利益のために必要かつ合理的な措置であることを要し，また，それが社会政策ないしは経済政策上の積極的な目的のための措置ではなく，自由な職業活動が社会公共に対してもたらす弊害を防止するための消極的，警察的措置である場合には，許可制に比べて職業の自由に対するよりゆるやかな制限である職業活動の内容および態様に対する規制によっては当該目的を十分に達成することができないと認められることを要する，として職業の許可制が一定の場合には認められるとした（**最大判昭和 50.4.30 民集 29 巻 4 号 572 頁，薬局距離制限事件**）。そのうえで，判例は，薬事法による薬局の適正配置規制は，主として国民の生命及び健康に対する危険の防止という消極的，警察的目的のための規制措置であるが，競争の激化－経営の不安定－法規違反という因果関係に立つ不良医薬品の供給の危険が，薬局等の段階において，相当程度の規模で発生する可能性があるとすることは，単なる観念上の想定にすぎず，確実な根拠に基づく合理的な判断とは認めがたく，また，供給業務に対する規制や監督の励行等によって防止しきれないような，専ら薬局等の経営不安定に由来する不良医薬品の供給の危険が相当程度において存すると断じるのは，合理性を欠くというべきであるので，不良医薬品の供給防止等の目的のための必要かつ合理的な規制を定めたものということができないから，**憲法 22 条 1 項**に違反し，無効であるとした（同判決）。

エ．妥当である。 判例は，小売商業調整特別措置法に基づく小売市場の許可規制は，小売商が国民のなかに占める数と国民経済における役割とに鑑み，経済的基盤の弱い小売商の事業活動の機会を適正に確保し，かつ，小売商の正常な秩序を阻害する要因を除去する必要があるとの判断のもとに，その一方策として，小売市場の乱設に伴う小売商相互間の過当競争によって招来されるであろう小売商の共倒れから小売商を保護するためにとられた措置であり，国が社会経済の調和的発展を企図するという観点から中小企業保護政策の一方策としてとった措置ということができ，その目的において，一応の合理性を認めることができないわけではなく，また，その規制の手段・態様においても，それが著しく不合理であることが明白であるとは認められないので，**憲法 22 条 1 項**に違反するものとすることができない，とした（**最大判昭和 47.11.22 刑集 26 巻 9 号 586 頁，小売市場距離制限事件**）。

オ．妥当でない。 判例は，公衆浴場法による公衆浴場の適正配置規制の目的は，国民保健および環境衛生の確保にあるとともに，公衆浴場が自家風呂を持たない国民にとって日常生活上必要不可欠な厚生施設であり，入浴料金が物価統制令により低額に統制されていること，利用者の範囲が地域的に限定されているため企業としての弾力性に乏しいこと，自家風呂の普及に伴い公衆浴場業の経営が困難になっていることなどにかんがみ，既存公衆浴場業者の経営の安定を図ることにより，自家風呂を持たない国民にとって必要不可欠な厚生施設である公衆浴場自体を確保しようとすることも，その目的としているものと解されるのであり，前記適正配置規制は当該目的を達成するための必要かつ合理的な範囲内の手段と考えられるので，憲法

22条1項に違反しない，とした（**最判平成元.3.7集民156号299頁，公衆浴場距離制限事件**）。つまり，判例は，消極目的においても積極目的においても，公衆浴場の適正配置規制を合憲とした。

【第2章】**問題6**　正解　1

ア．妥当でない。　憲法29条2項では，財産権の内容は，公共の福祉に適合するように，法律で定めると規定されていることから，法律ではない条例によって財産権を制限することができるかが問題となる。通説は，条例は地方議会によって制定されるという民主的基盤を持つ規範であるので，法律と類似する性質を持つものであるから，条例によって財産権を制限することもできる，とする。

イ．妥当でない。　通説は，憲法29条は，私有財産制度を保障するのと同時に，国民の個々の財産権を基本的人権として保障していると解している。判例も，憲法29条は，私有財産制度を保障しているのみでなく，社会的経済的活動の基礎をなす国民の個々の財産権につきこれを基本的人権として保障する，とした（**最大判昭和62.4.22民集41巻3号408頁，森林法事件**）。

ウ．妥当でない。　判例は，公用収用が特定個人を受益者とする場合であっても，それが公共の福祉のためであれば，その公共性は否定されない，とした（**最判昭和29.1.22民集8巻1号225頁，自創法宅地買収事件**）。

エ．妥当である。　判例は，財産権を制限する法令に損失補償に関する規定がないからといって，そのことがあらゆる場合について一切の損失補償をまったく否定する趣旨とまでは解されず，当該法令により財産権を制限されたものがその損失を具体的に主張立証して，別途，直接憲法29条3項を根拠にして，補償請求をする余地がまったくないわけではないから，当該法令を直ちに違憲無効と解すべきではない，とした（**最大判昭和43.11.27刑集22巻12号1402頁，河川附近地制限令事件**）。

オ．妥当でない。　判例は，財産権に対して加えられる規制が憲法29条2項にいう公共の福祉に適合するものとして是認されるべきものであるかどうかは，規制の目的，必要性，内容，その規制によって制限される財産権の種類，性質および制限の程度等を比較考量して決すべきものであるが，裁判所としては，立法府がした比較考量に基づく判断を尊重すべきものであるから，立法の規制目的が社会的理由ないし目的に出たとはいえないものとして公共の福祉に合致しないことが明らかであるか，または規制目的が公共の福祉に合致するものであっても規制手段が目的を達成するための手段として必要性もしくは合理性に欠けていることが明らかであって，そのため立法府の判断が合理的裁量の範囲を超えるものとなる場合に限り，当該規制立法が憲法**29条2項**に違背するものとして，その効力を否定することができる，とした（**最大判昭和62.4.22**民集41巻3号408頁，**森林法事件**）。そのうえで判例は，法律によって共有森林につき持分価額2分の1以下の共有者に分割請求を禁ずることの立法目的は，森林の細分化を防止することによって森林経営の安定を図り，ひいては森林の保続培養と森林の生産力の増進を図り，もって国民経済の発展に資することであるが，この立法目的は公共の福祉に合致しないことが明らかであるとはいえない，とした（同判決）。しかし，判例は，①森林が共有となることによって，当然に，その共有者間に森林経営のための目的的団体が形成されることになるわけではなく，また，共有者が当該森林の経営につき相互に協力すべき権利義務を負うに至るものではないから，森林が共有であることと森林の共同経営とは直接関連するものとはいえない，②共有者間，ことに持分の価額が相等しい2名の共有者間において，共有物の管理または変更等をめぐって意見の対立，紛争が生ずるに至ったときは，各共有者は，共有森林につき，民法252条但書に基づき保存行為をなしうるにとどまり，管理または変更の行為を適法にすることができないこととなり，ひいては当該森林の荒廃という事態を招来することとなるが，共有森林につき持分価額2分の1以下の共有者に民法256条1項の適用を排除した結果は，そのような事態の永続化を招くだけであって，当該森林の経営の安定化に資することにはならない，③共有森林につき持分価額2分の1以下の共有者からの民法256条1項に基づく分割請求の場合に限って，他の場合に比し，森林の細分化を防止することによって森林経営の安定を図らなければならない社会的必要性が強く存すると認めるべき根拠はない，④森林の安定的経営のために必要な最小限度の森林面積は，当該森林の地域的位置，気候，植栽竹木の種類等によって差異はあっても，これを定めることが可能というべきであるから，共有森林を分割した場合に，分割後の各森林面積が必要最小限度の面積を下回るか否かを問うことなく，一律に現物分割を認めないとすることは合理性に欠ける，⑤現物分割においても，共有物の性質等または共有状態に応じた合理的な分割をすることが可能であるから，共有森林につき現物分割をしても直ちにその細分化を来すものとはいえないし，また，競売による代金分割の方法により一括競売がされるときは，共有森林の細分化という結果は生じない，ということを理由として，法律が共有森林につき持分価額2分の1以下の共有者に民法256条1項所定の分割請求権を否定しているのは，立法目的との関係において，合理性と必要性のいずれをも肯定することのできないことが明らかであって，この点に関する立法府の判断は，その合理的裁量の範囲を超えるものであるといわなければならないので，憲法 **29 条 2 項**に違反し，無効というべきである，とした（同判決）。

【第 2 章】**問題 7**　正解　5

ア．妥当でない。　判例は，被告人らは，国選弁護人を罵倒し続けるなど，国選弁護人を通じて権利擁護のため正当な防禦活動を行う意思がないことを自らの行動によって表明したものと評価すべきであり，そのため裁判所は，国選弁護人を解任せざるを得なかったものであり，しかも，被告人らは，その後も一体となってそのような状況を維持存続させたものであるというべきであるから，被告人らの国選弁護人の再選任請求は，誠実な権利の行使とはほど遠いものというべきであり，このような場合には，形式的な国選弁護人選任請求があっても，裁判所としてはこれに応ずる義務を負わない，とした（**最判昭和 54.7.24** 刑集 33 巻 5 号 416 頁，**国選弁護人罵倒事件**）。

イ．妥当でない。　判例は，憲法 **31 条**の定める法定手続の保障は，直接には刑事手続に関するものであるが，行政手続については，それが刑事手続ではないとの理由のみで，そのすべてが当然に同条による保障の枠外にあると判断することは相当ではない，とした（**最大判平成 4.7.1** 民集 46 巻 5 号 437 頁，**成田新法事件**）。しかし，判例は，憲法 **31 条**による保障が及ぶと解すべき場合であっても，一般に，行政手続は，刑事手続とその性質においておのずから差異があり，また，行政目的に応じて多種多様であるから，行政処分の相手方に事前の告知，弁解，防御の機会を与えるかどうかは，行政処分により制限を受ける権利利益の内容，性質，制限の程度，行政処分により達成しようとする公益の内容，程度，緊急性等を総合較量して決定されるべきものであって，常に必ずそのような機会を与えることを必要とするものではない，とした（同判決）。

ウ．妥当でない。　逮捕時に逮捕状のない逮捕である刑事訴訟法 210 条の緊急逮捕について判例は，刑訴 210 条は，死刑または無期もしくは長期 3 年以上の懲役もしくは禁錮にあたる罪を犯したことを疑うに足る充分な理由がある場合で，かつ急速を要し，裁判官の逮捕状を求めることができないときは，その理由を告げて被疑者を逮捕することができるとし，そしてこの場合捜査官憲は直ちに裁判官の逮捕状を求める手続をなし，もし逮捕状が発せられないときは直ちに被疑者を釈放すべきことを定めているが，かような厳格な制約の下に，罪状の重い一定の犯罪のみについて，緊急やむを得ない場合に限り，逮捕後直ちに裁判官の審査を受けて逮捕状の発行を求めることを条件とし，被疑者の逮捕を認めることは，憲法33条規定の趣旨に反するものではない，とした（**最大判昭和30.12.14**刑集9巻13号2760頁，**緊急逮捕訴訟**）。

エ．妥当である。 災害等の緊急時において，一般国民を被害の拡大防止などの応急措置の業務に従事させることが，憲法18条の「その意に反する苦役に服させられない」に反するのではないかが問題となる。この問題について多くの学説は合憲と解している。たとえば，罰則規定がないので，一般国民が応急措置の業務に従事することはその自発的な意思によるのであるから，「その意に反する」苦役ではない，とする。

オ．妥当である。 判例は，所得税法に規定する検査が，もっぱら所得税の公平確実な賦課徴収を目的とする手続であって，刑事責任の追及を目的とする手続ではなく，また，そのための資料の取得収集に直接結びつく作用を一般的に有するものでもないこと，および，このような検査制度に国家財政の基本となる徴税権の適正な運用を確保し，所得税の公平確実な賦課徴収を図るという公益上の必要性と合理性が存するのであり，このことは質問も同様であると解すべきところ，憲法38条1項の法意が，何人も自己の刑事上の責任を問われるおそれのある事項について供述を強要されないことを保障したものであるが，当該規定による保障は，純然たる刑事手続においてばかりではなく，それ以外の手続においても，実質上，刑事責任追及のための資料の取得収集に直接結びつく作用を一般的に有する手続には，ひとしく及ぶものと解するのを相当とするが，所得税法の検査，質問の性質が前記のようなものである以上，憲法38条1項にいう「自己に不利益な供述」を強要するものとすることはできない，とした（**最大判昭和47.11.22**刑集26巻9号554頁，**川崎民商事件**）。

【第2章】 記述問題1 の解答例

(1) 憲法21条について，公の場で差別的憎悪表現を禁止することが，差別的憎悪表現をする自由という表現の自由に対する不合理な制限であり，憲法21条に違反するのではないかという疑義が想定される。

第1に，差別的憎悪表現をする自由が，表現の自由に含まれるかが問題となる。差別的憎悪表現のなかには，思想の表明が含まれるものがある。そして表現の自由を保障する意義の1つである，思想間の自由競争が真実発見の最適な方法であるからすべての思想の表明が許されるべきであるという思想の自由市場論からすれば，差別的憎悪表現のなかに含まれる思想の表明も許されるべきである。よって，差別的憎悪表現をする自由も表現の自由によって保障されると考える。

第２に，本件法案は差別的憎悪表現を中止させることによって表現の自由を制限するので，それが憲法上正当化できるかが問題となる。

まず，法文の明確性が問題となるが，これは小問(2)において論じる。

次に制限の目的に合理性が認められるかが問題となる。差別的憎悪表現を制限する目的は，差別的憎悪表現により特定の人種・民族への帰属意識が否定されることを防ぐことにある。特定の人種・民族への帰属意識は個人のアイデンティティの１つである。したがって，差別的憎悪表現により特定の人種・民族への帰属意識を否定することは，個人のアイデンティティの否定であり，憲法13条によって保障される人格権の侵害である。このように差別的憎悪表現を制限する目的は，そうした特定の人種・民族への帰属意識という個人の尊厳に密接にかかわる重要な人権を保護することにあるので，合理性が認められると考える。

さらに，手段にも合理性が認められるかが問題となる。公の場で差別的憎悪表現がなされた場合，その表現が差別の対象となる人種・民族に属する者に伝達されることは避けがたい。また，制限手段は，公の場での差別的憎悪表現の禁止という内容中立規制にとどまり，差別的憎悪表現そのものを制限する内容規制ではない。本件法律成立後においても，書籍の出版など他の方法により差別的憎悪表現を行う途が残されている。したがって，公の場で差別的憎悪表現を禁止することは，必要最小限度の制限といえる。また，禁止により得られる利益は，前述のように個人の尊厳にかかわる重要な人権である一方，失われる利益は公の場で差別的憎悪表現ができなくなることにとどまり，差別的憎悪表現が全面的にできなくなるわけではないので，得られる利益の方が大きい。したがって，手段にも合理性が認められると考える。

以上により，公の場で差別的憎悪表現を禁止することは，後述する明確性の原則の問題を除けば，差別的憎悪表現をする自由という表現の自由に対する合理的な制限であり，憲法21条に違反しないと考える。

(2) 憲法31条について，委員会の中止命令に反して公の場で差別的憎悪表現を行った者に刑罰を科す規定が，刑罰法規の明確性の原則に違反し，憲法31条に違反するのではないかという疑義が想定される。

憲法31条は，刑罰権の行使に関する実体要件の法定および適正ならびに科刑手続の法定および適正を要求している。この実体要件の適正のなかには，刑罰法規の明確性の原則が含まれる。刑罰法規が不明確だと，国民の活動を委縮させたり，刑罰権の行使が濫用されたりするからである。

本件法律では，公の場で，人種・民族的な少数者集団に対する憎悪や差別を助長し扇動する表現活動（差別的憎悪表現）を行おうとした者が，委員会の中止命令に反して差別的憎悪表現を行った場合に，刑罰が科されると定められている。このうち特に憎悪という用語はあいまいであり，憎悪を助長し扇動するとは具体的にどのような行為を意味するのかが不明確である。

以上により，委員会の中止命令に反して公の場で差別的憎悪表現を行った者に刑罰を科す規定は，刑罰法規の明確性の原則に違反し，憲法 31 条に違反すると考える。

⑶ 憲法 65 条について，差別的憎悪表現規制委員会が内閣から独立してその職権を行うことが，行政権は内閣に属するという憲法 65 条に違反するという疑義が想定される。

憲法 65 条は，行政権は内閣に属すると定めていることから，行政権を内閣以外の機関に属させることができるかが問題となる。

憲法 65 条は，憲法 41 条が国会が唯一の立法機関であると定めていること，また，憲法 76 条がすべて司法権は最高裁判所および下級裁判所に属すると定めていることと対照的に，すべての行政権が内閣に属することを要求していない。また，行政権を内閣以外の機関が行使することは憲法の求める権力分立原則にかなっている。ただし，憲法 65 条は，国民主権の観点から，内閣を通じて行政権の行使を国会の統制下に置こうとするものであるから，国会の統制になじまないものを除き，内閣に代わって国会の統制が及んでいれば，行政権を内閣以外の機関に属させることができると考える。

本件法律によれば，差別的憎悪表現規制委員会の委員長及び委員は両議院の同意を得て，内閣総理大臣が任命するので，国会の統制が及んでいる。

以上により，差別的憎悪表現規制委員会が内閣から独立してその職権を行うことは，行政権は内閣に属するという憲法 65 条に違反しないと考える。

以　上

【第 2 章】**記述問題 2** の解答例

⑴ 愛玩動物霊園は現に人の居住する建造物から 200 メートル以上離れていなければならないという距離制限が，憲法 22 条 1 項によって保障される職業選択の自由に対する不合理な制限ではないかという疑義が想定される。

この距離制限によって，現に人の居住する建造物から 200 メートル以内において愛玩動物霊園を設置することができなくなり，結果として採算性などから愛玩動物霊園事業を開業すること自体ができなくなるおそれがあるので，愛玩動物霊園事業を営む自由という職業選択の自由を制限するものである。このためこの制限が憲法上正当化できるかが問題となる。

まず制限の目的の合理性について検討する。愛玩動物霊園の距離制限の目的は，ペットの火葬などにより生じる悪臭やペットが適切に埋葬されなかったことにより発生する感染症などにより，近隣住民の健康が害されることを防ぐことにあると考えられる。住民の健康は憲法13条によっても保障される重要な人権であるので，それが害されることを防ぐという愛玩動物霊園の距離制限の目的には合理性があると考える。

つぎに制限の手段の合理性について検討する。確かに距離制限によって近隣住民の健康が害されることを防ぐことができる。しかし，近隣住民の健康が害されることを防ぐという目的は，距離制限によらなくても，火葬施設や埋葬方法などについての基準の設定や立入検査によるその遵守の確保によっても達成できる。距離制限は，それにより何人も現に人の居住する建造物から200メートル以内において愛玩動物霊園事業を営むことができなくなり，これは本人の努力によって克服することができない強力な人権制限である。これに対して，基準の設定や立ち入り検査によるその遵守の確保という制限は，本人の努力によって克服することができるものであるので，距離制限よりも人権制限の程度が弱い。よって，距離制限よりもより人権を制限しない方法によって近隣住民の健康が害されることを防ぐという目的を達成することができるので，距離制限という手段には合理性がないと考える。

以上のことから，距離制限は憲法22条1項によって保障される職業選択の自由に対する不合理な制限であり，違憲であると考える。

(2) 愛玩動物霊園事業の許可を外国籍を有する者に対して当分の間与えないことが，憲法14条1項の法の下の平等に反するという疑義が想定される。許可を外国籍を有する者に対して与えないことは，国籍に基づく別扱いであるので，この別扱いに合理性が認められるかが問題となる。

まず，目的の合理性について検討する。許可を外国籍を有する者に対して与えないという国籍に基づく別扱いの目的は，文化風習の違いにより近隣住民との間で紛争が発生することを防ぐことにある。紛争が発生することを防止することによって，住民の生活の平穏が守られるので，この目的には一応合理性が認められると考える。

つぎに，手段の合理性について検討する。確かに，外国の文化によってはペットの火葬や埋葬などが適切に行われず，その結果悪臭や感染症が発生し，近隣住民の健康が害されるおそれがあり，そのような事態が発生した場合に愛玩動物霊園事業者と近隣住民との間で紛争が発生することが考えられる。しかし，この場合の紛争の発生原因はペットの火葬や埋葬方法の不適切さであり，愛玩動物霊園事業者が外国籍であることではない。愛玩動物霊園事業者が外国籍であっても，ペットの火葬や埋葬方法が適切であれば悪臭や感染症は発生せず，近隣住民の健康が害されることはないので，愛玩動物霊園事業者と近隣住民との間で紛争は発生しない。つまり，愛玩動物霊園事業者と近隣住民との間で紛争が発生することを防ぐためには，ペットの火葬や埋葬方法に対する適切な基準設定と立入検査を行えばよいのであり，外国籍を有する者を愛玩動物霊園事業者から一律に排除する必要はない。よって，愛玩動物霊園事業の許可を外国籍を有する者に対して与えないという別扱いは，不合理な差別であると考える。

以上のことから，愛玩動物霊園事業の許可を外国籍を有する者に対して当分の間与えないことは，国籍に基づく不合理な差別であり，憲法14条1項に違反し違憲であると考える。

(3) 申請に係る愛玩動物霊園から1キロメートル以内に他の愛玩動物霊園がないことという施行規則案の規定が，法律による委任の範囲を超え無効ではないかという疑義が想定される。

行政は，法律の委任に基づいて一般的・抽象的法規範である命令を制定できる。ただし，行政は法律の委任の範囲内においてのみ命令を制定できる。行政が法律の委任の範囲を超えて命令を制定することは，国会が唯一の立法機関であることに反するからである。

法律案では，地域の良好な生活環境を保全するために必要な許可基準を定めることを省令に委任している。したがって，省令において定めることができる許可基準は，地域の良好な生活環境を保全するために必要なものに限られる。

申請に係る愛玩動物霊園から1キロメートル以内に他の愛玩動物霊園がないことという許可基準の目的は，一部地域における愛玩動物霊園の乱設による霊園事業者間の過当競争のために一部の霊園事業者に経営の不安定が生じ，その結果として霊園の管理が不十分になり悪臭や感染症が発生し近隣地域の良好な生活環境が害される危険があるので，それ防ぐことによって地域の良好な生活環境を保全することにあると考えられる。しかし，そうした危険が発生する可能性があることは，観念上は想定できるが，確実な根拠に基づくものとはいえない。また，そうした危険が発生する可能性があるとしても，愛玩動物霊園に対する立ち入り検査の実施などにより，そうした危険が発生することを防止することができる。したがって，申請に係る愛玩動物霊園から

1キロメートル以内に他の愛玩動物霊園がないことという許可基準は，地域の良好な生活環境を保全するという目的達成手段としては不合理であり不必要なものである。

以上のことから，申請に係る愛玩動物霊園から1キロメートル以内に他の愛玩動物霊園がないことという施行規則案の規定は，地域の良好な生活環境を保全するために必要なものとはいえないため，法律の委任の範囲を超え無効であると考える。

以　上

第3章　社 会 権

【第3章】**問題1**　正解　2

ア．妥当でない。　判例は，憲法**25条1項**の健康で文化的な最低限度の生活なるものは，抽象的な相対的概念であり，その具体的内容は，文化の発達，国民経済の進展に伴って向上するのはもとより，多数の不確定的要素を綜合考量してはじめて決定できるものであるから，何が健康で文化的な最低限度の生活であるかの認定判断は，いちおう，厚生大臣の合目的的な裁量に委されており，その判断は，当不当の問題として政府の政治責任が問われることはあっても，直ちに違法の問題を生ずることはない，とした（**最大判昭和42.5.24**民集21巻5号1043頁，**朝日訴訟**）。ただし，判例は，現実の生活条件を無視して著しく低い基準を設定する等憲法および生活保護法の趣旨・目的に反し，法律によって与えられた裁量権の限界をこえた場合または裁量権を濫用した場合には，違法な行為として司法審査の対象となることをまぬかれない，とした（同判決）。

イ．妥当でない。　年金の併給禁止規定の合憲性が問題となった事件（いわゆる堀木訴訟）において，大阪高等裁判所は，憲法**25条2項**は国の事前の積極的防貧施策をなすべき努力義務のあることを，**同1項**は**2項**の防貧施策の実施にもかかわらず，なお落ちこぼれた者に対し，国は事後的，補足的かつ個別的な救貧施策をなすべき責務のあることを各宣言したものである，とした（**大阪高判昭和50.11.10**行政事件裁判例集昭和47（行コ）32）。この判決は憲法**25条1項**と**2項**とを分離してとらえており，これによれば，**2項**の防貧施策については広範な立法裁量が認められることになるが，**1項**の救貧施策については，**2項**の防貧施策から「落ちこぼれた者に対し，国は更に本条第1項の『健康で文化的な最低生活の保障』という絶対的基準の確保を直接の目的とした施策をなすべき責務がある」（同判決）ので，厳格な司法審査が及ぶことになる。これに対して問題文は**1項**を防貧施策，**2項**を救貧施策の規定としており，高裁判決とは逆になっている。しかし，最高裁判所はこの判決の立場を取らず，憲法**25条1項**が，いわゆる福祉国家の理念に基づき，すべての国民が健康で文化的な最低限度の生活を営みうるよう国政を運営すべきことを国の責務として宣言したものであること，また，**同条2項**が，同じく福祉国家の理念に基づき，社会的立法および社会的施設の創造拡充に努力すべきことを国の責務として宣言したものであること，そして，**同条1項**は，国が個々の国民に対して具体的・現実的にそのような義務を有することを規定したものではなく，**同条2項**によって国の責務であるとされている社会的立法および社会的施設の創造拡充により個々の国民の具体的・現実的な生活権が設定充実されてゆくものである，として憲法**25条1項**と**2項**とを一体としてとらえている（**最大判昭和57.7.7**民集36巻7号1235頁）。通説も，**1項**と**2項**とを一体としてとらえている。

ウ．**妥当である。** 判例は，憲法**26条**は，すべての国民に対して教育を受ける機会均等の権利を保障すると共に子女の保護者に対し子女をして最少限度の普通教育を受けさせる義務教育の制度と義務教育の無償制度を定めているが，普通教育の義務制ということが，必然的にそのための子女就学に要する一切の費用を無償としなければならないものと速断することは許されないとし，その理由として，憲法がかように保護者に子女を就学せしむべき義務を課しているのは，単に普通教育が民主国家の存立，繁栄のため必要であるという国家的要請だけによるものではなくして，それがまた子女の人格の完成に必要欠くべからざるものであるということから，親の本来有している子女を教育すべき責務を完うせしめんとする趣旨に出たものでもあるから，義務教育に要する一切の費用は，当然に国がこれを負担しなければならないものとはいえないからである，とした（**最大判昭和39.2.26**民集18巻2号343頁，**義務教育費負担請求事件**）。そして，判例は，憲法**26条2項後段**の「義務教育は，これを無償とする。」という意義は，国が義務教育を提供するにつき有償としないこと，換言すれば，子女の保護者に対しその子女に普通教育を受けさせるにつき，その対価を徴収しないことを定めたものであり，教育提供に対する対価とは授業料を意味するものと認められるから，同条項の無償とは授業料不徴収の意味と解するのが相当である，とした（同判決）。

エ．**妥当でない。** 判例は，公務員は，私企業の労働者とは異なり，使用者との合意によって賃金その他の労働条件が決定される立場にないとはいえ，勤労者として，自己の労務を提供することにより生活の資を得ているものである点において一般の勤労者と異なるところはないから，憲法**28条**の労働基本権の保障は公務員に対しても及ぶ，とした（**最大判昭和48.4.25**刑集27巻4号547頁，**全農林警職法事件**）。しかし，判例は，公務員の地位の特殊性と職務の公共性にかんがみるときは，これを根拠として公務員の労働基本権に対し必要やむをえない限度の制限を加えることは，十分合理的な理由があるとし，その理由として，公務員は，公共の利益のために勤務するものであり，公務の円滑な運営のためには，その担当する職務内容の別なく，それぞれの職場においてその職責を果すことが必要不可欠であって，公務員が争議行為に及ぶことは，その地位の特殊性および職務の公共性と相容れないばかりでなく，多かれ少なかれ公務の停廃をもたらし，その停廃は勤労者を含めた国民全体の共同利益に重大な影響を及ぼすか，またはそのおそれがあるからである，とした（同判決）。そのうえで判例は，①国会の勤務条件は国会の制定した法律，予算によって定められているのであるから，公務員が政府に対して争議行為を行うことは的外れであること，②私企業においては争議行為に対して市場の抑制力が働くが，公務員の場合にはそのような市場の機能が作用する余地がないこと，③人事院制度など公務員の争議行為の制約に見合う代償措置が講じられていること，を理由として，公務員の争議行為およびそのあおり行為等を禁止するのは，勤労者をも含めた国民全体の共同利益の見地からするやむをえない制約というべきであって，憲法28条に違反するものではない，とした（同判決）。

【第3章】記述問題の解答例

⑴ A案について

現行の公的年金を廃止し，民間の年金保険に切り替えることが，憲法13条の生命・身体に対する権利の不合理な制限，あるいは憲法25条の生存権の不合理な制限となるという疑義が想定される。

まず，現行の公的年金を廃止し，民間の年金保険に切り替えることが，憲法13条によって保障される生命・身体に対する権利の不合理な制限となるかについて検討する。公的年金と異なり民間の年金保険の場合，保険会社が破綻しこれにより年金受給者が年金を受給できなくなり，年金受給者の生命・身体に対する権利が侵害されるおそれがある。しかし保険会社が破綻した場合であっても年金受給者が年金を受給できるような年金受給者を保護する制度を設置しておけば，保険会社が破綻した場合であっても年金受給者は年金を受給できるので年金受給者の生命・身体に対する権利は侵害されない。したがって，そうした年金受給者保護制度が設置されるのであれば，現行の公的年金を廃止し，民間の年金保険に切り替えることが，憲法13条によって保障される生命・身体に対する権利の不合理な制限とは言えないと考える。

次に，現行の公的年金を廃止し，民間の年金保険に切り替えることが，憲法25条の生存権の不合理な制限となるかについて検討する。民間の年金保険の場合，保険会社の破綻により年金受給者が年金を受給できなくなるおそれがある。また，前述のような年金受給者保護制度を設置したとしても，保険会社の破綻により本来予定していた額よりも低い額でしか年金を受給できなくなるおそれがある。このように現行の公的年金を廃止し，民間の年金保険に切り替えることは，現行の制度におけるよりも国民を不利益に扱うことになるといえる。こうした国民にとって不利益になるような制度の変更が，憲法25条の生存権の不合理な制限となるのではないかが問題となる。

憲法25条に規定されている「健康で文化的な最低限度の生活」という概念は，抽象的・相対的概念であり，その具体的内容については高度に専門技術的な政策的判断を必要とする。したがって，憲法25条を具体化するための立法措置の決定は立法府の広い裁量に委ねられており，それが著しく合理性を欠き明らかに裁量の逸脱・濫用と見ざるを得ないような場合を除き，憲法25条の生存権の不合理な制限とはいえないと考える。国民にとって不利益となるような制度の変更も，同様に立法府の広い裁量に委ねられているといえ，それが健康で文化的な最低限度の生活を営むことができなくなることが明白であるというような，著しく合理性を欠き明らかに裁量の逸脱・濫用と見ざるを得ないような場合を除き，憲法25条の生存権の不合理な制限とはいえないと考える。

現行の公的年金を廃止し，民間の年金保険に切り替えることについては，前述の年金受給者保護制度が設置されていない場合には，保険会社が破綻した際に年金受給者は健康で文化的な最低限度の生活を営むことができなくなることが明白であるので，著しく合理性を欠き明らかに裁量の逸脱・濫用があるといえるので，憲法25条の生存権の不合理な制限といえる。しかし，年金受給者保護制度が設置されている場合には，保険会社が破綻しても年金受給者は健康で文化的な最低限度の生活を営むことができるので，著しく合理性を欠き明らかに裁量の逸脱・濫用があるとはいえないので，憲法25条の生存権の不合理な制限とはいえないと考える。

⑵ B案について

20歳以上の国民が，それぞれの地域の共済組合へ全員当然に加入するものとすることが，憲法21条1項の結社の自由に対する不合理な制限となる疑義が想定される。

結社の自由には，結社に加入しない自由も含まれる。このため共済組合への加入強制は，この結社に加入しない自由に対する不合理な制限ではないかが問題となる。

まず，共済組合への加入強制という結社の自由を制限する目的が正当といえるかが問題となる。目的は現行の国民年金制度と同じであり，老齢，障害または死亡によって国民生活の安定がそこなわれることを国民の共同連帯によって防止し，もって健全な国民生活の維持および向上に寄与することである。この目的は，憲法25条1項の生存権の実現および同条2項の社会保障の向上に資するものであり，正当といえる。

次に，共済組合への強制加入という手段が正当といえるかが問題となる。ほとんどの国民が高齢者となりまた誰でも障がいを負う可能性があり，その結果十分な収入を得ることが困難となる場合が多い。そうした高齢者や障がい者の生活の安定を図るためには，すべての国民が保険料の納付により自身が高齢者あるいは障がい者となった際の生活を維持するための自助努力をする一方で，その自助努力に応じて高齢者あるいは障がい者になった場合に年金を受給できるという社会保険の方式が唯一の手段といえる。そしてこれによって得られる利益は国民生活の安定であり，失われる利益は共済掛金の納付義務であるが，共済掛金が生活に支障をきたすほど多額でない限りは，失われる利益より得られる利益の方が大きい。よって，手段も正当といえる。

以上のことから，共済組合への加入強制は，憲法21条1項の結社の自由に対する合理的な制限であるので合憲であると考える。

⑶ C案について

学生に保険料納付を義務付けることが，憲法26条1項の教育を受ける権利に対する不合理な制限となるのではないかが問題となる。

憲法26条1項は，すべての国民に対してその能力に応じて等しく教育を受ける権利を保障している。この等しく教育を受ける権利の中には，経済的地位による差別を受けないことも含まれる。

学生に保険料納付が義務付けられた場合，ほとんどの学生は収入に乏しく保険料を負担する能力を持たないため，学生の親などが保険料を負担することになる。親などに十分な収入があり保険料を負担できるのであればそれでも問題はないが，親などに十分な収入がなく保険料を負担できない場合，結局保険料は学生自身が負担しなければならなくなり，その結果学生は就労せざるを得なくなり大学への進学をあきらめざるを得ないという事態に陥る可能性がある。つまり本人の能力とは無関係に，親の経済的地位によって大学に進学して教育を受けられる場合と受けられない場合とが生じるのであり，これは親の経済的地位による不合理な差別といえる。

以上のことから，学生に保険料納付を義務付けることは，憲法26条1項の教育を受ける権利に対する不合理な制限となるので，違憲であると考える。

以　上

第4章　参政権・受益権

【第4章】**問題1**　正解　4

1．妥当でない。　判例は，会社による政党への寄附は，事の性質上，国民個々の選挙権その他の参政権の行使そのものに直接影響を及ぼすものではないばかりでなく，政党の資金の一部が選挙人の買収にあてられることがあるにしても，それはたまたま生ずる病理的現象にすぎず，しかも，かかる非違行為を抑制するための制度は厳として存在するので，選挙権の自由な行使を直接に侵害するものとはいえない，とした（**最大判昭和45.6.24**民集24巻6号625頁，**八幡製鉄政治献金事件**）。

2．妥当でない。　判例は，他人の名誉を傷つけ善良な風俗を害する等政見放送としての品位を損なう言動を禁止した公職選挙法150条の2の規定は，テレビジョン放送による政見放送が直接かつ即時に全国の視聴者に到達して強い影響力を有していることにかんがみそのような言動が放送されることによる弊害を防止する目的で政見放送の品位を損なう言動を禁止したものであるから，当該規定に違反する言動がそのまま放送される利益は法的に保護された利益とはいえず，したがって，差別用語を使用した言動がそのまま放送されなかったとしても，不法行為法上，法的利益の侵害があったとはいえないとして，差別用語を使用した言動を削除したことが選挙活動の自由を侵害するとはしなかった（**最判平成2.4.17**民集44巻3号547頁，**政見放送削除事件**）。

3．妥当でない。　判例は，地方自治について定める憲法第8章は，**93条2項**において，地方公共団体の長，その議会の議員および法律の定めるその他の吏員は，その地方公共団体の住民が直接これを選挙するものと規定しているのであるが，国民主権の原理およびこれに基づく憲法**15条1項**の規定の趣旨に鑑み，地方公共団体が我が国の統治機構の不可欠の要素をなすものであることをも併せ考えると，憲法**93条2項**にいう「住民」とは，地方公共団体の区域内に住所を有する日本国民を意味するものと解するのが相当であり，当該規定は，我が国に在留する外国人に対して，地方公共団体の長，その議会の議員等の選挙の権利を保障したものということはできない，とした（**最判平成7.2.28**民集49巻2号639頁，**定住外国人地方参政権事件**）。その一方で，判例は，憲法第8章の地方自治に関する規定は，民主主義社会における地方自治の重要性に鑑み，住民の日常生活に密接な関連を有する公共的事務は，その地方の住民の意思に基づきその区域の地方公共団体が処理するという政治形態を憲法上の制度として保障しようとする趣旨に出たものと解されるから，我が国に在留する外国人のうちでも永住者等であってその居住する区域の地方公共団体と特段に緊密な関係を持つに至ったと認められるものについて，その意思を日常生活に密接な関連を有する地方公共団体の公共的事務の処理に反映させるべく，法律をもって，地方公共団体の長，その議会の議員等に対する選挙権を付与する措置を講ずることは，憲法上禁止されているものではない，とした（同判決）。

４．妥当である。 判例は，公職の選挙につき，常時選挙運動を行なうことを許容するときは，その間，不当，無用な競争を招き，これが規制困難による不正行為の発生等により選挙の公正を害するにいたるおそれがあるのみならず，いたずらに経費や労力がかさみ，経済力の差による不公平が生ずる結果となり，ひいては選挙の腐敗をも招来するおそれがあり，このような弊害を防止して，選挙の公正を確保するためには，選挙運動の期間を長期にわたらない相当の期間に限定し，かつ，その始期を一定して，各候補者が可能なかぎり同一の条件の下に選挙運動に従事しうることとする必要があるため，選挙運動をすることができる期間を規制し事前運動を禁止することは，憲法の保障する表現の自由に対し許された必要かつ合理的な制限であるので，憲法 21 条に違反しない，とした（**最大判昭和 44.4.23** 刑集 23 巻 4 号 235 頁，**事前運動禁止訴訟**）。

５．妥当でない。 判例は，選挙の公正はあくまでも厳粛に保持されなければならないのであって，いったんこの公正を阻害し，選挙に関与せしめることが不適当とみとめられるものは，しばらく，被選挙権，選挙権の行使から遠ざけて選挙の公正を確保するとともに，本人の反省を促すことは相当であるからこれをもって不当に国民の参政権を奪うものというべきではない，とした（**最大判昭和 30.2.9** 刑集 9 巻 2 号 217 頁，**選挙犯罪公民権停止事件**）。

【第４章】問題２　正解　５

ア．妥当でない。 裁判を受ける権利は，現行憲法においても **32 条**に「何人も，裁判所において裁判を受ける権利を奪はれない。」と明記されているが，明治憲法においても **24 条**に「日本臣民ハ法律ニ定メタル裁判官ノ裁判ヲ受クルノ権ヲ奪ハル丶コトナシ」と明記されていた。ただし，明治憲法では，行政事件訴訟は行政裁判所の裁判に属するとされ，司法裁判所には属さないものとされていた（61 条）。

イ．妥当でない。 判例は，憲法32条は，何人も裁判所において裁判を受ける権利を奪われないと規定しているが，同条の趣旨はすべて国民は憲法または法律に定められた裁判所においてのみ裁判を受ける権利を有し，裁判所以外の機関によって裁判をされることはないことを保障したものであって，訴訟法で定める管轄権を有する具体的裁判所において裁判を受ける権利を保障したものではない，とした（**最大判昭和24.3.23**刑集3巻3号352頁，**管轄違い裁判事件**）。

ウ．妥当である。 判例は，憲法32条は，訴訟の当事者が訴訟の目的たる権利関係につき裁判所の判断を求める法律上の利益を有することを前提として，かかる訴訟につき本案の裁判を受ける権利を保障したものであって，当該利益の有無にかかわらず常に本案につき裁判を受ける権利を保障したものではない，とした（**最大判昭和35.12.7**民集14巻13号2964頁，**市議会議員除名処分取消訴訟**）。

エ．妥当である。 判例は，判決に影響を及ぼすことが明らかな法令の違反があることを理由として最高裁判所に上告をすることを許容しない民事訴訟法312条および318条について，いかなる事由を理由に上告をすることを許容するかは審級制度の問題であって，憲法が81条の規定するところを除いてはこれをすべて立法の適宜に定めるところにゆだねているので，前記規定は憲法32条に違反しない，とした（**最判平成13.2.13**集民201号95頁，**民訴法上告制限規定訴訟**）。

オ．妥当である。 裁判を行うためには専門的な知識が必要となるため，裁判を受ける権利が実効的なものとなるためには，一般国民に対する法律専門家による支援が必要である。刑事裁判においては，この支援制度として，経済的理由などにより被告人が弁護人を依頼することができない場合には，国が弁護人を付すという国選弁護人制度が憲法上存在する（37条3項後段）。しかし，民事裁判においては長らく支援制度が存在しなかった。そこで，平成16年に総合法律支援法が成立し，この法律において，資力の乏しい者その他の法による紛争の解決に必要なサービスの提供を求めることに困難がある者にも民事裁判等手続および行政不服申立手続の利用をより容易にする民事法律扶助事業が公共性の高いものであることに鑑み，その適切な整備および発展が図られなければならない，と定められた（総合法律支援法4条）。そして，この民事法律扶助事業を行う組織として，日本司法支援センター（通称法テラス）が設立され，この法テラスが，民事法律扶助事業を行っている（同法30条1項2号）。

第5章　国　会

【第5章】 **問題1**　正解　3

ア．妥当でない。 予算は，さきに衆議院に提出しなければならない（憲法60条1項)。予算は国民の生活に直接影響を与える重要な問題であるので，任期も短く解散後の総選挙により民意の問い直しもできることからより現在の国民の意思を反映している衆議院においてさきに審議することとされている。もっとも，衆議院の先議権が認められているのは予算についてだけであり，内閣総理大臣の指名について衆議院の先議権は認められていない（憲法67条1項)。

イ．妥当でない。 衆議院で可決し，参議院でこれと異なった議決をした法律案は，衆議院で出席議員の3分の2以上の多数で再び可決した時は，法律となる（憲法59条2項)。これに対して，条約の締結に必要な国会の承認について，参議院で衆議院と異なった議決をした場合に，両院協議会を開いても意見が一致しないときは，衆議院の議決を国会の議決とする（憲法61条・60条2項)。条約という国際関係に関する問題は早期に処理した方が望ましいため，法律案よりも国会の承認が得やすくなっている。

ウ．妥当である。 両議院の議事は，憲法の特別の定めがある場合を除いて，出席議員の過半数でこれを決し，可否同数のときは，議長の決するところによる（憲法56条2項)。議長は最初の表決においては投票しないが，可否同数の時にはその議長が有する票を投じることになる。

エ．妥当でない。 国会の常会は，毎年1回召集しなければならない（憲法52条)。常会の会期は，150日とされる（国会法10条本文)。常会の会期は，1回のみ延長できる（同法12条1項)。臨時会は，内閣はいつでも召集を決定することができ，また，いずれかの議院の総議員の4分の1以上の要求があれば，内閣はその召集を決定しなければならない（憲法53条)。また，国会法により，衆議院議員の任期満了による総選挙後および参議院議員の通常選挙後にも，臨時会を招集しなければならない（国会法2条の3)。臨時会の会期は，両議院一致の議決により決定されるとされており（同法11条)，具体的な日数は国会法では明記されていない。しかし，臨時会の会期の延長については，2回を超えてはならないと国会法で明記されている（同法12条2項)。また，常会は毎年1月中に召集するのが常例とされているので（同法2条)，臨時会の会期は常会の召集時期を超えて設定することはできないとされている。

オ．妥当でない。 両議院の本会議は原則として公開されなければならない（憲法57

条1項本文)。会議を公開することにより国会を国民の監視下に置くためである。ただし，出席議員の3分の2以上の多数で議決したときは，秘密会を開くことができる（同条項但書)。もっとも，秘密会の記録の中で特に秘密を要すると認められるもの以外は，これを公表し，かつ一般に頒布しなければならない（同条2項)。可能な限り会議を公開し国会を国民の監視の下に置くためである。

【第5章】**問題2**　正解　4

1. 妥当でない。　国会は国権の最高機関として広範な権限を有し，憲法改正の発議権（憲法96条1項)，法律の議決権（憲法41条)，内閣総理大臣の指名権（憲法67条1項）などを持つ。しかし，条約締結権を持つのは内閣であり（憲法73条3号本文)，国会は条約承認権しか持たない（同条号但書)。

2. 妥当でない。　国会は，立法権や予算議決権など広範な権限を持つ。このため，国政調査権も広範な範囲に及ぶが，無制限ではない。司法権に対しては，司法権の独立を守る必要があるため，現に裁判所に係属中の事件について裁判官の訴訟指揮や裁判の内容の当否に関する調査をすることはできない。また，検察権に対しても裁判と密接に関係する作用であるため，起訴・不起訴について検察権に対して圧力をかける目的での調査や，起訴事件に直接関連する事項や公訴の内容を対象とする調査，捜査の続行に重大な支障を及ぼすような方法での調査をすることはできない。さらに，一般の行政権に対しても公務員の職務上の秘密にかかわる事項を調査することはできない。具体的には，議院等は，公務員の職務上の秘密については，証人となった公務員が属する公務所またはその監督庁の承認がなければ，証言または書類の提出を求めることができない（議院における証人の宣誓及び証言等に関する法律5条1項)。当該公務所またはその監督庁がその承認を拒むときは，その理由を疎明しなければならない（同条2項)。その理由を議院等が受諾することができない場合には，議院等は証言又は証拠の提出が国家の重大な利益に悪影響を及ぼす旨の内閣の声明を要求することができ，その声明があった場合には，証人は証言または書類を提出する必要がない（同条3項)。

3. 妥当でない。　参議院の緊急集会とは，衆議院が解散された際に，特別会が召集されるまでの間に国会の開会を要求する緊急の事態が生じたときに，参議院が国会を代行するものである（憲法54条2項但書)。この参議院の緊急集会は国会の会期ではないので，天皇による召集は不要である。緊急集会においてとられた措置は，臨時のものであるので，次の国会開会の後10日以内に，衆議院の同意がない場合には，その効力は将来に向かって失われる（同条3項）。

4. 妥当である。　両院は，院内の秩序を乱した議員を懲罰することができる（憲法58条2項本文）。この院内とは国会議事堂ではなく組織としての両議院を意味する。したがって，議事堂外の行為が，会議の運営に関連する行為または議員として行った行為で，それが議院の品位を傷つけ，院内の秩序を乱したとされたものは懲罰の対象となる。しかし，議事堂外の行為で会議の運営と関係のない個人的行為については，懲罰の対象とはならない。

5. 妥当でない。　予算について，衆議院において参議院の回付案に同意しなかったとき，または参議院において衆議院の送付案を否決したときは，衆議院は，両院協議会を求めなければならない（国会法85条1項，憲法60条2項）。両院協議会において成案が得られなかった場合，衆議院の議決が国会の議決となる（憲法60条2項）。両院協議会において成案が得られた場合，その成案について再度両議院の審議を経なければならず，両院協議会を求めた議院，予算の場合は衆議院においてまず審議し，他の議院である参議院に送付する（国会法93条1項）。成案について衆議院が可決し，参議院も可決すれば，その成案が国会の議決となる。成案について衆議院が可決し，参議院が否決した場合，成案についてさらに修正することはできないので（同条2項），予算の場合は衆議院の議決が国会の議決となる。

【第5章】記述問題の解答例

⑴ A案については，両議院は，全国民を代表する選挙された議員で組織されると定めた憲法43条，また投票価値の平等を保障する憲法14条1項に違反するという憲法上の疑義が想定される。

まず，参議院議員を都道府県の代表とすることが，憲法43条に違反するのではないかが問題となる。

これに対して提案者側からは，二院制を十分に機能させるためには衆議院と参議院にはそれぞれ異なる特色を与える必要があるので，参議院議員を都道府県代表とすることも許されると反論することが考えられる。

しかし，憲法43条は衆議院だけでなく参議院についても全国民を代表する選挙された議員で組織されると定めている。このため参議院議員についても全国民の代表でなければならない。したがって，参議院議員について都道府県という一部の国民の代表とすることは憲法43条に違反し許されないと考える。

次に，各都道府県を選挙区として，それぞれ4名の議員を選出するとすることは，投票価値の平等を保障する憲法14条1項に違反する不合理な差別ではないかが問題となる。

これに対して提案者側からは，投票価値の平等は絶対的な基準ではないので，合理的な根拠に基づくのであれば，投票価値の不平等も許される。そして，参議院議員を都道府県代表とすることは，多様な国民の意思を反映させるという憲法43条の要請に基づくものなので，これにより生じる投票価値の不平等は，合理的な根拠に基づく別扱いであり，憲法14条1項に違反しないと反論することが考えられる。

投票価値の平等は憲法において明文で保障されていない。しかし，憲法14条1項の法の下の平等は，すべての国民がその政治価値においても平等であることを要求するものである。したがって，憲法14条1項の法の下の平等は，各選挙人の投票価値の平等も要求している。

参議院議員を都道府県代表とすることにより，投票価値の不平等が生じるので，これが合理的な別扱いといえるかが問題となる。

まず，目的の合理性について検討する。この不平等な取り扱いの目的は，国民の多様な意思ができるだけ忠実に参議院において反映されるようにすることである。憲法43条から参議院議員も全国民の代表であるが，これは国民の多様な意思ができるだけ忠実に参議院においても反映されなければならないことをも意味する。したがって，目的には合理性が認められる。

次に，手段の合理性について検討する。各都道府県から4名の議員を選出するという手段は，前述のように著しい投票価値の不平等を生じさせるので，投票価値の平等という憲法上保障された権利を侵害する。これに対して，得られる利益は各都道府県の有権者の意思が参議院において反映されるという利益である。国民の多様な意思をできるだけ忠実に参議院において反映させる方法は，各都道府県の有権者の意思を反映させることに限られず，たとえば職域ごとに議員を選出するなど様々な方法が考えられる。選挙制度の具体的な決定は原則として国会の裁量に委ねられている。各都道府県の有権者の意思を反映させるかどうかは，国会が裁量権を行使する際の考慮事項の一つにすぎない。このように，失われる利益は投票価値の平等という憲法上保障された権利であるのに対して，得られる利益は各都道府県の有権者の意思が反映される利益という国会が裁量権を行使する際の考慮事項の一つにすぎないので，失われる利益の方が大きい。よって，各都道府県から4名の議員を選出するという手段に合理性は認められない。

以上のことから，各都道府県を選挙区として，それぞれ4名の議員を選出するとすることは，投票価値の平等を保障する憲法14条1項に違反する不合理な差別であり違憲であると考える。

⑵ B案については，3年ごとの選挙で選出される議員の数を各都道府県につき男女各1名とする男女別選出制が，性別のみによる不合理な差別であり憲法14条1項に違反するという疑義が想定される。

この方式では，得票数の1位と2位とが同性の場合，2位が落選し1位と性別の異なる3位以下の者が当選する。これは性別のみによる不合理な差別であり，憲法14条1項に違反するのではないかが問題となる。

これに対して，提案者側からは，男女別選出制は，女性差別を解消するための合理的な別扱いであり憲法14条1項に違反しないと反論することが考えられる。

まず，目的の合理性について検討する。男女別選出制の目的は，女性の政治参画率の向上である。女性の政治参画率が低いのは，女性は政治に向かないという偏見や産休・育休制度の不備など女性の政治参画に対する社会的な障壁によるものであり，能力的な差異によるものではない。女性の政治参画率が低いのは女性という性別のみによる不合理な差別といえるので，この不合理な差別を解消するという目的には合理性が認められる。

次に，手段の合理性について検討する。男女別選出制により，確かに女性の政治参画率は向上する。しかし，憲法15条1項では，公務員を選定する権利である選挙権が保障されている。有権者は選挙で投票することによってその政治意思を表明する。ところが，男女別選出制は得票数の低い候補者が当選するという有権者の意思に反する結果が生じる場合がある。これは選挙権の侵害である。女性の政治参画率の低さは社会的障壁により立候補できないのが大きな原因であるので，たとえば候補者を男女同数にすれば政治参画における女性に対する不合理な差別は解消される。この立候補者男女同数制のように男女別選出制よりもより人権を制限しない方法によって女性の政治参画率の向上という目的を達成することができるので，男女別選出制に合理性は認められない。

以上のことから，男女別選出制は，性別のみによる不合理な差別であり憲法14条1項に違反すると考える。

⑶ C案については，参議院議員の候補者を候補者推薦委員会の推薦によって決定するという候補者推薦制が，憲法15条1項で保障される被選挙権に対する不合理な制限ではないかという疑義が想定される。

これに対して提案者側からは，そもそも被選挙権は憲法上明文の規定がないことから，人権として保障されていない，また被選挙権が人権として憲法上保障されているとしても，候補者推薦制は参議院を良識の府とするための合理的な制限であると反論することが考えられる。

確かに公務員を選定する権利である選挙権は憲法15条1項で保障されているが，立候補する自由である被選挙権は憲法上明文で保障されていない。しかし，立候補が自由にできない場合，有権者が立候補者の中から自分の希望する代表者を選ぶという有権者の自由な意思表明ができなくなる。よって，選挙権の自由な行使を保障するためには立候補の自由を保障することが不可欠であるので，被選挙権は憲法15条1項によって保障されていると考える。

候補者推薦制は被選挙権を制限するものであるので，この制限に合理性が認められるかが問題となる。

まず，目的の合理性について検討する。目的は，参議院を良識の府とすることである。参議院は衆議院よりも任期が長く解散されることもないため，身分が安定している。また，3年ごとに半数が改選されるので活動の継続性も保たれている。こうしたことから，参議院は衆議院を抑制する良識の府として活動することが憲法上期待されているといえる。したがって，参議院を良識の府とするという目的に合理性が認められる。

次に，手段の合理性について検討する。何をもって良識とするかは不明確であり，結局その判断は主権者である国民に委ねるしかない。よって，ある候補者が良識の府である参議院の構成員として適切かどうかを決定する権限を持っているのは，主権者である国民である。この主権者である国民の判断と候補者推薦委員会の判断とが一致するとは限らない。このため候補者推薦制は参議院を良識の府とするという目的の達成には役立たない。有権者による選挙のみが，良識の府である参議院の構成員を決定する唯一の方法である。したがって，候補者推薦制という手段に合理性は認められない。

以上のことから，候補者推薦制は，憲法15条1項で保障される被選挙権に対する不合理な制限であり違憲であると考える。

以　上

第6章　内　閣

【第6章】**問題1**　正解　2

ア．妥当でない。　内閣総理大臣は，国会議員の中から国会の議決で指名される（憲法67条1項）。天皇は，国会の指名に基づいて，内閣総理大臣を任命する（憲法6条1項）。これに対して，国務大臣は，内閣総理大臣によって任命される（憲法68条1項本文）。天皇は，国務大臣を認証する（憲法7条5号）。国務大臣の過半数は国会議員の中から選ばなければならないとされているので（憲法68条1項但書），その条件を充たす限りにおいて，内閣総理大臣は国会議員でない者を国務大臣に任命することができる。

イ．妥当である。　内閣総理大臣は，任意に国務大臣を罷免することができる（憲法68条2項）。この権限は内閣総理大臣の一身専属的なものであるので，内閣総理大臣臨時代理が行使することはできない。

ウ．妥当である。　内閣は，行政権の行使について，国会に対し連帯して責任を負う（憲法66条3項）。しかし，この連帯責任は国務大臣が単独で責任を負うことを否定する趣旨ではない。このため各院は，個別の国務大臣に対して不信任決議を行うこともできる。しかし，この不信任決議は，衆議院における内閣不信任決議とは異なり，国務大臣に辞職を強制するような法的効力を持つわけではない。

エ．妥当でない。　内閣は閣議により職権を行う（内閣法4条1項）。この閣議は，内閣総理大臣が主宰する（同条2項）。閣議決定は，慣習により全会一致によりなされる。内閣は連帯責任を負っているからである（憲法66条3項）。また，閣議は慣習により非公開とされる。閣議は高度に政治的な判断を行う場だからである。閣議の議事録も，閣議の秘密を守るため，従来作成されてこなかった。しかし，公文書等の管理に関する法律において，閣議の決定または了解およびその経緯について，文書を作成しなければならないとされたことから（同法4条2号），平成26年4月1日以降，閣議の議事録が作成および公表されることとなった（平成26年3月28日閣議決定）。

オ．妥当でない。　内閣総理大臣は，閣議にかけて決定した方針に基づいて，行政各部を指揮監督する（内閣法6条）。閣議にかけて決定した方針が存在しない場合について，判例は，内閣総理大臣の地位および権限に照らすと，流動的で多様な行政需要に遅滞なく対応するため，内閣総理大臣は，少なくとも，内閣の明示の意思に反しない限り，行政各部に対し，随時，その所掌事務について一定の方向で処理するよう指導，助言等の指示を与える権限を有する，とした（**最判平成7.2.22**刑集

49巻2号1頁，**ロッキード事件**)。

【第6章】**問題2** 正解 3

ア．妥当でない。 衆議院の解散について実務では，憲法7条に基づき，内閣が助言と承認により衆議院の実質的解散権を行使している。つまり，衆議院の解散権は内閣総理大臣ではなく内閣に属する。ただし，衆議院の解散権の行使は，重要案件の否決など内閣と衆議院とが対立する場合や，前の衆議院総選挙において争点とならなかった新たな重要な政治課題に対処する必要がある場合などに限定されるべきであるという説が有力に主張されている。

イ．妥当でない。 内閣は，国会の臨時会の召集を決定することができる（憲法53条前段）。また，いずれかの議院の総議員の4分の1以上の要求があれば，内閣は，その召集を決定しなければならない（**同条後段**）。ただし，後者の場合における臨時会の召集期日について憲法上の規定はない。

ウ．妥当である。 憲法63条前段は，内閣総理大臣その他の国務大臣は，両議院の一に議席を有すると有しないとにかかわらず，何時でも議案について発言するため議院に出席することができる，と定めている。憲法は議院内閣制を採用しており，内閣は行政権の行使について国会に対して連帯責任を負っているので（憲法66条3項），その責任を果たすために議案について議院において出席して発言する必要があるからである。また，憲法63条後段は，答弁または説明のため出席を求められたときは，出席しなければならない，と定めている。前述のように憲法は議院内閣制を採用しており，各議院は，行政権の行使について内閣の責任を追及できるので，国務大臣に対して議院に出席して答弁または説明することを要求できる必要があるからである。

エ．妥当でない。 内閣総理大臣は，必ず国会議員の中から指名されなければならない（憲法67条1項）。そこで，国会議員であることが内閣総理大臣としての選任要件だけでなく在職要件でもあるかが問題となる。通説は，国会議員としての資格を失った者が内閣の首長であり続けることは議院内閣制に反することなどを理由として，国会議員であることは在職要件でもあるとする。もっとも，通説によれば，内閣が衆議院を解散した時，内閣総理大臣が衆議院議員である場合（実際現行憲法施行後これまでの内閣総理大臣は，すべて衆議院議員の中から指名されている）には，国会議員としての資格を失うことになるので，内閣総理大臣はその資格を失い，これにより内閣総理大臣が欠けたことになるため，内閣は総辞職しなければならない

（憲法70条前段）のかが問題となる。この問題について通説は，衆議院の解散という衆議院議員全員がその資格を失う一般的理由により国会議員としての資格を失った場合には，内閣総理大臣としての地位を失わないとする。したがって，内閣が衆議院を解散した時には総辞職をする必要はなく，その後に実施される衆議院議員総選挙の後に特別会の召集があったときに総辞職をすることになる（憲法70条後段）。

オ．妥当でない。 内閣総理大臣は，行政各部を指揮監督する（憲法72条）。この行政各部とは内閣が統轄する行政の各部門を意味する。具体的には，省，委員会および庁（国家行政組織法3条2項）ならびに内閣府（内閣府設置法2条）を意味する。ただし，独立行政委員会は，内閣からの独立性が要求されるため，内閣総理大臣の指揮監督を受けない。

第7章 裁判所

【第7章】 問題1 正解 2

ア．妥当である。 司法権とは，具体的な争訟について，法を適用し，宣言することによって，これを裁定する国家の作用をいう。具体的な争訟とは，裁判所法3条の「法律上の争訟」と同じ意味であり，法令を適用することによって解決し得べき権利義務に関する当事者間の紛争を意味する（**最判昭和29.2.11**民集8巻2号419頁，**村議会決議無効確認請求訴訟**）。したがって，裁判所は具体的な争訟事件が提起されないのに将来を予想して憲法およびその他の法律命令等の解釈に対し存在する疑義論争に関し抽象的な判断を下すような権限を行いうるものではない，とするのが判例（**最大判昭和27.10.8**民集6巻9号783頁，**警察予備隊事件**）・通説である。

イ．妥当でない。 判例は，裁判の公開を定めた憲法82条1項の規定は，各人が裁判所に対して傍聴することを権利として要求できることまでを認めたものでないことはもとより，傍聴人に対して法廷においてメモを取ることを権利として保障しているものでない，とした（**最大判平成元.3.8**民集43巻2号89頁，**法廷メモ訴訟**）。もっとも，判例は，さまざまな意見，知識，情報に接し，これを摂取することを補助するものとしてなされる限り，筆記行為の自由は，憲法21条1項の規定の精神に照らして尊重されるべきであるから，傍聴人が法廷においてメモを取ることは，その見聞する裁判を認識，記憶するためになされるものである限り尊重に値し，ゆえなく妨げられてはならないものであり，それが公正かつ円滑な訴訟の運営を妨げることは，通常はありえないので，特段の事情のない限り，これを傍聴人の自由に任せるべきであり，それが憲法 **21 条 1 項**の規定の精神に合致する，とした（同判決）。

ウ．妥当でない。 最高裁判所の裁判官は，その任命後初めて行われる衆議院議員総選挙の際国民の審査に付され，その後 10 年を経過した後に初めて行われる衆議院議員総選挙の際さらに審査に付され，その後も同様に審査に付される（憲法 **79 条 2 項**）。最高裁判所裁判官の任命に対して国民の統制を及ぼすためである。この最高裁判所裁判官の国民審査において，審査人は，投票所において，罷免を可とする裁判官については，投票用紙の当該裁判官に対する記載欄に自ら×の記号を記載し，罷免を可としない裁判官については，投票用紙の当該裁判官に対する記載欄に何等の記載をしないで，これを投票箱に入れなければならない（最高裁判所裁判官国民審査法 15 条 1 項）。この方式は，最高裁判所裁判官国民審査を不適切な最高裁判所裁判官を罷免する解職制度と解する説に基づいている。すなわち，最高裁判所裁判官国民審査は解職制度であるので，ある最高裁判所裁判官について，積極的に罷免すべきとする者がそうでないとする者よりも多数かどうかを知ることができる方式であればよいということとなる。判例も同様に解している（**最大判昭和 27.2.20** 民集 6 巻 2 号 122 頁，**最高裁判所裁判官国民審査事件**）。

エ．妥当である。 判例は，新警察法は両院において議決を経たものとされ適法な手続によって公布されている以上，裁判所は両院の自主性を尊重すべく同法制定の議事手続に関する所論のような事実を審理してその有効無効を判断すべきでない，とした（**最大判昭和 37.3.7** 民集 16 巻 3 号 445 頁，**警察法改正無効訴訟**）。

オ．妥当でない。 裁判が公正に行われ人権の保障が確保されるためには，裁判を担当する裁判官が外部からの圧力や干渉を受けずに職責を果たすことが必要であるため，司法権の独立が要請される。このため憲法においては司法権の独立を確保するためのさまざまな制度が定められている。司法権の独立の中核は，裁判官の職権の独立であるが，裁判官が独立して職権を行うためには，裁判官の身分保障が不可欠である。このため憲法により裁判官は手厚い身分保障がなされている。その一つが罷免事由の限定であり，裁判官は，裁判により，心身の故障のために職務を執ることができないと決定された場合と公の弾劾による場合にしか，原則として罷免されない（憲法 **78 条**）。ただし，最高裁判所裁判官は，これらの場合以外に，国民審査により罷免される場合がある（憲法 **79 条 3 項**）。

【第7章】**問題2** 正解 1

ア．妥当である。 判例は，裁判所が現行の制度上与えられているのは司法権を行う権限であり，司法権が発動するためには具体的な争訟事件が提起されることを必要とするので，裁判所は具体的な争訟事件が提起されないのに将来を予想して憲法およびその他の法律命令等の解釈に対し存在する疑義論争に関し抽象的な判断を下すような権限を行い得るものではない，とした（**最大判昭和27.10.8**民集6巻9号783頁，**警察予備隊事件**）。

イ．妥当でない。 判例は，日米安全保障条約の合憲性が問題となった事件において，本件安全保障条約は，主権国としてのわが国の存立の基礎に極めて重大な関係をもつ高度の政治性を有するものというべきであって，その内容が違憲なりや否やの法的判断は，その条約を締結した内閣およびこれを承認した国会の高度の政治的ないし自由裁量的判断と表裏をなす点がすくなくないので，純司法的機能をその使命とする司法裁判所の審査には，原則としてなじまない性質のものであり，したがって，一見極めて明白に違憲無効であると認められない限りは，裁判所の司法審査権の範囲外のものであって，それは第一次的には，条約の締結権を有する内閣およびこれに対して承認権を有する国会の判断に従うべく，終局的には，主権を有する国民の政治的批判に委ねられるべきものである，とした（**最大判昭和34.12.16**刑集13巻13号3225頁，**砂川事件**）。この判例によれば，高度の政治性を有しない条約および高度の政治性を有する条約のうち一見極めて明白に違憲無効と認められるものに対しては，裁判所の司法審査権が及ぶことになる。

ウ．妥当である。 憲法**81条**では「一切の法律，命令，規則又は処分」が裁判所による違憲審査の対象になると定められている。この規定について通説は，例示列挙であり，すべての国家の行為が違憲審査の対象となるとする。そして，判決が違憲審査の対象となるかについて，判例は，一切の処分は，行政処分たると裁判たるとを問わず，終審として最高裁判所の違憲審査権に服する，とした（**最大判昭和23.7.7**刑集2巻8号801頁，**刑訴応急措置法事件**）。判例は，このように解してこそ，最高裁判所は初めて憲法裁判所としての性格を完全に発揮することができる，とした（同判決）。通説も，憲法**81条**の処分は公権力による個別具体的な法規範の定立を意味し，判決は個別具体的な法規範の定立であるから処分に含まれ，裁判所の違憲審査の対象となるとする。

エ．妥当でない。 判例は，衆議院の解散は，極めて政治性の高い国家統治の基本に関する行為であって，かくのごとき行為について，その法律上の有効無効を審査することは司法裁判所の権限の外にある，とした（**最大判昭和 35.6.8 民集 14 巻 7 号 1206 頁，苫米地事件**）。判例は，衆議院の解散について，無条件に裁判所の違憲審査の対象とならないとしており，高度の政治性を有する条約の場合と異なり，一見して極めて明白に違憲無効であると認められる場合には，裁判所の違憲審査の対象となる余地があるとするような判断をしていない。

オ．妥当でない。 判例は，憲法は国の最高法規であってその条規に反する法律命令等はその効力を有せず，裁判官は憲法および法律に拘束され，また憲法を尊重し擁護する義務を負うことは憲法の明定するところであり，裁判官が，具体的訴訟事件に法令を適用して裁判するにあたり，その法令が憲法に適合するか否かを判断することは，憲法によって裁判官に課せられた職務と職権であって，このことは最高裁判所の裁判官であると下級裁判所の裁判官であるとを問わず，また，憲法 81 条は，最高裁判所が違憲審査権を有する終審裁判所であることを明らかにした規定であって，下級裁判所が違憲審査権を有することを否定する趣旨をもっているものではない，として下級裁判所の違憲審査権を肯定した（**最大判昭和 25.2.1 刑集 4 巻 2 号 73 頁，食糧管理法違反事件**）。

第 8 章　財　政

【第 8 章】**問題 1**　正解　2

ア．妥当でない。 判例は，あらたに租税を課しまたは現行の租税を変更するには法律または法律の定める条件によることが必要とされている（憲法 84 条）日本国憲法の下では，租税を創設し，改廃するのはもとより，納税義務者，課税標準，徴税の手続はすべて法律に基づいて定められなければならない，とした（**最大判昭和 30.3.23 民集 9 巻 3 号 336 頁，固定資産税賦課取消請求訴訟**）。

イ．妥当である。 判例は，国または地方公共団体が，課税権に基づき，その経費に充てるための資金を調達する目的をもって，特別の給付に対する反対給付としてでなく，一定の要件に該当するすべての者に対して課する金銭給付は，その形式のいかんにかかわらず，憲法 84 条に規定する租税にあたるとしたうえで，市町村が行う国民健康保険の保険料は，これと異なり，被保険者において保険給付を受け得ることに対する反対給付として徴収されるものであるので，当該保険料に憲法 84 条の規定が直接に適用されることはない，とした（**最大判平成 18.3.1 民集 60 巻 2 号 587 頁，国民健康保険条例訴訟**）。もっとも判例は，憲法 84 条は，課税要件および租税の賦課徴収の手続が法律で明確に定められるべきことを規定するものであり，直接的には，租税について法律による規律のあり方を定めるものであるが，同条は，国民に対して義務を課しまたは権利を制限するには法律の根拠を要するという法原則を租税について厳格化した形で明文化したものというべきであり，したがって，国，地方公共団体等が賦課徴収する租税以外の公課であっても，その性質に応じて，法律または法律の範囲内で制定された条例によって適正な規律がされるべきであり，憲法84条に規定する租税ではないという理由だけから，そのすべてが当然に同条に現れた前記のような法原則のらち外にあると判断することは相当ではなく，租税以外の公課であっても，賦課徴収の強制の度合い等の点において租税に類似する性質を有するものについては，憲法84条の趣旨が及ぶ，と解すべきである，とした（同判決）。ただし判例は，租税以外の公課は，租税とその性質が共通する点や異なる点があり，また，賦課徴収の目的に応じて多種多様であるから，賦課要件が法律または条例にどの程度明確に定められるべきかなどその規律のあり方については，当該公課の性質，賦課徴収の目的，その強制の度合い等を総合考慮して判断すべきものである，とした（同判決）。そのうえで判例は，市町村が行う国民健康保険は，保険料を徴収する方式のものであっても，強制加入とされ，保険料が強制徴収され，賦課徴収の強制の度合いにおいては租税に類似する性質を有するものであるから，これについても憲法84条の趣旨が及ぶ，とした（同判決）。他方において判例は，保険料の使途は，国民健康保険事業に要する費用に限定されているのであって，法律の委任に基づき条例において賦課要件がどの程度明確に定められるべきかは，賦課徴収の強制の度合いのほか，社会保険としての国民健康保険の目的，特質等をも総合考慮して判断する必要がある，とした（同判決）。

ウ．妥当である。 法律上は課税できる物品であるにもかかわらず，実際上は非課税として取り扱われてきた物品に対する通達改正を機縁とする課税処分について，判例は，本件の課税がたまたま通達を機縁として行われたものであっても，通達の内容が法の正しい解釈に合致するものである以上，本件課税処分は法の根拠に基づく処分である，とした（**最判昭和33.3.28**民集12巻4号624頁，**パチンコ球遊器訴訟**）。

エ．妥当でない。 予見し難い予算の不足に充てるため，国会の議決に基づいて予備費を設け，内閣の責任でこれを支出することができる（**憲法87条1項**）。ただし，すべて予備費の支出については，内閣は，事後に国会の承諾を得なければならない（**同条2項**）。予備費の支出に対して国会の統制を及ぼすためである。

【第８章】 記述問題の解答例

⑴ 租税法律主義とは，租税を課すためには，法律に基づかなければならないことをいう。財政の処理は国会の議決に基づかなければならないという財政民主主義の租税面での具体化である。租税は国民に負担を課すものであるので，租税を課すためには，国会を通じて国民の同意を得なければならないからである。具体的には，課税要件の法定および適正ならびに課税手続の法定および適正が要求される。

租税とは，特定の給付に対する反対給付としてでなく，国がその経費にあてるために，国民から強制的に徴収する金銭のことをいう。ただし，租税以外の公課であっても，賦課徴収の強制の度合い等の点において租税に類似する性質を有するものについては，租税法律主義の趣旨が及ぶ。具体的にどの程度及ぶかは，効果の性質や目的，強制の度合いなどを総合考慮して決定される。たとえば，手数料や負担金のように国が国民から強制的に徴収する金銭については，国会の議決を必要とする。

法律とは国会が定立した法規範を意味する。そこで地方議会が定立する条例に基づいて課税することができるかが問題となる。地方公共団体が持つ行政執行権には課税権も含まれるのであり，また，条例は地方議会によって制定されるという民主的基盤を持つ規範であるので，法律と類似する性質を持つものであるから，条例によって課税することもできる，と考える。

⑵ 新「所得税法」案が衆議院を通過すると，その法律案は参議院に送付される。参議院で与党が多数を占めている場合，参議院においても可決される公算が高く，可決されれば新「所得税法」は法律として成立する。

参議院において野党が多数を占めている場合，新「所得税法」案は参議院において否決される公算が高く，参議院において否決されれば，その法律案は衆議院に返付される。

この場合衆議院は，参議院に対して両院協議会を求めることができる。両院協議会において成案が得られれば，成案についてまず衆議院において審議され可決されれば参議院に送付され，参議院において審議され可決されればその成案に基づく新「所得税法」が成立する。

衆議院が参議院に対して両院協議会を求めなかった場合，または両院協議会において成案が得られなかった場合，衆議院において出席議員の３分の２以上の多数で再び可決すれば，新「所得税法」は法律として成立する。

野党の抵抗などにより参議院が新「所得税法」案について議決しない場合がありうる。参議院が衆議院から新「所得税法」案を受け取った後，国会休会中の期間を除いて60日以内に議決しないときは，衆議院は，参議院がその法律案を否決したとみなすことができる。このため衆議院において参議院が新「所得税法」案を否決したとみなす決議が可決されれば，参議院はその法律案を否決したとみなされるので，衆議院において出席議員の３分の２以上の多数で再び可決すれば，新「所得税法」は法律として成立する。

ただし，国会休会中の期間を除いて60日経過する前に国会の会期が終了した場合，会期不継続の原則により，継続審査にならない限り新「所得税法」案は廃案となり法律として成立しない。

⑶ 新「所得税法」案に反対する立場からは，定率税は憲法14条１項の法の下の平等に違反すると主張することが可能であると考える。憲法14条１項の法の下の平等とは，すべての人を事実上の差異を無視して機械的に均等に扱う絶対的平等ではなく，すべての人の間に事実上の差異が存在することを前提に，同一の事情の下において均等に扱う相対的平等を意味する。

新「所得税法」案の定率税は，各人の担税力の差異を無視して機械的に均等に国民に対して所得税を課すものである。しかし，所得が多いほど担税力が大きいのであるから，所得の多さに比例して所得税の税率を上げることが，憲法14条１項の法の下の平等の要請といえる。また，これにより所得の再分配がなされるので，社会的経済的弱者の救済という憲法25条における生存権保障の趣旨にも沿う。定率税は，各人の担税力の差異を無視した不合理な差別であり，また，憲法25条における生存権保障の趣旨にも反するものであるから，憲法14条１項の法の下の平等に違反すると主張することが考えられる。

以　上

第９章　地方自治

【第９章】**問題１**　正解　5

1. 妥当でない。　地方自治の保障の性質に関する承認説とは，地方公共団体は，国が承認した範囲内で自治権を持つとする説である。この説によれば，法律によって自治権の範囲を自由に決定できることとなる。地方公共団体は，固有の権利として自治権を持つとする説は，固有権説と呼ばれる。また，憲法は，歴史的・伝統的・理念的に認められる地方自治を制度として保障しており，地方自治の本旨を法律によって侵すことはできないとする説は，制度的保障説と呼ばれる。

2. 妥当でない。 判例は，憲法が特に民主主義政治組織の欠くべからざる構成として保障する地方自治の本旨に基づき〔憲法 92 条〕，直接憲法 94 条により法律の範囲内において制定する権能を認められた自治立法にほかならないので，条例を制定する権能もその効力も，法律の認める範囲を越えることを得ないとともに，法律の範囲内にあるかぎり原則としてその効力は当然属地的に生ずる，とした（**最大判昭和 29.11.24 刑集 8 巻 11 号 1866 頁，新潟県公安条例事件**）。

3. 妥当でない。 憲法 94 条の条例の意味については，地方公共団体の議会が制定した条例のみを意味する説，議会が制定した条例に加えて地方公共団体の長が制定した規則も含まれるとする説，議会が制定した条例および長が制定した規則に加えて各種委員会が制定した規則も含まれるとする説とあり，学説が分かれている。

4. 妥当でない。 判例は，条例は，公選の議員をもって組織する地方公共団体の議会の議決を経て制定される自治立法であって，行政府の制定する命令等とは性質を異にし，むしろ国民の公選した議員をもって組織する国会の議決を経て制定される法律に類するものであるから，条例によって刑罰を定める場合には，法律の授権が相当な程度に具体的であり，限定されておれば足りるとしており（**最大判昭和 37.5.30 刑集 16 巻 5 号 577 頁，大阪市売春取締条例事件**），委任なしに条例に罰則を設けることができるとはしていない。

5. 妥当である。 判例は，憲法上，国権の最高機関たる国会について，広範な議院自律権を認め，ことに，議員の発言について，憲法 51 条に，いわゆる免責特権を与えているからといって，その理をそのまま直ちに地方議会にあてはめ，地方議会についても，国会と同様の議会自治・議会自律の原則を認め，さらに，地方議会議員の発言についても，いわゆる免責特権を憲法上保障しているものと解すべき根拠はない，とした（**最大判昭和 42.5.24 刑集 21 巻 4 号 505 頁，地方議会議員免責特権事件**）。

第 10 章　憲法の各種問題

【第 10 章】 **問題 1**　正解　4

1. 妥当でない。 憲法改正原案の国会における審議の手続については，発案（法文上は発議）要件（68 条の 2）や憲法審査会による審査（102 条の 6）などが国会法において定められているが，定足数については定められていない。議決するための定足数については，国会による憲法改正の発議には各議院の総議員の 3 分の 2 以上の賛成が必要であることから（憲法 96 条 1 項前段），必然的に総議員の 3 分の 2 となる。これに対して議事を開くための定足数については，特に憲法上の規定はないことから，通常の議案と同様総議員の 3 分の 1（憲法 56 条 1 項）と解する説と，憲法改正の重要性から総議員の 3 分の 2 と解する説とが対立している。

2. 妥当でない。　憲法改正の発議は，国会のみが，各議院の総議員の 3 分の 2 以上の賛成により行うことができる（憲法 96 条 1 項前段）。内閣が，憲法改正を発議することはできない。内閣が，憲法改正原案を国会に発案できるかについては，内閣が国会に提出できる議案（憲法 72 条）に憲法改正原案も含まれるとして肯定する説と，憲法改正の発議に関するすべての手続は国会に限定されるとして否定する説とに分かれている。なお，昭和 31 年に成立した憲法調査会法に基づいて，憲法に検討を加え，関係諸問題を調査審議する機関である憲法調査会が，かつて内閣に設置されたことがある。ただし，憲法調査会法および憲法調査会は，昭和 40 年に成立した「憲法調査会法の廃止及び臨時司法制度調査会設置法等の失効に伴う関係法律の整理に関する法律」により廃止された。

3. 妥当でない。　国務大臣は，憲法を尊重し擁護する義務を負う（憲法 99 条）。しかし，憲法自体が憲法改正を認めている以上（96 条），国務大臣が憲法改正を主張すること自体は，憲法尊重擁護義務に違反しない。

4. 妥当である。　憲法の改正には法的な限界が存在し，憲法の基本原理である国民主権を否定するような内容の改正は許されないとの考え方は，国民が憲法制定権力を持ち，国民主権も国民が憲法改正権を持つことも，国民が持つ憲法制定権力が実定法上の憲法規範として具体化されたものであるから，国民が持つ憲法制定権力により憲法改正権は制限され，国民主権を否定するなど憲法制定権力の主体が国民であることを否定するような憲法改正は許されないとするものである。この考え方によれば，憲法改正における国民投票制（憲法 96 条 1 項）も，憲法制定権力の主体が国民であることの具体化であり，国民投票制を廃止するという憲法改正は，憲法制定権力の主体が国民であることを否定するものであるので，許されないことになる。

5. 妥当でない。　憲法改正について国民投票により国民の承認を経たときは，天皇は，国民の名で，この憲法と一体を成すものとして，直ちにこれを公布する（憲法 96 条 2 項）。この天皇による憲法改正の公布行為は国事行為であり，内閣の助言と承認を必要とする（憲法 7 条 1 号）。

【第10章】**問題2**　正解　4

ア．妥当でない。　憲法73条3号の条約とは，すべての条約を意味するのではなく，条約のうち国会の承認を必要とするものをいう。条約の委任に基づく合意である委任協定や条約の施行細則に関する合意である執行協定については，内閣の外交処理権（憲法73条2号）で処理される問題なので，国会の承認は不要とされるため，憲法73条3号の条約に含まれない。これに対して，憲法98条2項の条約は，委任協定や執行協定も含むすべての条約を意味し，国会承認の要否とは無関係である。

イ．妥当でない。　判例は，日米安全保障条約は，主権国としてのわが国の存立の基礎に極めて重大な関係をもつ高度の政治性を有するものというべきであって，その内容が違憲なりや否やの法的判断は，その条約を締結した内閣およびこれを承認した国会の高度の政治的ないし自由裁量的判断と表裏をなす点がすくなくないので，純司法的機能をその使命とする司法裁判所の審査には，原則としてなじまない性質のものであり，したがって，一見極めて明白に違憲無効であると認められない限りは，裁判所の司法審査権の範囲外のものであって，それは第一次的には，条約の締結権を有する内閣およびこれに対して承認権を有する国会の判断に従うべく，終局的には，主権を有する国民の政治的批判に委ねられるべきものである，とした（**最大判昭和34.12.16**刑集13巻13号3225頁，**砂川事件**）。この判例は，一般的には条約も違憲審査の対象となることを認めたうえで，高度の政治性を有する条約についてのみ一見極めて明白に違憲無効と認められない限り違憲審査の対象とならないとしている。

ウ．妥当である。　判例は，政治犯罪人不引渡しの原則は，自由と人道に基づく国際通宜ないし国際慣行であるがいまだ確立した一般的な国際慣習法であるとは認められない，とした東京高等裁判所の認定判断は，正当として是認することができる，とした（**最判昭和51.1.26**集民117号15頁，**尹秀吉事件**）。

エ．妥当である。　国会における条約の承認については，予算について，参議院で衆議院と異なった議決をした場合に，法律の定めるところにより，両議院の協議会を開いても意見が一致しないとき，または参議院が，衆議院の可決した予算を受け取った後，国会休会中の期間を除いて30日以内に，議決しないときは，衆議院の議決を国会の議決とする，という憲法60条2項の予算における衆議院の優越に関する規定が準用されている（憲法61条）。しかし，憲法60条1項の予算先議権の規定は，条約の承認には準用されていない。したがって，条約の承認については，参議院先議でもよい。

オ．妥当でない。 政府の見解によれば，法律事項を含む国際約束，財政事項を含む国際約束，政治的に重要な国際約束であって，発効のために批准が要件とされているもの，の 3 類型のいずれかに該当する条約は，国会承認が必要な条約であるとする（衆議院外務委員会における大平外務大臣答弁。第 72 回国会衆議院外務委員会議録第 5 号 2 頁昭和 49.2.20）。つまり，政治的に重要な国際約束であっても，発効のために批准が要件とされていないものは，国会承認が不要ということになる。

事項索引

た　行

な　行

は　行

ま　行

や　行

ら　行

判例索引

【昭和40～44年】

【昭和45～49年】

【昭和50～54年】

【昭和55～59年】

【昭和60～63年】

【平成元～4年】

【平成25～29年】

著者紹介

渡邉　剛央（わたなべ　たけひさ）

1994 年　一橋大学法学部卒業
2003 年　一橋大学大学院法学研究科博士後期課程単位取得退学
　大手資格試験予備校専任講師として法律科目全般（分野責任者）
　を担当。関東学園大学経済学部准教授を経て
現　在　岡山理科大学獣医学部准教授
専　門　国際法学

ライブラリ 新公務員試験問題研究-1
問題研究 憲法

2020 年 3 月 25 日 ©　　初　版　発　行

著　者　渡 邉 剛 央　　発行者　森 平 敏 孝
　　　　　　　　　　　印刷者　小宮山恒敏

【発行】　**株式会社 新世社**
〒151-0051　東京都渋谷区千駄ヶ谷1丁目3番25号
編集☎(03)5474-8818(代)　サイエンスビル

【発売】　**株式会社 サイエンス社**
〒151-0051　東京都渋谷区千駄ヶ谷1丁目3番25号
営業☎(03)5474-8500(代)　振替　00170-7-2387
FAX☎(03)5474-8900

印刷・製本　小宮山印刷工業(株)
《検印省略》

ISBN978-4-88384-309-1
PRINTED IN JAPAN

サイエンス社・新世社のホームページのご案内
https://www.saiensu.co.jp
ご意見・ご要望は
shin@saiensu.co.jp　まで.